문명의
탄 생

마인드큐브 책은 지은이와 만든이와 읽는이가 함께 이루는 정신의 공간입니다.

문명의
탄　생

**인류문명의 역사를 알아야
세계 분쟁의 해법을 찾을 수 있다**

오정윤 지음

문명의 역사에 현재와 미래의 모습이 담겨 있다

인류역사는 문명의 교류, 충돌, 융합의 역사이다. 세계문명사에서 많은 문물과 철학사상이 문명의 발전을 이끌었다. 곡물재배는 농경혁명을 일으켰고, 동력과 기계장치는 산업혁명을 폭발시켰다. 근대에는 전기전자의 발명이 지식의 보편성과 정보화혁명을 탄생시켰다. 세계사의 후퇴, 변화, 발전, 그리고 과거와 현재를 보면 미래가 예측되고 이를 바탕으로 현재에 무엇인가 준비할 수 있고, 미래의 무엇을 창조할 수 있을 것이다.

21세기에 들어서면서 가장 한국적인 한류(韓流)의 물결이 세계의 시공간에 넘실거린다. 우리에게 너무나도 당연하고 익숙한 문화유산이 세계인들의 눈과 귀와 입을 즐겁게 만든다. 김치, 된장, 불고기, 떡볶이, 케이팝(K-POP), 갯벌, 태권도 등은 이제 한국인의 품을 떠나 세계인들의 시야에서 평가받고 사랑받는다. 문명은 이제 역사속이 아니라 오늘의 삶에서 숨쉬고 있다.

우리의 삶과 문화가 이처럼 오늘날 한류라는 이름으로 이웃에 커다란 영향을 준 사례는 그다지 많은 편이 아니다. 굳이 꼽는다면 고구려와 발해의 역사문명이 주변의 거란족. 여진족, 몽골족, 만주족으로 이어지는 북방민족에 충격을 주고, 이들로 하여금 서기 10세기부터 동아시아 역사문화를 주도하는 북방민족 1천년 전성기를 이끌게 하였다. 또한 서기 5세기 전후부터 가야와 백제의 파도는 거센 폭풍처럼 동쪽 변방의 왜국을 강타하여 이들을 훗날 경제대국 일본으로 성장시킨 것을 예로 들 수 있을 것이다.

그렇다고 문명의 교류와 충돌, 융합이 늘 선한 영향력만 끼쳤던 것은 아니다. 20세기에 제국주의는 약소민족에 대한 침략, 지배, 수탈, 전쟁이라는 인류사의 재앙을 불러왔고, 이때에 형성된 세계지형은 여전히 민족 간, 종교 간, 국가 간의 증오, 배제, 압박, 편견, 멸시, 지배의 악순환을 일으키고 있다. 아랍세계와 이스라엘의 증오전쟁, 발칸반도의 국제분쟁, 아프리카의 자원분쟁 등은 여전히 현재진행형이고, 국제평화와 세계경제에 언제 터질지 모르는 시한폭탄처럼 상시적 불안요소로 작용하고 있다.

《문명의 탄생》은 오늘날 인류가 겪고 있는 세계 분쟁, 문명의 충돌, 문명의 변화 등을 이해하는데 필요한 정보와 역사경험의 제시라는 아주 간단한 질문에서 시작하였다. 모두들 동의하듯 인류문명사는 인류가 겪은 숱한 사건, 문물, 인물, 전쟁, 기술, 이야기의 집대성이다. 따라서 오늘날 문명의 흐름, 문명의 순기능과 역기능, 세계의 분쟁과 충돌의 근본적인 원인을 알고자 한다면 인류문명의 역사를 보면 해답이 보인다. 이 책이 그러한 해답의 단초를 보여준다면 출간의 제 역할은 충분하다고 하겠다. 세상 모든 문제의 해답을 줄 수 있는 경험지식은 존재하지 않지만, 실마리는 제공할 수 있다는 믿음, 이러한 고민의 산물이 《문명의 탄생》이라고 말하고 싶다.

이 책을 쓰면서 지난 시간을 되돌아본다. 2000년 초에 주말형 대안학교인 학습공동체 〈미래학교〉를 세우고 2년 과정의 청소년 인문학교를 열었는데, 그때의 교과목이 한국사, 세계사, 동양철학, 서양철학, 그리고 인류 문명의 산물인 '인문고전 48권'을 선정하여 교육하였다. 이 때의 교육경험이 《문명의 탄생》을 쓰는 기초가 되었다. 교육과정에 참여한 제자들이 이제는 청년이 되어 사회에서 제 몫을 하는 모습을 보면 문명사가 주는 지식 경험의 자양분을 확인하게 된다. 이들에게 먼저 이 책을 선물하고 고마움의 인사를 드린다.

《문명의 탄생》에 바람이 되고 물이 되고 거름이 된 것은 또 있다. 2012년에 서울시민대학의 운영설계, 교육설계를 하면서 시민교육의 현장을 직접 경험하였다. 시민학사, 시민석사, 시민박사 학위과정을 기획하고 준비하고, 전공필수인 〈문명과 미래〉 교육과목을 맡아 문명의 의미, 문명의 교류, 문명사의 인물, 고전, 문물, 사건 등을 교육하였다. 이 때의 강의교안이 이 책을 만드는데 뿌리가 되고 줄기가 되었다. 많은 시민학습자 여러분들께서 교육과목에 관심과 만족, 응원의 박수를 보내 주셨다. 모두에게 감사의 찬사를 드린다. 이분들이 이 책의 진정한 저자분들이다.

이 책은 여전히 부족하다. 더 많은 내용, 분명한 방향, 의미 있는 의도를 충분히 반영하지 못하였다. 일부는 틀린 정보와 지식이 있을 수 있다. 구

독자 여러분들께서 읽으시고 따끔한 비판과 의견을 주시면 향후 수정판에 담고자 약속한다. 그리고 지면으로 충분히 전달하지 못한 그림, 지도, 사진, 자료 등은 유튜브채널 〈한국사TV〉와 〈한국역사인문교육원TV〉의 유튜브 인문강좌를 통해 지속적으로 전해 드리려 한다. 그리고 필자와 독자의 거리를 좁혀 책과 SNS에서 소통과 공감의 시간을 계속 갖기를 꿈꾼다.

끝으로 이 책이 나오는데 깊은 관심과 기획, 격려를 아끼지 않은 맹한승 편집기획자님께 감사드립니다. 더불어 출판환경이 어려운 가운데 좋은 책을 내는데 망설임이 없이 출간해주신 마인드큐브출판사 이상용 대표님께도 고마움의 인사를 드립니다. 수없이 쏟아지는 책의 홍수 속에서 《문명의 탄생》이 오늘과 내일의 한국현실과 미래문명을 이해하는데 조그마한 도움이 되었으면 한다.

2024년 1월
환궁재에서 오정윤 드림

차례

01
CHAPTER

문명이란 무엇인가?

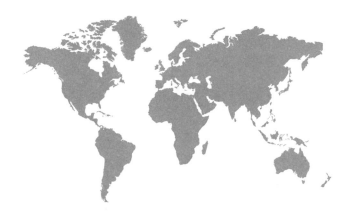

문명(Civilization)의 정의는 인류가 자연적 제약과 재해를 극복하고 사회와 도시, 국가를 이루면서 창조하고 발전시킨 물질적, 정신적 유산이다. 문명은 도시적이고, 기술적이며, 과학적 집단, 과학기술의 기능과 전파 등의 요인과 함께 보편적이며 미래지향적 경향성으로 이해된다.

【세계 4대 문명】

세계 4대 문명은 작물재배에 적합한 강을 중심으로 발달하였다. 이집트, 메소포타미아, 인더스, 황하 유역은 풍부한 충적토를 지닌 문명 발생의 요충지였다.

문명(Civilization)이란 용어는 18세기 유럽에서 처음 사용하였다. 농업학파의 한 사람이었던 미라보우 후작(侯爵)(Marquis de Mirabeau)이 《인간의 친구 또는 인구론》(1757)에서 '문명'이란 용어를 처음 언급했다. 이후 문화(Culture)라는 개념과 함께 유럽이 다른 지역에 비해 월등히 뛰어난 지적 수준과 과학기술을 지녔다는 근대적 우월의식을 반영하는 용어로 사용되고 있다.

 ## 문명과 문화의 관계

문명(Civilization)의 사전적 정의는 '인류가 자연적 제약과 재해를 극복하고 사회와 도시, 국가를 이루면서 창조하고 발전시킨 물질적, 정신적 유산이다'라고 말한다. 문명의 어원인 라틴어의 '키비스(civis: 시민)', '키빌리타스(civilitas: 도시)'라는 단어에서 알 수 있듯이 문명의 개념은 도시생활과 관련이 깊다. 문명은 일반적으로 도시적이고, 기술적이며, 과학적 집단, 과학기술의 기능과 전파 등의 요인과 함께 보편적이며 미래지향적 경향성으로 이해된다.

문화(文化: Culture)	문명(文明: Civilization)
신석기시대	청동기시대
신석기시대의 '농사짓다'에서 비롯된 개념	도시국가의 '도시'에서 시작된 개념

이와 더불어 문명과 늘 함께 거론되는 문화(Culture)는 그 어원이 '농사를 짓다'에서 유래하였다. 인류가 농사를 짓는다는 것은 강변에 경작지를 개척하고 그곳에 정착을 한다는 의미이다. 통상적으로 문화는 한 집단의 전통, 그것의 계승, 다른 집단과 비교한 자기 집단의 개별성, 특성화 등의 요소로 이해하고 있다. 이것은 문화가 과거지향적이며, 특별하게 어느 집단, 범위가 정해진 지역, 운영되는 사회의 모습을 보여준다는 측면이 강하다.

🚢 문명과 야만의 비교

문명(Civilization)은 주로 프랑스 중심의 계몽주의자들이 사용하였고, 문화(Culture)는 근대 고전철학이 유행한 독일에서 사용하였다. 이것은 진보적 성향의 프랑스와 보수적 성향의 독일을 보여주는 대표적 사례의 하나라고 하겠다. 우리나라 역사학에서는 독일과 독일의 교육적 전승이 강한 일본의 영향을 받아 문명보다는 문화라는 말을 더욱 선호하는 경향이 있다.

문명은 보통 야만(野蠻)과 대립되는 개념으로 사용된다. 야만이란 자연 상태 그대로, 또는 인공적이거나 인위적인 도구나 기계의 힘을 빌리는 삶의 형태보다는 자연습성에 따른 생활의 형태를 말한다. 사회적으로는 미개(未開)라는 말과 동의어로 인식되지만 이는 서구가 아시아나 아프리카 등의 사회를 비하하고 멸시하는 제국주의적 시각이 반영된 오리엔탈리즘*의 한 부분이라 하겠다. 야만은 자기 고유의 삶을 유지하는 자연적 모습을 지칭한다.

【인류 문명사에 관한 대표적 고전】
모건의 《고대사회》, 엥겔스의 《가족, 사적 소유, 국가의 기원》, 토인비의 《역사의 연구》

문자	종교	천문(달력)	도시국가
기록과 전승	권력집단의 형성	지식권력의 존재	권력집단 거주지

　야만과 대립되는 개념으로서의 문명은 도구와 기계의 사용, 또는 자연적 습성의 동식물과 다른 인간만의 발달된 생태적 모습을 일컫는다. 이때의 문명적 삶, 문명적 인간을 보여주는 대표적인 사례는 그릇의 사용과 옷의 이용이다. 이는 신석기시대 농경생활, 정착생활과 깊은 관련성을 유추할 수 있으며, 문명이란 결국 사회적 동물로서 인공적이고 인위적인 인간의 삶을 의미한다.

오리엔탈리즘의 어원인 오리엔탈은 '동양'이란 뜻이지만 서양이 동양을 바라보는 시각에서 이 개념은 '동양에 대한 서구사회의 왜곡과 편견'을 의미한다. 이스라엘 출생의 비교문학, 문명비평가인 에드워드 사이드(Edward W. Said)의 저작인 《오리엔탈리즘(Orientalism)》에서 시작된 개념이다.

에드워드 사이드는 자신의 저작에서 서구 제국주의 세력은 동양을 신비적이고 환상적인 세계로 그려내고 그곳을 탐험하고 지배하고 착취하는 대상으로 설정하였다. 또한 열등하고 무능하며 발전이 없는 야만의 세계로 규정하고 그곳을 개화시키고 개종시키고 변화시켜야 한다는 우월한 사상과 이념을 형성하였다. 이러한 서양인의 동양인에 대한 잘못된 시각의 오리엔탈리즘은 현재에도 문명사적 관점에서 여전히 서양인들의 우월적 지위와 함께 동양에 대한 왜곡과 편견의 시각을 갖도록 만드는 요인이다.

 ## 4대 문명과 강의 지리적 조건

세계 문명은 강(江)에서 시작되었다. 그렇다고 모든 강(江)이 문명의 발상지는 될 수 없었다. 문명의 발상지로서의 강의 조건은 무엇인가? 황하문명에서 그 답을 찾아보자. 중국 대륙에는 남북으로 양자강(揚子江; 장강=長江)과 황하(黃河)라는 두 개의 거대한 강이 흐른다. 그런데 남부의 양자강(양쯔강)은 중국에서 가장 긴 강이고 벼농사의 시발지인데도 불구하고, 동아시아 문명은 오히려 척박하고 물도 적은 황하에서 시작되었다.

4대 문명이 강변에서 시작된 이유		
① 강변의 풍부한 충적토와 우기와 건기의 일정 주기	② 직파가 가능하고 개간이 필요치 않은 토질	③ 토양에 적합한 농작물(오리엔트와 인도: 보리와 밀, 황하: 조와 수수)

그 까닭은 무엇인가?

우선 도구의 문제를 들 수 있다. 이때는 금속문명의 시대가 아니었기 때문에 밭을 개간하려면 인간이 손수 손을 써야 하는 고도의 노동력이 필요했다. 따라서 당시엔 자연발생적으로 쌓인 강변의 충적토에 야생 농작물의 씨앗을 손으로 흩뿌리는 농사를 짓는 수준에 만족할 수밖에 없었다.

세계 문명사에 끼친 주요 농작물			
보리, 밀	조, 수수, 기장	벼	콩
오리엔트 지역	황하 유역	양자강 유역	요하 유역
이집트, 인더스, 메소포타미아	황하문명(앙소문명)	하모도문명	대문구(산동반도) 홍산 문화, 고조선

원래 양자강은 숲이 우거지고 험한 하구여서 개간하기 힘든 반면에 황하는 간단한 농기구를 가지고 쉽게 파종하고 농사를 지을 수 있었다. 그래서 황하에서 문명이 싹틀 수 있었다. 세계 4대 문명으로 불리는 나일강 유역, 메소포타미아, 인더스 등 나머지 문명이 발생한 강(江)들도 황하와 마찬가지로 우기(雨期)가 되면 수천 년 동안 쌓였던 영양이 풍부한 충적토가 하류에 내려와 파종기가 되면 농작물이 빠른 시간 내에 자랄 수 있는 토양을 제공하였기 때문에 문명이 발달할 수 있었던 요인이 되었던 것이다.

세계 4대 문명의 성격과 특징			
황하문명	인더스문명	메소포타미아문명	이집트문명
황하 중류	인더스강	티그리스강, 유프라테스강	나일강
기후가 따뜻하고 농사에 유리한 큰 강 유역, 계급의 발생과 국가조직의 탄생, 청동기 문명과 문자의 사용, 천문과 달력의 발달			
상형문자(갑골문자) 양사오, 룽산 문화 채도와 흑도 문화 봉건제도와 종법제 천명사상과 천자	그림문자 모헨조다로 도시유적 베다문학 브라만교 카스트제도	쐐기문자(설형문자) 함무라비법전 길가메시 서사시 태음력과 60진법 1주일 7일제	그림문자(신성문자) 파피루스(Paper) 피라미드, 스핑크스 365일 태양력 태양신과 내세사상

둘째로는 농작물의 품종이다. 현재 세계 4대 작물은 벼, 밀, 옥수수, 감자이다. 하지만 이 4대 작물은 청동기시대 이후부터 15세기경까지 인류사회에 전파되었고, 4대 문명이 발생할 즈음에는 보리, 밀, 조, 수수, 콩 등이 주요한 작물이었다. 아쉽게도 문명의 발상지인 4대 강의 주변은 오늘날 세계 4대 작물인 벼나 옥수수, 콩, 감자 등의 원산지가 아니었다. 이곳에는 일찍부터 기후에 맞는 보리, 밀, 수수, 조 등이 야생으로 자라고 있었고, 작물, 기후, 강의 조건이 잘 맞아떨어져 문명의 발상지가 될 수 있었다.

셋째는 자연적으로 자생하는 작물이 자라는 토양지역이어야 했다. 이 당시엔 아직 농업기술의 발달이 충분치 않아 보리, 밀, 조, 수수 등 야생 농작물에 대한 품종 개량이 시작되지 않았다. 또한 생산성이 높은 벼 등은 수도작(水稻作: 논농사)을 할 만큼 인류의 농업기술이 발달하지 못한 측면이 있었다. 반면에 한냉성 작물인 조, 수수 등은 쉽게 파종하여 시간이 지

【인류 문명의 변화에 대한 현대의 저작물】
제레드 다이아몬드의 《총, 균, 쇠》, 유발 하라리의 《사피엔스》

나면 자연스럽게 일정량의 수확을 거둘 수 있었다. 따라서 자생 작물들이 자랄 수 있는 토양지역이 바로 4대 문명이 발생한 강 유역이었다.

이처럼 사람들은 척박하고 한정된 경작지를 중심으로 문명을 일구기 시작하였으며, 인구가 늘어나자 점차로 강변에서 가까운 지역부터 개간을 시작하여 밭을 만들고 야생에서 자라는 보리나 조, 수수 등을 파종하여 생산력을 높였다. 고르게 다져진 경작지에서 자란 농작물은 좁은 공간에서 많은 수확량이 확보되어 인구를 비약적으로 증가시키고 사회집단의 밀집도를 높여 주었다. 문화라는 말의 컬처(Culture)가 '경작하다(Cultura)'에서 온 것만 보아도 농경의 시작이 인류 문화의 시작임을 알 수 있다. 곧 농경이 인류사회를 만든 것이다.

역사를 생물학적 존재라는 개념으로 파악하여 성장과 소멸이라는 행위가 일어난다고 가정한다면 역사발전의 도식은 3가지 유형으로 나눌 수 있다. 그것은 퇴보(退步), 순환(循環), 진보(進步)이다. 이중에서 영국의 역사학자인 토인비(1889-1975)가 《역사의 연구》에서 내세운 응전과 도전의 문명사관은 순환론적 입장이다.

토인비는 영국의 런던에서 태어나 옥스퍼드 대학에서 고전고대사를 전공하였고, 외무성 조사부장을 지냈다. 따라서 그의 역사관은 고대사를 보는 눈과 현대사를 보는 시각을 동시에 지녔다. 그는 이를 쌍안적 시각이라고 하였고, 이 시각에 의해 《역사의 연구(1934-1954, 1959, 1961)》라는 저술에서 세계사를 문명 단위로 재구성하였다.

토인비의 문명사관은 1) 고대의 문명과 현대의 문명을 차별이나 차이가 아니라 철학적 관점에서 동시적(同時的)으로 인식하였고, 2) 국가와 민족과 기술 성취를 문명권이란 거대담론과의 관계 속에서 해석하였다. 아울러 3) 문명을 유기체적 생명체와 마찬가지로 발생-성장-해체라는 생멸과정의 규칙성을 가지며, 나아가 4) 이런 문명의 추진력은 고차문명과 저차문명의 도전과 응전에서 찾았다.

토인비는 고대부터 현대에 이르기까지 등장한 21개-26개 문명은 시간의 선후, 발전의 단계에 의해 구분되는 것이 아니라, 각각의 시간과 공간 속에서 자기특성에 따라 생성-발전-해체-소멸을 겪는다고 하였다. 그가 꼽은 주요한 문명단위는 1) 이집트, 2) 수메르, 3) 미노스, 4) 히타이트, 5) 바빌로니아, 6) 아시리아, 7) 그리스, 8) 기독교문명, 9) 동방정교, 10) 아랍, 11) 페르시아, 12) 중국, 13) 인도, 14) 수·당, 15) 일본, 16) 마야, 17) 아즈텍, 18) 잉카 등이다.

토인비의 문명사관은 직선적 발전관과 계기적 발전관을 부정하고, 모든 지역의 가능성을 제시하였다는 측면에서 기독교적 세계관, 사회진화론적 세계관을 극복하는데 기여하였으며, 서구 중심의 세계를 보편적 세계사로 인식하는데 지대한 공헌을 하였다.

메소포타미아문명,
다원적 개방형 문화를 만들다

티그리스와 유프라테스 강의 사이에서 번영한 메소포타미아문명
은 사방이 개방된 지형적 특성으로 여러 민족국가가 교체되었고,
이런 영향으로 현세적이며 다신론적인 종교관을 지녔다.

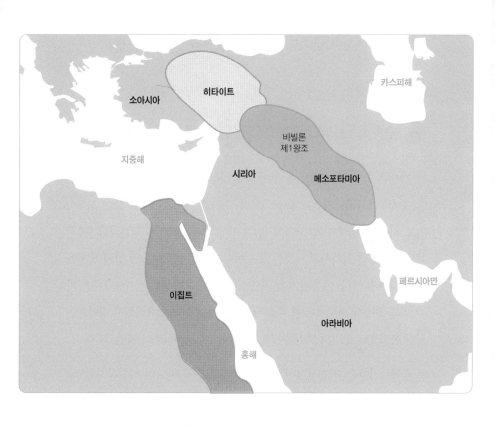

메소포타미아(Mesopotamia) 유역을 제일 먼저 개척한 사람들은 수메르인 (Summerians)들이다. 티그리스(Tigris)와 유프라테스(Euphrates)라는 두 개의 강(Potamos; 포타모스)의 사이(Mesos;메소)에 있는 땅'이라는 뜻의 메소포타미아에는 기원전 3,500년 전부터 사람들이 정착하기 시작하였다.

수메르인, 메소포타미아문명의 개척자

큰 강변은 비옥한 충적토가 있어 좋은 지리적 여건을 갖추었지만 반면에 홍수(洪水)라는 자연재해(自然災害)에 취약한 지리 조건도 갖춘 지역이기도 하다. 성경(聖經)의 '노아의 방주' 이야기의 모티브가 되는《길가메시 (Gilgamesh)》*의 서사시에 나오는 홍수이야기는 수메르인들의 삶의 터전을 잘 묘사해 놓았다. 이곳에 사는 사람들은 해마다 반복되는 자연재해를 막기 위해 제방을 쌓고 수로를 파는 일 등 집단의 힘이 필요하였고 집약적인 집단 협력으로 소기의 목적을 달성하며 빠르게 도시사회가 형성되었다.

수메르인들은 기원전 3천 년경에 상형문자의 하나인 설형문자(楔形文字; 쐐기문자, Cuneiform Letter)를 발명하였다. 또한 최초의 법전인 우르남무 (Urnammu)법전을 남겼다. 특히 현실의 삶에 충실하고 긍정적으로 사는 세속주의와 현세주의를 담은《길가메시》서사시는 히타이트인과 헤브라이인(히브리인)을 통해 지중해 연안으로 퍼져나가 서양 고전문학의 한 바탕을 이루었다.

메소포타미아문명은 개방적인 지형적 특성으로 인하여 현세적이며 다원적 세계관을 지녔다. 이것을 대표하는 서사문학이 길가메시이다. 《길가메시 서사시》의 주인공인 길가메시는 반은 인간, 반은 신의 모습을 지닌 인물로 우루크의 왕으로 등장한다. 수메르에서 전래된 설화이지만 그 후의 세력인 아카드의 언어로 기록되었고, 니네베 왕궁의 서고에서 출토된 아시리아어 판본은 약 2천행에 이르는 장편서사시이다.

길가메시는 엔케두와 싸우면서 우정이 싹트고 함께 삼나무 숲 원정, 숲의 괴물 훔바바에 대한 정벌 등이 읊어지고, 영원한 생명을 얻기 위한 여정 등이 크게 다루어진다. 길가메시는 숱한 역정과 시련을 통해 결국엔 생명의 영원성은 덧없다는 것을 깨우치면서 현세에 충실히 사는 것이 진정 의미 있는 가치임을 깨닫게 된다. 그래서 길가메시는 이 지역의 민중들에게 가축수호의 신, 악을 막는 영웅으로 숭배된다.

 ## 아카드 왕조(BC 2371-2230)

기원전 2371년경 셈족 계통의 사르곤 1세(BC 2371-2316)는 아카드 왕조를 세우고 곧이어 수메르 지역을 정복하여 메소포타미아를 통일한다. 이후 5,400명의 상비군을 유지하면서 스스로를 '천하사방의 군주'라고 호칭하며 정복민들로 하여금 자신을 신처럼 숭배하도록 강요하였다.

아카드 왕조 시기에 농업기술의 발달과 관개수로 사업이 활발해지고, 도량형의 개선과 상업이 촉진되었다. 토지는 국왕과 귀족집단이 소유하였고 매매가 가능하였다. 하지만 아카드 왕조는 노예에 대한 지나친 압박과 수탈로 인하여 전국에서 대규모의 반란이 일어나고, 북쪽에선 구티움족이 쳐들어와 100여 년 동안 수도인 아카드를 철저하게 파괴하였다.

이후 아카드 왕조에 이어 다시 재기에 성공한 수메르의 라가시, 우루크는 구티움족에 대한 반격에 나섰고, 우르는 기원전 2113년경에 우르 제3왕조를 세웠다. 수메르인들의 대대적인 반격으로 구티움족은 기원전 2050년경에 완전히 메소포타미아에서 물러났다.

우르 제3왕조(BC 22세기 말–BC 2006?)는 기원전 1950년경에 셈족인 아시리아에게 무너질 때까지 250여 년의 평화를 구축하였고, 이 시기에 우르남무 왕이 세계 최초의 성문법전인 《우르남무법전》을 반포하였다.

바빌로니아 왕국(BC 1894–1531)

아시리아와 함께 셈족에 속하는 아모르족(Amorites; 아무르)은 기원전 1894년에 수리아 초원에서 세력을 형성해 바빌론 시를 점령하고 새로운 도시국가를 세웠다. 역사에서는 이 나라를 '고(古) 바빌로니아 왕국'이라고 부른다.

기원전 1750년, 바빌로니아의 제6대 왕인 함무라비 왕(Hammurabi, BC 1792년경–BC 1750)은 주변의 아시리아, 에시눈나, 라르사 등을 멸망시키고 강력한 중앙집권국가를 세웠다. 이후 질서와 정의에 입각하여 282개의 조항을 담은 법전을 쐐기문자(설형문자; 楔形文字)로 새겨서 공포하였다. 이때가

【함무라비 왕】

함무라비법전의 머릿돌에
새겨진 함부라미 왕의 모습
으로 프랑스 루브르박물관
에 소장되어 있다.

바빌로니아 왕국의 최전성기였다.

기원전 16세기경에 이르자 수메르인들은 바빌로니아 왕국에 저항하고,
기원전 1531년경에 청동기문명을 구비한 히타이트족의 무르실리 왕이 바
빌로니아 왕국을 멸망시킨다. 그 후 아모르족은 제2, 제3, 제4 바빌로니아
왕국을 세우지만 메소포타미아 전체를 통일하지는 못하고 기원전 729년
에 아시리아에게 완전히 멸망을 당한다.

세계 지역별 주요한 권력과 왕조 변천표					
이집트	메소포타미아	그리스	인도	중국	히브리
선왕조	수메르	크레타	하라파	3황	아브라함
고왕조	아카드	미케네	베다	5제	모세/사울
제1중간기	우르 3왕조	암흑시대	열국(16국)	하	다윗/솔로몬
중왕조	고 바빌로니아		96파	상	이스라엘 왕국
제2중간기	아시리아		마우리아	주	유대 왕국
신왕조	신 바빌로니아		쿠샨	춘추	바빌론 유수
후왕조	페르시아		굽타	전국	유대교 신앙

 ## 아시리아(BC 1380–609)

통일왕조인 바빌로니아가 기원전 1531년경에 히타이트에 무너진 뒤 메소포타미아의 중심패권은 북시리아 지역의 바빌로니아, 후르리(미탄니 왕국), 히타이트, 아시리아로 분권 점령된다.

아시리아는 한때 바빌로니아의 함무라비 왕에게 패하였고, 후르리족이 세운 미탄니 왕국의 지배를 받으며 고통을 겪었지만 지속적인 반란과 저항을 포기하지 않았다. 아시리아의 우발리트 왕은 기원전 1380년경에 히타이트와 미탄니의 확장을 우려하던 이집트 왕 아멘호테프 3세의 지원을 받아 미탄니 왕국에서 독립하게 된다.

그 후 아시리아는 미탄니 왕국을 둘러싸고 히타이트와 전투를 벌여 승리하였으며, 남부의 바빌로니아를 합병하여 기원전 12세기경에는 오늘날의 시리아, 팔레스타인, 페니키아와 소아시아 전역을 차지하는 강국이 되었다. 아시리아의 강력한 패권은 군사력과 종교적인 열정을 바탕으로 이루어졌는데, 국왕은 만민(萬民) 위에 군림하는 신(神)이며, 모든 민족을 굴복시키는 사명을 받은 신성한 존재라는 믿음이 강하였다.

아시리아 군대는 전차병, 기병, 중장보병, 경장보병, 공성병, 공병 등 다양한 병종(兵種)을 운용해 전투를 치렀으며, 기원전 9세기경에 철제무기를 보유하였다. 아시리아의 사르곤 2세(BC 722-705)는 기원전 722년에 이스라엘 왕국(BC 922-722)의 수도인 사마리아를 정복하고, 이집트와 바빌로니아에 대한 공세를 강화하여 아시리아를 부흥시켰으나 주변민족에 대한 지나친 압박과 수탈은 제국의 단합을 무너뜨리는 기폭제로 작용했다.

기원전 7세기경에 스키타이가 북쪽에서 공격하고, 갈디아인과 메디아(Medians) 동맹군이 기원전 612년에 아시리아의 수도인 니네베를 함락시켰다. 우발리트 2세는 패잔병을 이끌고 하란에서 저항하였지만 기원전 609년에 하란이 함락되면서 아시리아 왕조는 멸망하였다.

🚢 신 바빌로니아 왕국(BC 626-538)

신(新) 바빌로니아는 기원전 626년에 페르시아만 연안에 거주하던 갈디아인이 세운 왕국(갈디아 왕국)으로, 기원전 609년에 아시리아 왕국을 무너뜨리고 메소포타미아의 새로운 패권국이 되었다.

네브갓네살 왕(BC 605-562)은 신(新) 바빌로니아 왕국의 전성기를 이룬

군왕이다. 그는 시리아, 이집트, 팔레스타인을 정복하고, 기원전 586년에는 히브리인이 세운 유다 왕국(BC 922-586)을 침략하여 예루살렘을 정복하고 유다 왕국의 왕족과 귀족, 사제들을 바빌론으로 유배시켜 버린다. 이스라엘(유대)민족은 이때부터 페르시아가 신 바빌로니아 왕국을 무너뜨린 기원전 538년까지 바빌론에서 48년 동안 유배생활을 하였다.

네브갓네살 왕은 바빌로니아(바빌론)에 대규모의 성곽을 쌓았다. 이 성곽은 3중으로 성벽을 만들고 너비는 7.8m, 길이는 13.2km에 이르렀다. 현재 이시타르성문이라 부르는 건축물이 남아 있는데 독일의 베를린박물관이 소장하고 있다.

신(新) 바빌로니아 왕조는 네브갓네살 왕이 죽은 후 급격하게 분열하기 시작하여 내분과 함께 페르시아 제국의 키로스 왕이 침입해 와서 기원전 538년에 멸망하였다. 신 바빌로니아 왕국의 멸망으로 메소포타미아 지역의 왕국은 끝이 났다.

 ## 메소포타미아문명의 문화지리

메소포타미아의 지리적 환경은 주기적 홍수와 강의 범람이란 측면에서는 이집트의 나일강문명과 거의 흡사하며, 토질과 기온도 유사하여 보리와 밀을 주식으로 하는 농업이 발달하였다. 보리와 밀은 이집트와 메소포타미아인들에게 공통적으로 빵과 맥주라는 음식을 선물하였다.

이집트 나일강에서는 파피루스*를 이용한 기록매체가 발달하였고, 메소포타미아 지역에서는 점토판*을 만들어 그곳에 쐐기로 소리를 기호로 새기는 설형문자(楔形文字)를 발명하였다. 인도에서 패엽(貝葉)을 이용하고, 동아시아에서 동물의 가죽과 대나무, 목판에 문자를 새긴 것과 비교할 수 있다.

메소포타미아는 오리엔트 지역의 교통로에 위치하여 수메르인, 아카드인, 아무르인, 아시리아인, 갈디아인, 히타이트족, 굽티움족 등 수많은 민족들이 이동하고 정복하고 패권을 다툰 곳이다. 따라서 이런 환경에서는 내세에 대한 기대보다 현실에 안주하려는 경향성이 강하다. 이집트인들이 폐쇄적이고 내세적이라면, 메소포타미아 사람들은 개방적이고 현실적이다. 이러한 것은 신화, 종교, 생활태도 등에서 현저하게 나타난다.

메소포타미아문명 원형찾기 – 점토판과 파피루스

이집트 나일강에서는 파피루스를 이용한 기록매체가 발달하였고, 메소포타미아 지역에서는 점토판을 만들어 그곳에 쐐기로 소리를 기호로 새기는 설형문자(楔形文字)를 발명하였다.

오늘날의 영어에는 고대의 책 문화에서 출발해 현재까지 사용되는 용어들이 있는데, 수메르인들이 점토판에 설형(쐐기)문자를 새기는 도구였던 스타일러스(stylus)는 현대의 태블릿PC에서도 같은 용도와 이름으로 사용되고 있으며, 이 말에서 고정된 문체나 양식(樣式)을 뜻하는 스타일(style)이란 말이 나왔다.

영어에서 '쪽(page)'과 같은 의미로 사용되는 '낱장(leaf)'이란 단어는 나무 '잎사귀(leaf)'에 글을 썼던 흔적이 남은 것이고, '도서관(library)'이란 말도 나무껍질의 안쪽을 뜻하는 라틴어 'liber'에서 나왔다. '책(book)'은 앵글로색슨어로 나무껍질을 의미하는 'boc'에서 출현했고, '종이(paper)'는 잘 알려진 대로 이집트의 파피루스에서 왔다.

그리스어로 파피루스를 뜻하는 '비블로스(byblos)'에서 성서를 뜻하는 말 '비블리아(Biblia)'가 나왔고, 여기에서 다시 '책 중의 책(Bible)'이란 말과 서지학(書誌學)을 뜻하는 '비블리오그라피(bibliography)'가 출현했다.

〈시간과 공간의 대결−점토판(tablet)과 파피루스(papyrus), 전성원, 성공회대 교수〉

 함무라비법전의 사회적 요소

함무라비법전*은 바빌로니아의 제6대 왕인 함무라비 왕이 기원전 1750년에 282개의 조항을 쐐기문자(설형문자, 楔形文字)로 새겨서 공포한 법전이다. 함무라비 왕은 스스로를 공정한 왕, 정의를 실현하는 왕, 약한 자를 능멸하지 않는 존귀한 자, 인민에게 행복을 안기는 왕으로 인식하였다. 이러한 왕의 바람이 법률에 반영되었다고 볼 수 있다.

법전의 특징이 1) 설형문자(쐐기문자)로 기록하고, 2) 보복 형벌을 인정하고, 3) 신체형의 형벌, 4) 신분적 차별, 5) 고의성 유무는 고려하지 않는 형벌, 6) 아버지의 권위가 강한 사회적 특성을 반영하고 있는데, 이런 법전이 만들어지는 사회환경의 요소가 무엇보다 중요하다.

1. 제195조: 자식이 그 아버지를 때렸을 때에는 그의 손을 자른다.
2. 제196조: 자유인의 눈을 뺀 자는 그의 눈을 뺀다.
3. 제198조: 천민의 눈을 빼거나 뼈를 부러뜨린 자는 은 1마누의 형에 처한다.

4. **제201조**: 낮은 신분의 사람을 상하게 한 높은 신분의 사람은 벌금을 낸다.

5. **제203조**: 자유인이 자유인의 뺨을 때리면 돈으로 보상한다.

6. **제205조**: 노예가 자유인의 뺨을 때리면 그의 귀를 자른다.

7. **제229조**: 목수가 부실하게 지은 집이 무너져 집주인이 죽으면 목수를 사형에 처한다.

8. **제230조**: 이 경우(229조) 집주인의 아들이 죽으면 목수의 아들이 사형된다.

고대법의 특징은 대체적으로 강압적이고 통제적이며 보복을 주로 담는다. 그런데도 유독 함무라비법전이 많은 조항에 응징적 내용이 많은 것은 다음의 세 가지 요인이 작용한다고 보겠다. 첫째, 이 지역이 수많은 종족의 변동이 심한 곳으로 이민족에 대한 통제가 특히 중요하고, 둘째, 현실중시의 사회에서는 내세에 대한 도덕적 통제가 약하기 때문에 법률적 강제가 필요하며, 셋째, 전쟁과 정복이 중요시되는 사회에서는 부권(父權)이 아주 강하다는 특성을 반영한 것이라고 하겠다.

> ### 메소포타미아문명 자세히 보기 – 함무라비법전
>
> 고 바빌로니아의 왕인 함무라비가 제정한 법률로, 우르남무법전과 더불어 세계에서 가장 오래된 성문법의 하나이다. 눈에는 눈, 이에는 이라고 하는 보복법으로 널리 알려졌다. 1901년 프랑스 탐험대가 페르시아의 수사에서 발견하였으며 프랑스 루브르박물관에 보관중이며, 여러 흙으로 만들어진 복제품들이 잔편으로 남겨졌는데 그리스 아테네 고고박물관에도 남아있다.
>
> 수사에서 발견된 함무라비법전이 새겨진 석비는 높이 2.2m이고, 전체의 문장이 설형문자(쐐기문자)로 새겨져 있으며, 꼭대기에 태양과 정의의 신이 왕권을

상징하는 도장을 왕에게 건네는 모습이 부조되어 있다. 전체의 문장은 신을 공경하는 왕의 권능을 기록한 서론, 282조의 법률을 다루는 본론, 법의 수호를 다짐하는 결론으로 구성되어 있으며, 수메르의 우르남무법전의 전통을 계승한 것으로 평가된다.

【함무라비법전】

강력한 신체적 처벌을 강조하는 고대법의 대표적인 법전, 튀르키예(터키)의 이스탄불 고고학박물관에 소장되어 있다.

 메소포타미아문명의 성취

메소포타미아문명은 세계 최초로 점토판에 숫자를 기호로 표시하였다. 생산력의 증가와 신분제에 따른 사유제, 상업의 발달과 교역의 증가는 원통(圓筒)인장을 발명토록 만든 요인이었다. 일반적으로 지구라트 건축물,

설형문자, 그리고 원통인장을 수메르문명의 걸출한 3가지 발명이라고 말한다. 원통인장은 오늘날 메소포타미아 초기 문명의 모습을 확인할 수 있는 중요한 유물이다.

수메르의 설형문자는 바빌로니아, 아시리아, 히타이트인, 페르시아인 등 오리엔트 지역의 수많은 민족들이 사용한 문자의 기원이 되었다. 길가메시 문학은 성경의 홍수신화에 모티브를 제공하였고, 길가메시 신화전설 가운데 창세기, 홍수신화, 에덴동산 등은 유대교(기독교)문명의 원천이 되었다. 또한 메소포타미아 왕조의 문명들은 뒤이어 등장하는 페르시아를 제국으로 만든 문화적 기반으로 작용했다.

> **메소포타미아문명 자세히 보기 – 수메르인들이 남긴 세계 최초**
>
> 수메르인들은 기원전 3천 년경에 상형문자의 하나인 설형문자(楔形文字: 쐐기문자, Cuneiform Letter)를 발명하였다. 또한 최초의 법전인 우르남무법전(Urnammu)을 남겼으며, 특히 세속주의와 현세주의를 담은 길가메시 서사시는 히타이트인들과 헤브라이인(히브리인)을 통해 지중해 연안에 전해져 서양 고전문학의 한 바탕을 이루었다
>
> 이중에서 수메르인들이 인류에게 남긴 세계 최초의 산물은 ① 학교와 교과서, ② 의회 양원제도, ③ 세금 감면, ④ 우르남무법전, ⑤ 의학서적, ⑥ 농업서적, ⑦ 우주창조론, ⑧ 속담과 격언, ⑨ 동물우화, ⑩ 성서와 방주, ⑪ 도서목록, ⑫ 사랑 노래, ⑬ 메시아, ⑭ 장거리경주, ⑮ 자장가, ⑯ 역사가, ⑰ 원예기술(나무그늘), ⑱ 애도 노래, ⑲ 노동자의 승리가, ⑳ 수족관 등이 있다.

이집트문명, 나일강 검은 흙의 선물

이집트의 나일강문명은 북쪽의 바다, 서쪽의 사막, 남쪽의 밀림으로 장벽이 세워진 폐쇄적 지형의 특성으로 외부의 침략이 극히 적었고, 이에 따라 내세적인 유일신의 종교관을 유지하였다.

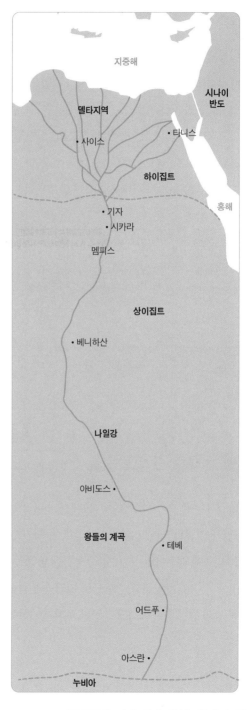

지중해

시나이
반도

델타지역

하이집트

· 사이스

· 타니스

홍해

· 기자

· 시카라

멤피스

상이집트

· 베니하산

나일강

아비도스 ·

왕들의 계곡

· 테베

어드푸 ·

아스란 ·

누비아

이집트인은 나일강 유역에 먼저 정착한 선주족인 햄족(Hamites)과 나중에 나일강으로 들어온 셈족(Semites)의 결합으로 탄생한 민족이다. 그리스의 역사학자인 헤로도토스는 《역사》에서 "이집트의 역사는 나일강의 선물"이라고 말했다. 이집트인들은 자신들의 나라를 케메트(그리스어로 검은색)라고 하였는데, 그 의미는 6,500km에 이르는 나일강에서 비롯해 국토를 관통하는 1200km까지의 비옥한 강변 충적토의 토지를 일컫는 말이다.

오리엔트문명	지중해문명(1)	지중해문명(2)	지중해문명(3)	대서양문명
이집트 메소포타미아 히브리 페니키아	페르시아전쟁 펠로폰네소스전쟁 오리엔트통일전쟁	포에니전쟁 지중해통일전쟁	지중해통일전쟁 이탈리아	포루투갈 스페인 네덜란드 영국
페르시아 제국	그리스 마케도니아	로마	비잔틴(동로마) 르네상스	대항해시대

 나일강의 선물

나일강은 주기적으로 범람하기 때문에 이집트인들은 강의 범람을 대비해 1년을 범람기(7-10월), 파종기(11-2월), 수확기(3-6월)로 나누어 자연의 변하는 법칙에 맞추어 농사를 짓고, 천문을 읽었으며, 이에 근거한 달력을 만들고, 피라미드*를 건축하여 급료 지급과 범람을 주기적으로 파악했다. 또한 강의 범람을 관측하고 측정한 수학과 기하학(幾何學)을 발전시켰다.

"여기에 하늘의 생명수가 있다네. 여기에 땅의 생명수가 있다네. 하늘이 너를 위해 찬란하게 빛나고, 땅이 너를 위해 춤을 춘다네. 신이 자신을 표현해 나일강의 몸에 산다네." - 나일강 찬가(피라미드자료)

지형상 이집트의 나일강은 주변과 단절된 고립된 형태를 지녔다. 주변이 사방으로 개방되어 민족의 이동과 이민족의 침입이 자주 일어나 국가와 민족의 변천이 매우 잦았던 메소포타미아와는 달리, 강을 따라 사람들이 밀집되어 살고 주변이 사막으로 막혀 있어서 일찍부터 통일된 정치체제가 강변을 따라 여러 곳에 출현하였다. 따라서 자연스럽게 오랫동안 외부세력과 단절된 상태에서 독립된 세력을 유지하였다.

이집트인들에게 나일강은 이처럼 자연적인 천혜의 비옥한 충적토를 제공하는 삶의 원동력이며, 주변민족의 침입으로부터 보호해주는 자연방벽이었다. 따라서 이집트인들은 나일강이 자신들의 생명의 원천이라는 인식을 자연스럽게 하게 되었을 것이다.

이집트문명 원형찾기 – 피라미드(Pyramide)

파라오의 무덤으로, 외양을 구성하는 계단은 영혼이 하늘로 올라가는 통로이며, 각각의 모서리는 태양광선을 상징한다. 높이 146m에 이르는 케오프스의 피라미드는 2.5톤의 돌이 250만 개가 필요했고, 2만 명의 남자들이 15~20년 동안 쌓아서 완성될 수 있었다.

🚢 이집트 왕조의 역사

이집트 왕조의 특징은 단절 없는 역사의 지속성에 있다. 기원전 4천 년경에 이집트는 청동기시대에 접어들었고, 집단적인 관개수로를 통해 하(下)이집트에 20곳, 상(上)이집트에 22곳에 이르는 농촌 공동체사회인 42개의 노모스(㈜, 州)가 성립되었다. 각각의 노모스는 자신들의 토템과 신(神)을 숭배했고, 직속의 군대와 깃발을 가졌으며 최고권력은 세습되었다.

❶ 이집트의 통일과 선왕조(BC 3100-2686년, 제1-2왕조)

기원전 3500년경부터 토지, 수자원, 노예, 재부(財富)를 더 많이 가지려고 노모스 사이의 전쟁이 일어나 남부의 상(上) 이집트와 북부의 하(下) 이집트로 통일되었고, 기원전 3100년경에 상 이집트의 전갈왕(蝎王)이라 불리는 메네스(나르메르=아하이)가 하 이집트를 정복하고 최초의 노예제국가이자 통일왕조인 제1왕조를 세웠다. 역사에서는 제2왕조까지를 선왕조(先王朝)라고 부른다.

❷ 고왕조(BC 2686-2181년, 제3-6왕조)

제3왕조는 멤피스에 수도를 두었기에 멤피스 왕조라고 부른다. 이 시기에 피라미드가 건축되었고, 태양신 라(레)를 모신 신전에 오벨리스크*가 조성되었다. 또한 죽음에 관한 종교서인 《피라미드 텍스트》가 만들어지고 오시리스 신앙이 생겨났다. 그리고 주변의 페니키아, 레바논, 시나이, 아프리카 지역의 누비아 등과 교역하였다.

【피라미드】
태양신의 현신으로 이집트를 지배하는 파라오의 무덤, 나일강문명의 건축기술, 과학사상, 종교사상, 상형문자, 농업생산력이 결집된 문명사적 차원의 문화유산

❸ 제1중간기(BC 2181-2040년, 제7-10왕조)

제7왕조부터 10왕조까지는 파라오의 권위가 무너지고 여러 노모스들이 권력을 다투는 제1중간기이다. 이 시기에 현세의 행위는 내세로 연장되며 그때 죄가 아니라고 판정을 받아야 영혼이 자유롭다는 〈메리카레 왕을 위한 교훈〉, 고뇌를 잊고 쾌락에 빠지라는 염세주의를 주장하는 〈절망에 빠진 사람과 그의 영혼의 대화〉라는 기록이 나타난다. 그만큼 이 시대는 혼란과 불안이 횡횡했던 혼돈의 사회였음을 보여준다.

❹ 중왕조(BC 2133-1786년, 제11-12왕조)

중왕조 시기의 수도는 리시트였고, 대외교류와 무역, 전쟁도 활발하여 11 왕조의 멘투호테프 왕은 누비아(리비아)와 시리아 등 서아시아 여러 나라에 외교사절을 파견하였다. 제12왕조(BC 1991-1786) 시기에 최고의 전성기를 구가하여 대규모의 피라미드가 건축되었다.

❺ 제2중간기(BC 1786-1567년, 제13-17왕조)

국내에선 관료들의 권력독점과 노예들의 봉기(BC 1750)가, 외부에선 이민족의 침입으로 중앙권력이 무너지고 제2중간기가 들어섰다. 소아시아 지역에서 히타이트가 침입하자 이들을 피하여 토착민족인 셈계의 힉소스인 (Hyksos)이 이집트로 들어와 기원전 1640년경에 제15왕조(대힉소스)와 16왕조(소힉소스)를 열었다. 이때 셈계의 많은 히브리인들도 이집트에 들어왔다. 야곱의 11번째 아들로 이집트에 들어가 총리를 한 요셉(아브라함-이삭-야곱)도 이 시기의 대표적인 셈계의 인물이었다.

❻ 신왕조(BC 1567-1085년, 제18-20왕조)

이집트의 중심지가 하류인 멤피스에서 상류인 테베로 이동하였다. 이 시기는 이집트가 대대적으로 정복에 나서 남쪽의 누비아와 미탄니의 후르리에서 부터 팔레스타인과 시리아를 지나 바빌로니아 근처까지 진출하였다. 18왕조 아멘호테프 4세는 정열적으로 종교개혁을 추진하여 태양을 생명의 근원으로 하는 아톤신을 유일신으로 내세웠다.

람세스 2세(BC 1301~1235)는 기원전 1300년에 시리아에 대한 통치권을 차지하기 위해 히타이트의 숩필룰리우마스 1세와 카데스에서 전투를 벌였고, 그 후 16년 동안 승패 없는 공방전을 벌이다가 기원전 1284년에 은판협약(銀板協約)*이라 불리는 18조문의 세계 최초의 평화협정을 체결하고 전쟁을 끝냈다.

❼ 후왕조(BC 1085~525년, 제21~26왕조)

후왕조 시기는 이집트의 쇠퇴기이다. 누비아인, 리비아인, 셈족 등 외국 군대가 이집트의 패권을 장악하기 위해 치열하게 전투를 벌였으며, 기원전 715년에는 에티오피아계가 이집트를 통일하고 제25왕조를 열었다. 이 시기에 하(下) 이집트 지역은 아시리아가 침략하여 차지하였다. 기원전 605년에는 신 바빌로니아의 네브갓네살 왕과 카르케미 시에서 전투를 벌였지만 패하였고, 기원전 525년에는 페르시아에게 정복당하였다. 이로써 이집트는 선왕조(제1왕조부터)에서 후왕조(26왕조까지)에 이르는 독립적인 왕조가 막을 내리고 이웃 세력인 페르시아의 총독령(總督領)이 되었다.

이집트는 페르시아의 아케메네스 왕조(27왕조)를 거친 뒤, 28왕조 시기에 페르시아의 지배를 벗어나 사이스, 멘데스, 세벤니토스 지역에서 차례로 28, 29, 30왕조를 열었고, 기원전 341년에 다시 페르시아 아케메네스 왕조에게 권력을 빼앗겼다. 그 후 기원전 332년에 마케도니아에게 정복당하고, 기원전 30년에는 로마에게 복속되었다.

스핑크스(Sphinx)

사람의 머리에 사자의 모습, 혹은 숫양이나 매의 얼굴을 하고 있는 스핑크스는 고양이과에 속하는 동물의 용기와 파라오의 신적인 권능으로 신전의 성스러움을 수호하고 출입을 감시한다. 파라오 케프렌을 상징하는 스핑크스의 경우에는 길이가 57m이고 높이가 20m나 된다.

오벨리스크(Obelisque)

태양숭배를 상징하는 돌기둥으로, 왕의 무덤이나 신전에 세워졌다. 그리스어로 사냥창, 작은 쇠꼬챙이를 뜻하는데, 이집트의 종교수도인 헬리오폴리스의 벤벤이란 성스런 돌에서 유래한다. 람세스 2세는 무려 11쌍을 만들었다.

은판협약은 세계 최초의 평화협정문이다. 이집트 19왕조의 제2대 왕인 세토스 1세는 팔레스타인에 출정하여 이집트 역사상 처음으로 히타이트와 교전하였고, 그의 아들인 람세스 2세(BC 1301~1235)는 기원전 1300년에 시리아에 대한 통치권을 차지하기 위해 히타이트의 숩필룰리우마스 1세와 카데스에서 전투를 벌였다. 그 후 16년 동안 승패 없는 공방전을 벌이다가 기원전 1284년에 은판협약(銀板協約)이라 불리는 18조문의 세계 최초의 평화협정을 체결하고 전쟁을 끝냈다.

은판협약의 서문에는 "위대하고 용감한 히타이트의 영도자인 하투실리와 위대하고 용감한 이집트의 통치자인 람세스 사이의 평화협약"이라고 쓰여 있다. 성서의 출애굽기(出埃圾記)에 나오는 이집트의 파라오는 람세스 2세라는 설이 유력하다.

나일강문명의 탄생요인인 문화지리 여건

인류는 대략 4백만 년에서 5백만 년 전에 나무 위에 사는 유인원과 결별하고, 땅으로 내려와 서서 걷기 시작했고, 두 발을 딛고 손의 자유를 얻으며 인류라고 부르는 독특한 종으로 세상에 출현했다. 그때부터 인류는 채집, 어로, 수렵생활을 거쳐 예측 가능한 식량 확보를 위한 농경과 목축을 하였다. 문명의 탄생은 예측 가능한 생산활동의 산물이다.

나일강 유역의 이집트는 강의 상류에서 홍수와 함께 어마어마한 양의 충적토가 하류로 운반된다. 해마다 반복되는 주기적인 강의 범람과 추수는 시간관념을 만들고, 물을 지배하는 신이 홍수를 만든다는 종교관념이 생겨나게 되었다.

또한 강의 범람은 기존의 토지를 모두 덮어버리고 누구의 소유인지 모르게 만들었다. 지배자들은 농부들에게 다시 나누어줄 토지의 경계를 나누고, 토지면적과 수확물의 양을 계산하여 세금을 거두고자 수학을 발전시켰고, 기하학을 만들었다.

 ## 나일강문명의 문화지리

모든 문명은 그것을 이루는 인간의 의지와 자연적 지리환경의 상호작용으로 탄생하게 된다. 이를 문화지리(文化地理) 혹은 인문지리(人文地理)로 정의한다면, 이집트문명도 그것이 발생하는 나일강이 중요한 요인이 된다. 이를 보통 '나일강의 선물'이라고 부르는데, 이집트문명의 탄생에는 주기적인 나일강의 범람이 주는 혜택을 우선 꼽을 수 있다. 수학, 건축, 종교사상 등이 여기서 발생한다.

여기에 강변에 풍부하게 자라는 갈대는 '파피루스*'라는 기록의 소재를 제공한다. 이는 곧 그림문자로 소리를 표기하는 문화로까지 발전한다. 파피루스는 메소포타미아와 인더스문명이 진흙을 기록의 소재로 사용하고, 중국이 대나무와 동물가죽을 이용하는 것과 비교가 된다.

강의 양쪽이 붉은 대지의 사막에 둘러싸인 이집트에서 백성들에게 일정한 급여와 노동력을 제공하기 위해서는 반복적이고 끊임없는 토목공사가 필요하였다. 동아시아문명이 홍수를 막고자 치수와 관개수로에 치중했다면 이집트는 피리미드라는 건축물을 필요로 했던 것이다. 이는 파라오의 권위와 신성성을 돋보이게 하는 종교적 행위의 요소도 포함되었을 것이다.

이집트문명 원형찾기 – 파피루스

파피루스는 그리스어로 파피로스(papyros), 라틴어로는 파피루스(papyrus)로 불리는 풀의 일종이다. 보통 문명사에서 파피루스라고 할 때는 이집트 특산의 식물인 이것을 재료로 해서 만든 일종의 종이, 또는 문서를 뜻한다. 이집트문명의 초기에는 나일강 전체에 자랐지만 현재는 수단 영토에 속하는 상류에 남아있다.

이집트에서는 파피루스 풀의 줄기로는 종이, 그물, 자리, 상자 등을 만들고, 여러 개를 묶어 건축의 기둥으로도 사용하였다. 이집트인들은 파피루스 풀을 얇게 잘라 앞과 뒤를 엇갈려 엮어서 두드리고 이를 말려 종이로 만들었다. 파피루스 문서는 명령서, 회계, 보고서, 기도문, 문학작품, 여러 설계도 등으로 사용하였고, 《사자의 서》와 같이 이집트문명을 상징하는 문학작품 등도 남겼다. 오늘날 영어의 페이퍼(paper)는 파피루스에서 기원하였다.

 나일강문명의 천문과 미학

이집트인들은 맴피스의 하늘에 태양과 시리우스(천랑성)가 거의 동시에 뜨는 날을 한 해의 첫 날로 잡고, 1년을 12개월로 나누고, 한 달에 30일을 배당하였다. 남은 5일은 쉬는 날이 된다. 이집트인들은 태음력을 바탕으로 정교한 수치의 태양력을 만들었다.

강물의 범람과 주기성, 태양과 천체의 동일한 시간 차는 이집트인들로 하여금 영혼의 재생을 믿는 신앙을 만들었다. 미라와 벽화의 인물상은 이집트인들의 신앙의 산물이다. '영혼이 벽화의 인물상에 깃든다'는 믿음은 그대로 이집트 미학이 되었다. 이집트 미학은 이런 종교사상에 따라 움직임이 없고 인물의 음양이 뚜렷하게 표현되는 기법을 발전시켰다.

메소포타미아신화	이집트신화	중남미신화	페르시아신화
수메르 바빌론 길가메시	피라미드 태양 사후세계	아즈텍 마야 잉카신화	아베스타 샤흐나마

나일강문명의 역사적 의의

오늘의 이집트는 역사적 맥락에서 동일한 종족집단이지만, 나일강문명의 지속적 계승은 이루어지지 않았다. 나일강문명의 생명력과 계승성은 이집트를 벗어나 주변과 세계로 뻗어 나갔다. 우선 1) 이집트 문자의 24개 부호는 페니키아–그리스–아라비아문자로 이어졌고, 2) 이집트신화의 여신 이시스(성모), 심판의 신(神) 오시리스는 그리스신화의 모티브를 이루었으며, 3) 이집트 미학은 그리스, 헬레니즘, 로마의 미술로 이어졌다.

이집트문명의 가장 중요한 역사적 성취는 이 문명이 오늘날 유럽문명의 뿌리로 인식되고, 세계사의 다양성을 만드는 중요한 원천으로 자리 잡았다는 것이다. 그것은 이집트문명이 주변의 페니키아, 가나안(히브리), 크레타, 그리스, 로마 문화의 바탕이 되었기 때문이다. 페르시아 제국이 이집트를 정복하고, 뒤를 이어 등장한 알렉산더 대왕의 헬레니즘 제국은 이집트 문화를 주변국에 융합시키고 발전시켰다. 하지만 현실에서 이집트인들은 7세기경부터 이슬람문명의 압도적인 수용을 거치면서 나일강문명을 지속적으로 계승하지 못하였다.

【로제타석(로제타 스톤)】

1799년 이집트 라쉬드에서 발견된 비석으로, 이집트 상형문자, 민중문자, 그리스어 3종이 새겨져 있다. 프랑스 고고학자인 샹폴리옹이 이를 해석하여 이집트 상형문자를 해독하는 길을 열게 되었다.

04
CHAPTER

인더스문명,
동서 문명의 젖줄을 만들다!

인더스문명은 성곽도시, 도로망, 하수도, 상수도 등을 갖춘 세련된 문명을 자랑한다. 서쪽으로 페르시아문명에 영향을 주었고, 뒤이어 형성된 갠지스문명은 민족종교 힌두교와 세계종교 불교를 일으켰다.

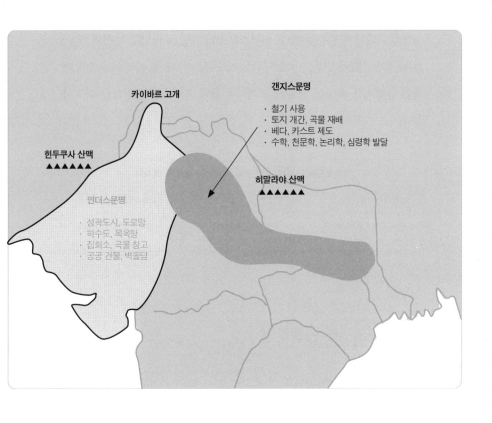

동아시아문명의 양대 축은 인더스문명과 황하문명이다. 인더스문명은 초기에 오리엔트문명과 주로 교류하였지만 페르시아 제국이 등장하는 기원전 500년경에는 동남아시아, 동아시아와 교역로, 교통로가 열리면서 주변 지역에 지대한 영향을 끼쳤다. 인더스문명의 방향은 1) 인도 중심의 발전, 2) 동남아 문화의 연원, 3) 페르시아-지중해로 전파, 4) 동북아문명에 전파와 충격이란 다양한 영향력을 끼치며 동남·서아시아 지역으로 퍼져나갔다.

엘빈 토플러의 《제3의 물결》에서 정의한 인류 문명의 3대 혁명		
농경혁명(기원전 8000년)	산업혁명(18세기 후반)	정보화혁명(20세기 후반)
토지가 주요한 생산수단	산업이 주요한 생산수단	지식이 주요한 생산수단
소유의 일치(노동, 토지, 생산물)	자본이 노동-생산물-수단 지배	지식이 자본의 흥망을 좌우

인도의 3대 민족주의

오늘날 인도를 형성하는 주요한 요소는 3대 민족주의이다. 종교와 직업으로서의 카스트제도*와 힌두교, 영국으로부터 독립하는 과정에서 만들어진 저항민족주의, 그리고 1875년 발견해 1924년 선포된 인더스문명의 발상지로서의 문화민족주의가 그것이다.

저항민족주의와 문화민족주의의 뿌리는 역사와 문화에 대한 인도인들의 자각에서 비롯되었다. 종교적 신분 차별과 계급제도는 근대시기에 들어서면서 민족과 국가라는 이념으로 대체되고 모든 구성원들은 국민이라는 평등성을 지니면서 하나의 국가로 통일되는 계기가 되었다. 인도의 국민은 이제 어떤 종족, 신분, 계급의 차별을 뛰어넘는 새로운 인간으로 자리매김 되었다.

힌두민족주의	저항민족주의	문화민족주의
역사와 문화의 근원 카스트제도의 법제화	영국 제국주의로부터 독립 간디와 네루의 국가이념화	인도 독자적 문명의 긍지 세계 4대 문명의 발상지

아울러 20세기에 발견된 인더스문명은 근대시기에 세계사적 변화에서 뒤쳐졌던 인도인들에게 문명의 발생국이라는 자부심과 하나의 인도라는 근대국가 건설의 원천으로 작용되었다. 이민족인 몽골계 외부세력이 지배세력으로 등장하여 세운 이슬람 무굴 제국은 힌두이즘을 받드는 인도인들에게 마음의 안식처가 될 수 없었고, 새로운 제국주의 침략자인 영국의 식민지배 또한 받아들일 수 없는 현실이었다. 이때 인더스문명의 등장은 인도인들에게 새로운 세계로 나가게 만드는 힘이었고 빛이었다.

인더스문명 원형찾기 – 카스트

카스트는 아리안종족의 신분계급인 4계급을 의미하며, 어원은 피의 순수성을 보존한다는 뜻을 지닌 포루투갈어 카스타(casta)이다. 인도에서는 색깔을 뜻하는 바르나(varna), 또는 바르나슈라마 다르마(Varnashrama–dharma)라고 한다. 이를 세분하면 사제나 성직자를 뜻하는 거룩한 신분의 브라만(Brahman), 귀족과 무사계급을 의미하는 크샤트리아(Kshatriya), 지주, 농민, 상인에 속하는 바이샤

(Vaisya), 마지막으로 소작농, 청소부, 하인 등 낮은 계층의 수드라(Sudra)로 나뉜다.

직업적으로 브라만계급은 제사의식을 주관하며, 크샤트리아는 정치적 권력과 무력을 담당한다. 바이샤는 가장 많은 계층으로 생산과 교역을 맡고 납세의 책임을 진다. 수드라는 천민인 노예계급으로 복종의 의무를 가진다. 이중에서 수드라는 영원히 재생할 수 없는 계층으로 재생이 가능한 세 계급과 비교돼 차별받았으며, 수드라보다 못한 아래의 계급은 불가촉천민으로 불렸다. 브라만, 크샤트리아, 바이샤는 재생이 가능한 존재라는 의미에서 드비자(dvija, 재생하는 사람)라고 한다. 드비자는 성인이 되면 힌두교에 입문하고 경전인 베다(veda)를 학습하고 이로 인하여 재생할 수 있다고 믿었다.

 ## 인더스문명과 브라만 사상

인더스문명은 기원전 3천 년경에 인도의 토착민족인 드라비디아인(Dravidian)이 만들었다. 이들은 피부가 검고, 코가 납작하고, 샤머니즘을 숭배한 사람들로, 인더스강의 상류에서 하라파 문화를 꽃피웠고, 하류의 모헨조다로에서 도시문명을 이루었다.

기원전 1500년경에 하라파와 모헨조다로는 급속하게 폐허가 되었고 남은 자료는 인장(印章)에 새겨진 문자뿐인데 아직 해독이 되지 않고 있다. 인더스문명의 멸망 원인에 대해서는 ① 자연환경의 변화, ② 삼림의 벌채와 대지의 건조화, ③ 대홍수, ④ 외적의 침입 등을 들고 있다. 이중에서 유력하게 거론되는 멸망 원인은 유목기마종족인 아리안족의 침입이다.

【하라파】

북인도 인더스문명을 상징하는 하라파유적에서 출토된 배와 여신상

【모헨조다로】

도시유적의 공중목욕탕

브라만교	불교	힌두교	이슬람교
인더스문명 브라만문명	마우리아 왕조 쿠산 왕조	숭가 왕조 굽타 왕조	가즈니, 고르 델리술탄, 무굴 제국

📿 인더스문명의 문화적 성취

인더스문명은 청동기시대에 접어들어 농경을 주축으로 하는 생산경제를 바탕으로 보리, 밀, 호마(胡麻), 면화를 주로 생산하였다. 농업생산력이 뛰어나서 주변 지역과 마차를 이용한 교역을 하였고, 도로와 도시를 건설하였다. 모헨조다로 같은 도시는 상층민의 성곽과 하층민의 성곽으로 구분이 되었고 도시인구는 대략 3만 명 정도로 추정된다.

인더스문명의 뛰어난 성취는 인장문자(印章文字)이다. 인장에는 2.5cm 크기의 원 안에 대략 대여섯 자를 새겼고, 가장 많이 새긴 인장문자는 25개였다. 문자는 문장적 구조를 갖춰 일정한 규칙성을 지녔다. 인장에는 도상부호도 많이 새겼는데 코뿔소, 소, 호랑이, 코끼리 등 대략 5백여 개에 이른다. 현재까지 발견된 도장은 2,500여 개이다.

시대별 문명	주요 연대표	주요한 역사내용
인더스문명	기원전 3,500년	모헨조다로와 하라파(BC2300-1750) 중심
브라만문명	기원전 1,500년	아리안족의 베다문명
열국시대	기원전 6-4세기	철기시대, 겐지즈강 유역, 16국 중심, 6사외도
마우리아	기원전 324-187	찬드라굽타-아쇼카, 불교의 국교화
숭가	기원전 185-72	대중적인 힌두이즘의 숭배, 요가 수행법의 수립
쿠샨	45-250	기원전 139년경 세력화, 45년 북인도 지배, 대승불교
굽타-하르샤	320-550, 606-647	힌두교 득세, 불교 쇠락, 마누법전과 마하바라타
이슬람 지배	711-1858	가즈니, 고르, 델리술탄, 무굴 제국의 이슬람화
현대 인도	1858-1947-1971	영국 지배, 파키스탄과 분리, 방글라데시 독립

브라만교와 베다 문화의 등장

기원전 1500년경에 철기를 사용하는 아리안족이 침입하여 인더스문명을 정복하고 브라만교*를 바탕으로 하는 새로운 인도 문화를 건설하였다. 이 때의 문화를 브라만문명, 또는 베다문명이라고 한다.

브라만교는 아리안족의 종교사상이다. 후기 베다시대(BC 1000~500년경)의 주문을 집대성한 《아타르베다》와 베다의 주석서인 《브라마나》, 후기 베다의 주석문학인 《우파니샤드》에는 브라만의 사상이 제대로 나타나 있다.

브라만교(婆羅門敎, 바라문교)는 베다경전을 기본으로 성립된 아리안종족의 자연신앙으로, 모든 만물은 신령의 지배를 받으며 역사의 영웅들도 사

【인장문자】

인더스문명의 탄생을 보여주는 인장문자

【베다경전】

브라만교를 대표하는 베다경전

【앙코르와트】

전파를 상징하는 앙코르와트 신전건축

후에 신령이 되어 지상을 다스린다는 신앙체계를 지니고 있다. 주요한 신으로는 창조의 신인 범천 신(브라흐마), 태양의 신인 비슈누(아비타라), 천둥과 번개 신이며 전쟁의 신인 인드라, 우주 질서와 법을 집행하는 바루나, 파괴와 재생의 신인 시바, 불의 신 아그니, 땅의 신 프르티비 등이 숭배되었다.

삼신일체 숭배	주요한 종교사상	도덕계율(다르마=법, 의무)
(1) 창조신: 브라흐마	(1) 윤회(輪廻)와 업(業)	(1) 4성계급: 카스트계급의 준수
(2) 유지신: 비슈누	(2) 해탈(解脫)의 길(고행, 유가, 요가)	(2) 4생제도: 학생, 가주, 은둔, 유행
(3) 파괴신: 시바(쉬바)	(3) 도덕적 행위와 경건한 신앙	(3) 최고신에 신애와 은총: 민중구제

브라만교는 베다 지상, 제사 만능, 브라만 최고의 3대 강령과 주요 5대 사상으로 이루어져 있다. 5대 사상에는 1)베다경전에 대한 믿음에 기초해, 조물주의 뜻에 따라 하늘의 원리와 세상만물의 지혜, 사회생활의 법칙 등이 기술되어 있다는 신앙, 2)제사와 헌신은 현세와 내세의 행복과 이익을 바라는 숭고한 의식이라는 믿음, 3)우주의 창조자인 범천(브라만)에 의해 규정된 4성제(四姓制: 카스트제도), 4)우주와 사람의 본질은 하나라는 범아일여(梵我一如)의 사상, 5)전생의 행위가 후생에 이어진다는 업보(카르마)와 이런 생애가 반복된다는 윤회(輪回) 등 5대 사상이 있다.

카스트제도(Caste: 사종성: 四種姓)				
계급	수드라 (sudra)	바이샤 (Baisyar)	크샤트리야 (Kshatrya)	브라만 (Brahman)
	노예계급	농민과 상인	무사계급	사제계급

브라만교는 아리안족의 종교사상이다.

브라만교의 사상은 크게 5가지로 볼 수 있는데, 첫째는 베다경전에 대한 믿음이다. 베다신앙은 조물주의 뜻에 따라 하늘의 원리와 세상만물의 지혜, 사회생활의 법칙 등이 기술되어 있다는 신앙이다. 최하층민인 수드라는 검은 색의 얼굴을 가진 미개한 종족이라 규정하고 베다를 읽지 못하도록 하였다.

둘째는 제사와 헌신이다. 이는 현세와 내세의 행복과 이익을 바라는 숭고한 의식이다. 그중에서 하늘의 신에게 지내는 제사에서는 태양을 상징하는 불구덩이에 희생품을 넣는다.

셋째는 4성제(四姓制:카스트제도)에 기초한 계급제도이다. 우주의 창조자인 범천(브라만)은 말씀으로 브라만(婆羅門, 바라문)을 낳았고, 손으로 크샤트리아(刹帝利, 찰제리)를 만들었고, 두 허벅지로 바이샤(吠舍, 폐사), 그리고 두 다리로 수드라(首陀羅, 수다라)를 창조하였다. 이런 규정에 따라 계급에 맞는 직업과 의무를 지닌다. 원래 카스트란 바르나, 곧 색(色)으로 검은 색을 지닌 피지배종족을 말한다.

넷째는 범아일여(梵我一如), 즉 우주와 사람의 본질은 하나라는 사상을 기초로 한다. 우주만물의 본질은 성령(性靈)으로 자아(아트만)라고 하는데, 우주본원의 영원한 자아는 대범(大梵), 대아라고 하며 이것의 인격화가 대범천(브라만신)이다. 개인이나 사물의 아트만은 소아라고 하며, 소아가 대범(대아)에 회귀하려면 제사, 선정, 재계, 숲속 수행 등을 통해 다다를 수 있다.

다섯째는 업보와 윤회의 사상이다. 업보는 카르마라고 부르며, 살생, 도둑질 등을 하면 축생 등으로 태어나고, 베다의 학습, 고행, 착한 일 등을 하면 상층계급으로 다시 태어나며 이것이 계속 반복되어 끝내 대범에 이르게 되면 윤회는 끝이 난다. 이중에서 업과 윤회의 사상은 불교사상에 지대한 영향을 끼쳤다.

 **열국시대의 불교와 6사외도**

브라만문명의 주축인 아리안들은 철기를 바탕으로 겐지즈강⁽항하라고도 부름⁾을 개간하여 농지를 확대하고, 주변국과 활발한 교역을 통해 상업을 발달시켰다. 이러한 사회경제의 변화로 철저한 계급성을 띄는 신분제도인 카스트제도가 도전을 받기 시작하였으며, 소를 농경에 사용하기 위해 희생⁽犧牲⁾을 금지하였다. 이때부터 인도사회는 카스트제도와 브라만교에 대항하는 새로운 사상과 종교가 일어나기 시작하였다. 역사에서는 이 시대를 '열국시대⁽16국⁾', 또는 '96파⁽6사외도⁾의 시대'라고 한다.

라즈기르, 불교 최초의 사원이 들어서다

불교사에서 가장 중요한 역사적 장소는 8개가 있다. 불교에서 깨달음을 상징하는 숫자로 받아들이는 8을 더하여 8대성지라고 부른다. 차례대로 붓다가 태어난 탄생지 룸비니, 깨달음을 얻은 성도지 보드가야, 처음으로 불법을 전한 초전법륜지 녹야원⁽사르나트⁾, 최초의 사원인 죽림정사가 있는 라즈기르⁽왕사성⁾, 붓다가 가장 많이 머물렀던 슈라바스티, 도리천에 올라가서 돌아가신 어머니 마야부인에게 설법을 하였다는 상카시아, 비구니의 출가를 허락한 땅 바이샬리, 그리고 마지막으로 열반을 한 쿠시나가르이다.

이중에서 왕사성⁽王舍城⁾으로 한역⁽漢譯⁾되는 라즈기르는 불교도시 가운데 가장 중요한 역사적인 장소이다. 라즈기르는 마가다국의 도읍으로 최초의 불교사원인 죽림정사가 있는 곳이며, 불교경전이 처음으로 만들어진 제1차 결집의 장소이다. 또한 《법화경》을 설법한 영축산과 혜초 스님도 《왕오천축국전》에서 언급한 나란다 불교대학이 위치한다. 그리고 서양문명의 침략에 맞서 찬드라굽타가 불교 문화를 수호한 역사의 땅이다.

우선 라즈기르는 붓다가 성도를 한 보드가야에서 북쪽으로 90km 정도의 거리에 위치한다. 그래서 어느 지역보다 붓다의 가르침에 대한 이야기가 널리 퍼진 곳이다. 출가를 하고 곳곳을 다니던 싯다르타가 두 명의 현인에게 가르침을 구하였지만 궁극적인 답을 얻지 못하고 떠난 곳이 라즈기르이다. 헤르만 헤세의 구도소설인 《싯다르타》에도 이 장면이 잘 언급되어 있다. 부다가야에서 깨달음을 얻은 붓다가 1천여 명의 제자들을 이끌고 라즈기르에서 16km 정도 떨어진 교외에 다다랐을 때 마가다국의 군주인 빔바사라가 몸소 찾아와 붓다에게 가르침을 청하였다. 붓다의 설법에 감화를 받은 그는 무릎을 꿇고 불제자가 되었으며 왕궁 밖의 대나무 숲을 붓다에게 공양하였다. 이곳이 바로 불교사에 빛나는 최초의 사원인 죽림정사이다.

라즈기르는 마가다국의 왕이 사는 땅이란 뜻, 한역으로는 왕사성(王舍城)이다. 이곳에 바로 불교경전에서 자주 만나는 영축산이 위치한다. 영축산(靈鷲山)은 지역과 시대에 따라 영취산이라고도 부른다. 마가다국의 왕궁은 도시를 감싸고 자리한 영축산에 위치한다. 영축산은 독수리가 많이 사는 곳, 또는 산의 모양이 독수리와 같다고 붙여진 이름인데, 붓다는 이곳에서 가장 중요한 대승경전으로 꼽히는 《묘법연화경(법화경)》과 《능엄경》을 설법하였다. 우리나라 불교사원에서 자주 보는 영산회상도는 영취산에서 붓다가《법화경》을 설법하는 장면을 그린 불화(佛畫)이다.

라즈기르에서 빼놓을 수 없는 불교사의 최고 장면은 제1차 결집이다. 결집이란 붓다의 가르침을 경전으로 통일하고 만드는 활동을 말한다. 역사상 결집은 보통 5차에 이르는데 제1차 결집은 붓다의 법문과 계율을 정리한 사건을 말한다. 붓다가 열반한 그 해에 대제자인 가섭과 아난, 우팔리가 승려 500인을 라즈기르로 불러 모으고 붓다에게 들은 법문을 암송토록 하면 다문제일(多聞第一)로 불리던 아난이 이를 확인하여 붓다의 가르침으로 결정한 역사의 순간이다. 그곳이 바로 영축산의 칠엽굴(七葉窟)이다. 칠엽굴이란 칠엽수가 동굴 밖에 서 있어 생긴 이름이다.

라즈기르에서 북쪽으로 11km 정도의 거리에는 세계 최대의 규모와 인원을 자랑하는 불교대학인 나란다 대학이 있었다. 이곳은 세계 문명의 역사에서 7-8세기에 구도(求道)와 학문연구가 가장 왕성하였던 곳의 하나였다. 불교문화권에 속한 동아시아의 수많은 지식인, 종교인들이 머나먼 이국땅에서 이곳을 찾아왔다. 7세기경 당나라 승려 현장(602-664)은《대당서역기(大唐西域記)》에서 이곳의 학승(學僧)은 1만여 명이 넘었으며 교수는 1,500여 명이라고 기록하였다. 이로부터 100여 년이 지난 후 신라승 혜초(704-787)가 다시 왔을 때는 이미 쇠락하여 황폐해진 곳곳엔 가축들이 한가롭게 풀을 뜯고 있었다고《왕오천축국전(往五天竺國傳)》에 전하고 있다. 이후 이슬람 세력이 북인도를 장악한 13세기 초에는 철저하게 파괴되어 역사에서 자취를 감추었다.

끝으로 라즈기르는 마가다국의 도읍으로 불교문명을 수호한 역사를 지닌 의미있는 곳이다. 붓다가 입멸하고 2백여 년이 지난 기원전 4세기에 서양 문명을 대표하는 알렉산드로스 대왕과 북인도 16국이 문명전쟁을 인더스 강 유역에서 치열하게 펼쳤다. 이때 마가다국의 장군이었던 찬드라굽타는 2백만 대군을 이끌고 전쟁에 나가 알렉산드로스의 군대를 격파하고 정변을 일으켜 불교국가 마우리아 왕조를 세웠다. 이때부터 불교는 북인도의 종교에서 세계의 종교로 발전하는 계기가 되었다. 지금은 북인도의 작은 소도시에 불과하지만 적어도 2천여 년 전에는 불교사에서 가장 빛나는 도시였다.

마우리아 아쇼카 왕의 인도 통일과 개혁정책

기원전 326년에 마가다 국왕 프랏시의 대장군이었던 찬드라굽타(月護, 월호, BC 321~285)는 북인도를 침략한 마케도니아의 알렉산드로스 대왕을 물리치고 군사반란을 일으켜 마우리아 왕조를 세웠다. 그의 손자인 아쇼카는 천하의 군주, 사방의 악을 물리치는 왕 중의 왕으로 칭하였고, 무력으로 인도를 통일하였다. 그는 통일과정에서 너무나도 많은 죽음과 희생을 치르게 되면서 이를 반성하면서 불교를 국교로 삼았으며, 중앙집권제의 기틀을 세웠다.

불교는 인도의 정반국에서 태어난 고타마 싯달타(BC 565~485)가 유한(有

限)한 생명체가 벗어나지 못하고 있던 생로병사(生老病死)의 윤회(輪廻)라는 순환고리를 끊고 영원한 생명을 얻는 대각(大覺)을 기반으로 성립한 자아 해탈(自我解脫)의 종교이다. 싯달타가 고민한 문제는 사람들은 왜 고통스럽고 번뇌하며 불행하게 생로병사의 윤회에서 벗어나지 못하는가 하는 것이 었다. 그러면서 해탈에 이르는 핵심이 '존재하는 것은 영원한 게 없고 실체도 없고 모든 게 고통스럽다'는 삼법인(三法印)과 이를 바탕으로 성립된 고집 멸도(苦集滅道)라는 사성제(四聖諦)를 들어 존재의 깨달음에 이르는 불법의 가르침을 인류에 제시하였다.

🚢 인도 쿠샨 왕조와 대중부 불교(대승불교)

쿠샨 왕조는 중앙아시아의 월지족이 인도 북부에 세운 왕조(45-250)이다. 월지족은 서역(西域)이라고 부르는 실크로드의 서쪽 지역에 위치하였다. 당시에 북방의 초원은 흉노족이 최초의 유목제국을 세우고 중국을 압박하던 시기였다. 중국 한나라의 한문제는 북방의 흉노를 공격하기 위해 흉노의 서쪽에 있는 월지와 동맹을 맺고자 실크로드를 개척하였다.

한나라의 압박을 이겨내지 못한 흉노는 서쪽으로 이동하면서 한나라의 동맹세력인 월지를 공격하였고, 월지족은 흉노의 공격을 피해 북인도 지역으로 이동하여 그곳에 세력을 구축하고 불교국가인 쿠샨 왕조를 세웠다. 쿠샨 왕조의 카니시카 왕은 불교를 융성시킨 군주였다.

그는 북인도 지역에 유행하였던 대승불교를 받아들이고 헬레니즘 문화와 불교 사상을 융합한 불상(佛像) 문화를 탄생시켰다. 카니시카 왕은 천하사방의 위대한 군주이며, 악마의 군대를 무찌르고 불법을 수호하는 전륜성왕(轉輪聖王)을 표방하였다. 역사에서는 이 시기의 종교예술을 '간다라 미술'이라 부르며, 중앙아시아와 서중국, 북중국을 거쳐 신라 불국사, 석굴암의 본존불로까지 그 영향이 이어졌다. 또한 중국 5호16국시대에 전진(前秦)의 왕인 부견, 고구려의 광개토대왕, 백제의 성왕, 신라의 진흥왕은 모두 전륜성왕을 표방하고 불교 문화 전승에 앞장섰다.

🚢 인도 굽타 왕조와 힌두교의 확산

굽타 왕조는 인도인들이 세운 왕조(320-550)이다. 이 시기에 브라만교는 불교와 민간 사상을 융합하여 힌두교로 발전시켰다. 이 시기에 불교도 상좌부, 대중부 불교에 이어 민간신앙과 결합한 새로운 종교형태인 밀교가 성행하였으며 이는 티벳 불교에 깊은 영향을 주었다.

힌두교의 어원은 인더스강의 산스크리트 명칭인 '신두(Sindhu, 大河)'에서 유래한다. 힌두교는 아리안족의 브라만교를 기반으로 인도의 토착적인 민간신앙과 결합하고, 마우리아 왕조 시기의 불교 대중화에 자극받아 굽타 왕조(320-550) 시기에 국교가 된다. 이 시기에 인도의 전통적인 신화, 성전(聖典), 전설, 의례, 제도, 관습 등이 한데 섞여 힌두교로 체계화되었다.

또한 마누법전을 제정하여 브라만교의 종교적 카스트제도를 분화시켜 직업과 종교, 사회생활로 재정리한다. 그리고 희생과 제의, 자연신 숭배를 하는 브라만교의 베다 중심 신앙을 탈피하여, 신전과 신상이 예배되고 인격신이 신앙되며, 아울러 공희(供犧)를 반대하고, 육식이 금지되었다. 힌두교의 주요한 경전은 《베다》와 《우파니샤드》이며, 그 외에 《브라흐마나》, 《수트라》 등이 있다. 이밖에도 경전에 버금가는 문헌으로 《마하바라타》, 《라마야나》의 2대 서사시, 마하바라타의 일부인 《바가바드기타》, 《푸라나》, 《탄트라》, 《아가마》, 《삼히타》가 있다.

인도 문화의 영향과 이슬람화

인더스문명과 인도 문화의 영향은 크게 3단계로 이루어졌다.

첫 번째는 인더스문명이 서쪽으로 페르시아, 동쪽으로 동남아시아로 전해져서 그 지역의 역사문화에 충격을 주고 발전을 이끌었다. 두 번째는 불교 문화의 전파이다. 초기의 불교인 소승 불교는 동남아 지역으로 전파되어 미얀마, 태국 등이 오늘날까지 불교국가를 이루는데 일조하였으며, 대승 불교는 중앙아시아와 실크로드를 거쳐 중국, 한국, 일본으로 전해져 불교 문화권을 형성하였다

7세기에서 9세기에 이르면 동아시아에서 고구려, 당나라, 돌궐, 티벳의 각축으로 정치질서가 재편되기 시작한다. 당나라의 공격으로 북방 초원에

서 밀린 돌궐족은 중앙아시아로 이동하여 이슬람을 받아들이고 오리엔트 세계와 인도 세계를 이슬람문명권으로 만들었다. 이슬람은 비록 동아시아에 커다란 영향을 주지 못하였지만 동남아시아로 진출하여 말레이시아, 인도네시아, 보루네오, 필리핀 남부 등을 이슬람 문화권으로 만들었다.

05
CHAPTER

중국문명,
동아시아의 인문지형을 만들다!

중국문명은 북쪽의 황하와 남쪽의 장강을 중심으로 형성되었고, 청동기시대에 하나라, 상나라, 주나라를 거치면서 문명적 특성을 이루었다. 하상주시대의 문명적 특성은 수천 년간 동아시아 역사와 문화에 지대한 영향을 끼쳤다.

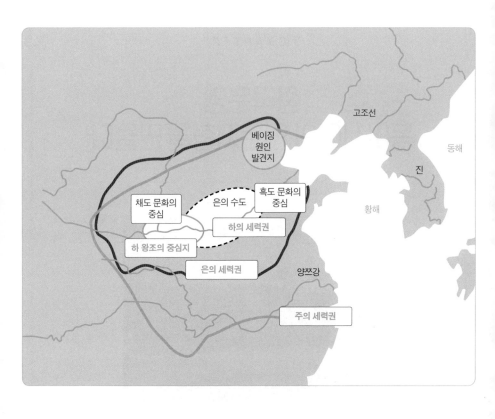

모든 문명을 이해하는 키는 인간과 자연의 관계를 우선적으로 살피는데 있다. 변화무쌍한 자연의 순리를 거역하고 이를 극복하려는 인간정신과 자연의 변화에 순응하며 그것에 맞추어 사는 인간들은 결국 자연을 매개로 투쟁과 조화를 이루며 삶을 영위하는 것이다. 문명이란 결국 자연적인 것과 인위적인 것의 끊임없는 투쟁의 역사인 것이다.

동아시아문명의 지형적인 특성은 북방의 초원지대와 유목, 만주대륙의 울창한 숲과 수렵, 중국대륙의 넓은 평원과 농경, 그리고 한반도를 중심으로 형성된 어로와 해양 등 4개의 권역에서 형성되었으며, 이로부터 문명의 발생, 형성, 변화, 발전과 영향을 살펴야 한다.

 ## 인문지리, 문명 탄생의 자연환경

문명 탄생의 기본적인 물적 토대는 지리환경이며 이를 기반으로 경제활동이 이루어진다. 인류의 경제활동은 생산방식에 따라 전통적 생산양식과 근대적 생산양식으로 나눌 수 있다.

전통적 생산양식 중에서 채집경제, 수렵경제, 어로경제는 생산성이 낮고 산출량이 비계획적이어서 사회집단을 형성하기 어려운 경제조건이며, 농업경제와 유목경제는 산출량을 계획할 수 있어 국가를 탄생시키는 물적 토대가 되었다. 이처럼 문명의 탄생 조건은 지리적 환경이 절대적인 요소라 할 수 있다.

중국대륙의 농업경제는 황하문명과 그 후의 중국 제국을 만드는 바탕이 되었고, 북방의 광활한 초원지대는 유목 세력과 유목 제국을 일으키는 원천이 되었다. 동아시아문명을 이해하는 가장 중요한 요소는 북방 유목 세계와 남방 농경 세력의 협력과 대결의 구도이다.

경제별 유형		생산적 관점의 경제유형
전통적 생산양식	① 채집경제	인류 최초의 경제활동: 새알, 풀뿌리, 과일 등 채집
	② 수렵경제	후기 구석기시대의 경제활동, 사냥과 군사훈련
	③ 어로경제	전통방식 중 안정된 경제, 강과 바다의 자원수집
	④ 농업경제	잉여생산의 확보가 가능한 계획경제로, 정착생활 시작
	⑤ 유목경제	불안정한 계획경제, 교역과 농경으로 일부 보충
근대적 생산양식	⑥ 산업경제	생산-유통-소비의 대량생산체제, 근대의 산물
	⑦ 지식경제	가공-창조-무형의 가치 창출, 현대의 산물

농업작물, 문명 탄생의 물적 토대

강변과 충적토라는 지리적 환경이 유리해도 결국은 농경 정착의 제1조건은 지역에 맞는 농업작물의 존재 여부이다. 생명의 기본조건은 육류, 어류로도 가능하지만, 대규모의 인구가 생존하기 위해서는 예측 가능한 곡물 생산량이 필수적이다. 따라서 인류 문명의 탄생에는 농업작물이 필수요소이다.

중국대륙은 기본적으로 대규모의 농경이 가능한 자연지리조건을 갖추었다. 북중국의 대륙을 가로지르며 흐르는 황하는 조, 수수, 기장 등의 밭작물이 대량으로 자랄 수 있는 토양이며, 남중국을 동서로 흐르는 장강(양자강)은 벼와 같은 논농사가 적합한 대지이다. 거기에 황하와 장강의 농경지는 동서로 길게 늘어져서 비슷한 위도에 자라는 작물의 단위면적당 생산력이 4대 문명인 이집트, 메소포타미아, 인더스와는 비교할 수 없을 정도로 높다. 중국문명의 원동력은 비슷한 위도에 동서로 길게 뻗은 황하와 장강의 농경지와 농작물의 생산력에 있었다.

【중국문명의 근원】
푸른 물과 누런 물이 만나는 중국 난주 병령사 입구의 황하. 이 강은 중국문명의 젖줄이라고 부른다. 이를 형상으로 조형한 석상이 황하의 어머니상이다.

 중화문명 탐원공정

중화문명 탐원공정(探源工程)은 하·상·주 3대 단대공정(斷代工程: 연대를 추정하는 역사활동)과 더불어 중국문명의 자생적 발생을 확인하고 그 시간적, 공간적 연원을 탐색하는 국가적인 역사공정의 하나이다. 보통 소수민족의 역사를 중화문명의 역사라는 권역에 포함시키려는 작업이 이른바 동북공정, 서북공정, 서남공정, 북강공정, 해강공정이라면, 탐원공정과 단대공정은 중국의 자부심과 모든 소수민족을 중화민족에 융합시키려는 목적의 역사공정이다.

이를 위해 중국학계는 기원전 3,500년경의 신석기 문화를 찾기 위한 대대적인 고고학적 발굴작업을 하였고, 이를 토대로 지금은 신석기시대 여러 지역의 문화가 중국문명으로 귀결되었다는 이른바 다원문명론을 제시하고 있다. 이들의 다원문명론에 따르면 중국문명은 신석기시대의 다원문명을 융합했고 이를 바탕으로 하·상·주 3대의 황하문명이 탄생했으며, 이것이 오늘날 동아시아 문화의 큰 줄기란 논리를 펴고 있다. 이것이 중화문명 탐원공정의 핵심논리이다.

동아시아사를 보는 관점

동아시아를 관통하는 역사 흐름에 대해 고사변(古史辨) 학파인 부사년(傅斯年)은 이하동서설, 룩 콴텐(Luc Kwanten)은 유목과 농경의 대결사로 보았는데, 이를 생산경제의 주도권만을 놓고 본다면 유목-수렵-농경-해양세계로의 발전사라고 볼 수 있다.

부사년의 이하동서설		룩콴텐의 유목민족 제국사	
동이족	화하족	유목민족	농경민족
상족(商族)	하족(夏族)+주족(周族)	흉노-만주족	중국 한족

유목-수렵세계	농경세계	해양세계
흉노-고구려-부여-만주	중국 한족, 조선, 북베트남	백제, 유구, 일본

문명사의 관점에서 볼 때 중국의 농업경제는 예측 가능한 식량 확보, 지속적인 식량 생산, 인구의 증가와 토지면적의 증대로 인한 생산력의 확대로 빠르게 농업국가를 만들 수 있었다. 이를 토대로 사상과 제도의 발전을 이뤄 통일제국을 형성하는 원천으로 작용하였다.

중국대륙의 북방에 넓게 펼쳐진 초원지대는 유목세계의 성장을 빠르게 가져왔다. 대규모 가축 사육으로 초원지대에는 지역별로 다양한 유목 집단이 형성되었고, 철기시대에 이르면 강력한 무력과 통일의 이념을 가진 세력이 유목세계를 하나의 제국으로 만들었다. 동아시아의 역사는 이들 유목세계와 농경세계의 이원구조로 진행이 되었다.

해양세계는 원거리 항해가 가능한 선박의 등장, 바다에 대한 지식, 해양기술의 발전, 상호간에 교역이 이루어질 수 있는 물적 토대, 그리고 여러 지역을 하나로 묶을 수 있는 종교사상이 대두되는 7-12세기에 그 모습을 드러냈다, 한반도의 백제, 가야, 그리고 바다 건너 열도의 왜, 남북국시대의 발해 등이 대표적인 나라들이고, 이들 해양 국가들은 아랍, 동남아 등지와 교류하면서 동아시아문명 발달에 일조를 하였다.

다원문명론과 3황5제론*

동아시아의 문명 기원은 기본적으로 황하문명을 시원으로 하고 있지만, 근래에 들어 중국은 중화민족론을 내세우며 여러 지역에서 동시다발적으로 문명이 일어났다는 다원론(多源論)이 설득력을 얻고 있다. 이는 중국 한족과 55개의 소수민족으로 구성된 나라들이 서로 영향력을 행사해 중국의 분열을 막고 하나의 중국을 유지하려 했다는 중국의 역사공정의 일환이다.

요하문명	앙소 문화	대문구 문화	하모도 - 양저 문화
요하 유역	황하 중-상류	황하하류	양자강(장강)하류

※ 황하문명: 4개의 문명이 교류-충돌-융합을 거쳐 용산 문화로 귀일, 하-상-주로 발전

중국학계는 기존의 황하문명을 중국문명이란 개념으로 바꾸고 여러 종족들을 그 개념 속에 포함하여 다원문명이 하나의 중국문명으로 수렴한다는 학설을 정립하였다. 이를 위해 중국의 역사학계는 기존의 3황5제

를 ① 만주, 내몽골, 한반도를 중심으로 하는 치우 세력, ② 중국 동부해
안과 중부지방을 차지하고 있던 염제신농 세력, ③ 황하 중상류를 무대로
하는 황제헌원 세력으로 분류하고, 이들 3개 세력이 오늘의 중국민족을
형성하였다는 3조론을 내세웠다. 중국 하북성의 탁록에 있는 3조당은 중
화문명 탐원공정의 결과물이다.

구분	치우 세력	신농 세력	황제 세력
그릇 특징	회갈색+기하무늬	회색, 채색+기하무늬	채색+생활무늬
사회 특징	기마 문화	해양 문화	농경 문화
문화징표	돌 문화, 산상제단	흙+돌 문화 절충형	흙 문화, 평지제단
참여종족	풍백, 우사, 운사, 뇌공, 형천, 과부, 이매, 망량	축융, 오회, 맹익, 요희, 계, 도철	현녀, 후토, 한발, 웅, 구, 곤
계승 세력	북방기마민족	기마, 농경 세력 분리	남방 농경 문화

중국문명 원형찾기 – 3황5제

동아시아에서는 과거의 이상적인 군주의 인덕과 업적을 계승하는 정치이념을
상고주의(尙古主義)라고 하는데, 유교이념이 확산되면서 두드러지게 나타났다.
왕권을 찬탈하는 행위를 비난하고, 혈연이 아닌 인덕 있는 사람에게 전승하는
선양(禪讓)을 칭송하는 것도 모두 상고주의, 회고주의의 전형이라 하겠다.

3황5제는 이런 상고주의의 산물로 등장한다. 3황과 5제는 고대의 이상적인 군
주상으로, 중국문명을 창조하고 발전시킨 문화영웅들이다. 3황은 보통 물고기
잡는 방법을 알려준 복희씨(伏羲氏), 농사와 의학을 전해준 신농씨(神農氏), 자연
재난을 없애준 여와씨(女媧氏)를 말하며, 5제는 사마천이 지은 《사기》〈5제본
기〉에 기록된 황제헌원(黃帝軒轅), 전욱고양(顓頊高陽), 제곡고신(帝嚳高辛), 도당씨

제요(帝堯: 陶唐氏), 유우씨 제순(帝舜)을 말한다. 기원전 3세기 초 진나라의 영정은 6국을 통일하고 자신의 업적이 3황5제에 비견한다고 자칭하면서 군주의 호칭을 3황5제에서 뽑아내 황제(皇帝)라고 하였다.

🚢 하·상·주, 3대의 역사문화

중국의 하·상·주(夏商周)시대는 기원전 21세기부터 기원전 8세기에 해당된다. 보통 황하문명이라고 부르는 하·상·주 왕조는 세계 4대 문명인 이집트, 메소포타미아, 인더스문명보다 시기적으로 1,500년이 늦지만, 이 시기에 이룬 문명의 내용과 영향력은 19세기 말까지 동아시아 지역에 지속적으로 위력을 떨쳤으며, 한국과 중국과 일본의 한자문화권에서는 여전히 살아 숨 쉬는 문명의 실체라고 할 수 있다.

하나라를 세운 하족은 황하와 양자강의 사이에 있는 넓은 평원에서 농경을 하며 10개월 역법을 쓰던 용마고성(龍馬故城) 문화의 주인공들이다. 훗날 하족은 주족(周族), 강족(羌族)의 일부와 종족연합을 구성하여 상족(商族)을 몰아내고 서주(西周)를 세우는데 협력하며 중국 한족(漢族)의 원류가된다.

하족이 세운 하나라 시기의 정치적 특징으로는 왕위계승의 방식으로 덕망 있는 사람에게 왕위를 전해주는 선양(禪讓)제도*에서 벗어나 자식과 형제에게 왕위를 물려주는 세습제도가 시행되었다. 원래 우는 신하인 고도(皋陶)에게 선양을 하고자 하였으나 그가 먼저 세상을 떠나 차선책으로 우물[井]을 개발한 백익(伯益)에게 선양하려 했다. 하지만 우가 세상을 떠난 뒤 야심이 컸던 우의 아들 계(啓)가 백익을 죽이고 왕위를 세습하였다. 이로부터 선양제는 세습제로 바뀌고 공천하(公天下)는 가천하(家天下)가 되었다.

상족은 황하 하류와 동부 해안을 중심으로 북방 문화와 남방 문화를 융합하여 산동 용산(龍山, 룽산) 문화를 일으킨 전형적인 동이족(東夷族)이다. 이들은 태양태음력를 사용하고 한자의 원류인 갑골문의 전신(前身)에 해당되는 대문구문자(大汶口文字)를 만들어 사용하였다. 상족은 용산 문화를 바탕으로 하족의 하나라를 무너뜨리고 상나라를 세웠다. 상족은 조상에 대한 제사와 희생을 중요시하였고, 제사와 관련한 갑골문을 발전시켰다. 이것이 오늘날 동아시아 문자의 공통인 한자로 발전하였다.

하(夏): BC 2070-1600	상(商): BC 1600-1046	주(周): BC 1046-771
우(禹)의 건국, 치수(治水)	탕(湯)의 건국, 난생신화	무왕의 건국, 기자동래
세습제, 가천하(家天下)사상	제사와 전쟁, 갑골문	주공단의 봉건제(홍범구주)

주족은 황하 상류에서 황하 중류로 이동하여 황토고원을 중심으로 조, 수수 등을 재배하며 한자의 또 다른 원류인 반파문자(半坡文字)를 만들고 질그릇에 사실적인 무늬를 입힌 채도 문화를 일으킨 앙소 문화의 주인공들로, 대문구 문화와 결합하여 하남 용산 문화를 꽃피운 중국 한족(漢族)의 주류들이다. 주족은 주나라를 세우고, 가신들에게 토지를 분배하는 봉건제*와 봉건제의 기초단위인 종법제(가부장제)를 시행하였다.

하·상(은)·주 3대의 주인공인 하족, 상족, 주족의 문화는 황하를 중심으로 결합과 갈등을 거쳐 결국에는 하나로 융합되어 중국 한족(漢族) 문화의 원류로 자리 잡게 된다. 하나라의 부자(형제)세습제도는 중국 왕조의 왕위 계승제도의 기초를 이루었다. 상(은)나라의 갑골문은 동아시아 공통문자로 발전하게 되며, 한족 문화의 응집력과 통합력의 기본이 된다. 주나라의 봉건제도(종법제)는 가부장제, 장자상속제, 친영례 등 동아시아 유교 문화의 기틀이 되었다.

중국문명 원형찾기 – 선양(禪讓)

고대의 동아시아에서 왕권은 혈연적으로 계승하는 세습(世襲)과 힘으로 권력을 탈취하는 찬탈(簒奪)이 있으며, 가장 이상적인 것은 자연스럽게 인덕이 있는 사람에게 물려주는 선양(禪讓)이 있었다. 유교에서는 이중에서 선양(禪讓)을 이상적인 제도로 숭배하고 찬양하였다. 선양이란 천명과 인덕을 잃은 군주가 덕망 있는 다른 성씨의 인물을 천거받거나 물색하여 그 왕위를 물려주는 제도이다.

유교의 이상적인 군주상으로 칭송받는 요(堯), 순(舜), 우(禹)가 선양의 방식으로 왕위를 전달하고 계승하였다. 유교사상을 정치이념으로 받아들인 동아시아에서는 역대의 개국군주가 지난 왕조의 군주에게 실제로는 찬탈이란 방식으로 권력을 쟁취하였지만, 형식은 늘 선양(禪讓)의 예법을 취하였다. 그만큼 천명과 민심의 향배가 도덕적 행위에 있음을 보여주는 사례이다. 조선의 태조 이성계도 고려 마지막 왕인 공양왕에게 선양이란 방식으로 왕권을 인수하였다.

3황 5제의 하나인 제곡고신씨의 부인인 강원은 들에 나갔다가 거인의 발자국을 밟고 아이를 잉태하여 사내아이를 낳았다. 그런데 불길하다고 여겨 길에 버렸는데 동물과 새들이 보호하자 다시 거두어 들였다. 그래서 버렸던 자식이라고 이름을 기(棄)라 하였다.

기(棄)는 당요(唐堯) 시기에 농사(農師)를 역임하고, 그의 후손인 공류(公劉)는 빈(豳)으로 근거지를 이동하여 위하(渭河) 유역을 개척해서 주족의 기틀을 마련하였다. 중시조에 해당되는 고공단부(古公亶父)는 기산(岐山)의 주원(周原)으로 옮겨 주국을 세웠다. 고공단부의 3자인 계력은 상나라 무정왕의 목사(牧師)가 되었으나 살해되고, 계력의 아들인 희창(姬昌)이 서백(西伯)이 되자 이를 두려워한 은나라 30대 왕 제을은 또다시 계력에 이어 서백도 옥에 가두었다. 서백은 뇌물을 바쳐 감옥에서 풀려나자, 도읍을 풍읍(豊邑)으로 옮기고 사방에서 현자(賢者)를 구하였다. 이때 위수에서 낚시하던 강태공을 만나 은나라를 멸하는 준비를 하던 중 세상을 떠났다. 이 인물이 주나라 역사에서 말하는 주문왕(周文王)이다.

주문왕의 아들인 주무왕(周武王)은 왕위에 오른 지 9년 되는 해에 문왕의 위패를 앞세우고 맹진(孟津)에서 제후들을 소집하였다. 그리고 2년 후 전차 3백승, 근위군 3천, 전사 4만 5천 명을 이끌고 목야(牧野)에서 제신(주)을 물리치고 은나라를 무너뜨렸다.

주무왕은 호경(鎬京)에 도읍을 정하고 여러 공신과 왕후, 자제, 제후들을 공후백자남(公侯伯子男)의 5등급으로 나누어 지역을 다스리게 하였다. 대표적으로 여상(강태공)은 제(齊), 동생인 주공단은 노(魯), 소공석은 연(燕), 강숙은 위(衛), 당숙(唐叔)은 진(晋), 은나라 왕족인 미자는 송(宋)의 땅에 분봉(分封)하였다. 이를 역사상 봉건제도라고 한다.

장안(長安), 황토고원에서 중국문명이 일어나다

현재의 지명은 서안(西安)이다. 중국의 13개 왕조가 이곳을 도읍으로 정하였다. 넓게는 관중(關中)이라 불렀고, 관중을 얻으면 천하를 지배한다는 말이 널리 회자되었다. 중국문명의 시작은 이곳 장안을 중심으로 하는 황하 중류 유역이다. 주변에 위치한 서주의 도읍 호경, 진나라의 수도인 함양, 그리고 한나라와 당나라의 도읍인 장안과 낙양을 하나의 문화권으로 묶으면 중국 문화의 제1기이며, 중국문명의 발상지이다. 중국 문화의 제2기는 장강(양자강)의 하류에 위치한 소주, 항주를 포함하는 남경문화권으로 중국 남부의 벼농사 문화가 유입된 곳이다. 그리고 오늘날 중국의 수도인 북경을 중심으로 북방민족인 흉노, 돌궐, 당항, 거란, 여진, 몽골, 만주족의 문화가 유입되어 형성된 북경문화권이 제3기에 해당된다.

중국 서부 청해성의 푸른 초원에서 발원한 황하(黃河)가 감숙성 황토고원을 지나면서 기름진 황토(黃土)를 싣고 이곳 장안(長安)에 이르면 완전한 누런색의 하천으로 변하고, 이때 실어 나른 황토가 가난하지만 부지런한 농민들에게 비옥한 토지를 제공한다. 중국문명은 이 황토를 기반으로 조와 수수와 기장과 같은 밭작물이 만든 농경문명이다. 문명사적 관점에서 본다면 이집트의 나일강, 오리엔트의 메소포타미아문명, 북인도의 인더스문명과 괘를 같이하는 신석기혁명의 역사현장이다.

중국의 탄생은 장안을 중심으로 하는 중국문명의 탄생이라고 할 수 있다. 장안은 기원전 11세기부터 서기 10세기까지 4차례에 걸쳐 번영하였다. 시

【신석기시대 채색토기】

중국문명의 기원인 황하 서북지역은 채색토기를 기본으로 한다. 북방과 고조선의 빗살무늬 토기 문화권과 구분하여 중국문명은 채색토기 문화권이다.

기적으로 구분하면 첫째로 기원전 11세기에 등장한 서주(西周)가 호경(鎬京)에 도읍하여 봉건제(封建制)와 예(禮)로 상징되는 중국문명의 원형을 만들었다. 서주(西周)를 건국한 문왕과 무왕은 종묘의 좌우에 모셔지는 역사적인 인물로 받들어졌고, 주무왕의 동생인 주공단은 봉건제를 기반으로 문물제도와 사상철학을 완성한 성인으로 추앙받았다. 주나라는 중국역사에서 가장 이상적인 성인의 나라이고, 가장 완벽한 문물제도를 구현한 왕조로 상징되었다.

두 번째로 진나라의 등장이다. 기원전 3세기에 분열과 경쟁을 거듭하던 전국시대 6국을 통일하여 최초의 제국을 세운 진나라는 함양(咸陽)에서 문자와 도량형, 행정제도 등의 표준화를 통해 전국적인 통일성을 구축했다. 진나라는 비록 통일제국으로 15년에 불과한 역사를 가졌지만 이때에 시작된 표준화는 전국적인 차원의 중앙집권국가를 만드는 토대가 되었다. 특히 법가(法家)의 사상을 바탕으로 황제권을 신성불가침으로 격상하여 귀족과 연합한 법치주의는 2천 년간 동아시아 정치질서를 좌우하였다. 황하 중류에서 퍼진 문명의 물결은 그 뒤로 한나라와 당나라가 물려받아 1천여 년을 유지하였다.

세 번째로 한나라는 호경과 함양의 인근에 위치한 장안과 낙양에 도읍하여 4백여 년에 걸쳐 번영하였다. 당시에 세계역사에서 한나라에 견줄 수 있는 강대국은 지중해의 로마였다. 한나라는 이곳 장안과 낙양을 기반으로 유교문명과 한자 문화를 보편적 세계문화로 발전시켰다. 유교는 모든 교육의 중심학문으로 자리잡고, 유학을 공부한 지식인이 향후 지배세력으로 자리잡는 계기를 만들었다. 표준문자인 한자는 동아시아의 대표적인 표기문자로 자리잡았다. 본래 문자(文字)라고 불리우던 한자는 이때부터 한족의 문자, 한나라의 문자라는 의미에서 한자(漢字)가 되었다. 아울러 동쪽의 위만조선, 북쪽의 흉노, 남쪽의 오월을 무너뜨리고, 서쪽으로 실크로드를 개척하였다. 이때에 들어선 북인도의 불교 문화는 중국전통의 유교 문화, 중국 북방과 동방에서 이어난 선교 문화와 더불어 동아시아에서 유불선(儒佛仙) 3교문화의 하나로 성장하였다.

네 번째로 당나라의 수도로서 장안의 역할이다. 당나라의 지배계층은 중국 주변의 이민족이 5호16국과 남북조시대를 거치면서 한족과 융합하여 형성된 국제적 성향의 집단이다. 이들 유목 세력에서 기원한 융합적인 지배계층이 주축이던 당나라에서는 유불선 3교와 함께 아랍의 상인들에 의해 수입된 이슬람교 등이 자유롭게 신앙되고 포교되었다. 당시에 장안은 보편적인 문명도시의 하나였다. 동로마의 비잔틴, 프랑크 왕국의 파리, 발해의 상경용천부, 일본의 나라 등과 함께 가장 번영한 국제도시이기도 하였다. 이 시기에 유불선 3교는 종교철학의 측면에서 가장 높은 수준의 연구와 해석이 이루어졌으며, 향후 1천여 년간 동아시아를 지배하는 이념으로 발전하였다.

당나라가 무너진 10세기 초부터 장안(長安) 지역은 중국 한족이 남하하여 제2의 문명권을 형성한 소주, 항주, 남경 등에 일부의 문화주도권이 넘어가고, 10세기 이후 북방에서 남하하여 중국을 지배한 거란, 여진, 몽골, 만주족 등이 건설한 북경에 완전하게 정치주도권을 빼앗겼다. 이후 명나라 시기에 서안(西安)이란 이름으로 불리우면서 정치, 경제, 문화의 영향력은 거의 없어지고, 문화명승과 역사유적의 도시라는 상징으로 다가오는게 현재의 모습이다.

1	상고주의(尙古主義)	선왕(先王)의 치세를 동경하는 정치이념, 복고주의, 회고주의
2	왕도정치(王道政治)	성군(聖君), 요순(堯舜)의 이상적 군주가 통치하는 도덕정치
3	화이론(華夷論)	중국 중심의 이념, 봉건제와 조공책봉, 사대주의의 정치질서
4	한자문화권(漢字文化圈)	고대문명의 성취와 토대가 일관되게 전승되는 한자문화권
5	도통론(정통론)	요순-우-탕, 문무주공으로 이어지는 유교 도통론(정통론)
6	중앙집권적 전제왕정	농경을 토대로 중앙의 군주가 지방을 통제하는 중앙집권체제
7	3황 5제 혈통론	중국 외부의 이민족도 3황 5제, 3대 제왕의 후손이라는 관념
8	유불도 삼교문화	동아시아 기본사상인 유교, 도교와 서방전래의 불교가 융합
9	문화영웅론	신화의 주인공이 아닌 현실의 군주가 문화영웅으로 등장

06
CHAPTER

오리엔트문명,
다원문명이 꽃피다!

오리엔트 지역은 이집트, 메소포타미아, 페르시아문명을 중심으로 주변에 히타이트, 엘람, 메디아, 페니키아, 히브리 등 다양하고 독특한 역사가 전개되었다.

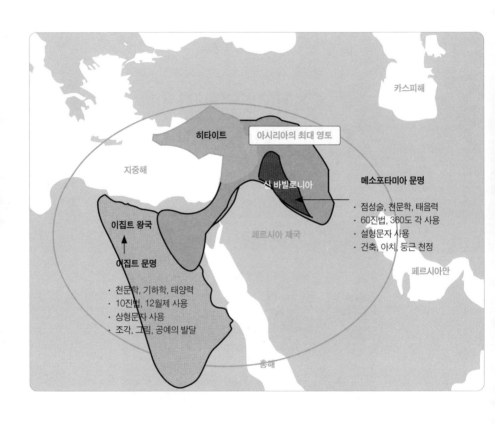

메소포타미아 문명

· 점성술, 천문학, 태음력
· 60진법, 360도 각 사용
· 설형문자 사용
· 건축, 아치, 둥근 천정

이집트 문명

· 천문학, 기하학, 태양력
· 10진법, 12월제 사용
· 상형문자 사용
· 조각, 그림, 공예의 발달

오리엔트 지역은 소(小)아시아라고 부른다. 소아시아의 오리엔트문명은 최초의 철기문명을 일으킨 히타이트문명, 페르시아문명의 원류인 엘람문명, 이란민족이 최초로 세운 고대국가 메디아. 알파벳과 유리 제작기술을 창조한 페니키아문명을 아우른다.

소아시아 지역의 문명은 세계 종교의 발원지로도 중요한 의미를 지닌다. 유대교와 기독교의 발상지인 히브리, 이슬람이 일어난 땅, 생명의 불꽃을 믿는 조로아스터교* 기독교와 불교와 조로아스터교가 융합하여 탄생한 마니교 등이 모두 소아시아에서 발원하였다. 세계 4대 문명과 함께 이들 문명을 더하여 다원문명이라고 부른다.

오리엔트문명 원형찾기 – 조로아스터교

바빌론 지역은 수메르인, 아카드인(아카드 왕조), 아모르인(바빌로니아 왕국), 아시리아인, 갈디아인(신 바빌로니아 왕국)이 지배한 지역이다. 이들은 공통적으로 바빌로니아의 다신종교와 신화를 숭배하였다. 영혼불멸을 믿었으며, 매장이 끝나면 영혼은 7개의 문을 지나 황량한 땅에 영원히 갇힌다고 여겼으며, 신관만이 그 영혼을 건질 수 있다고 생각했다.

바빌론 지방의 신으로는 우루크의 보호신이며 모든 별자리와 계절을 담당하는 안(An), 니푸르의 보호신이고 남신이며 폭풍우와 농업을 주관하는 엔릴(Inlil), 에리두의 보호신이며 물을 관장하는 에아(Ea), 우르의 보호신이며 달의 신인 신(Sin), 씨파르의 보호신에서 바빌로니아 성을 관장하는 태양신 마르둑(Marduk), 생명과 풍요의 신이며 태양신인 나무(Nabu) 등이 대표적이다. 전쟁의 신인 아쓔르(Ashur)는 아시리아가 이곳을 지배하면서 등장한 신이다.

기원전 7세기에 페르시아의 조로아스터(Zarathustra; BC 628–551)는 바빌로니아의 다신숭배를 개혁하여 페르시아 지역을 1천 년간 지배하는 조로아스터교를 창시하였다. 그는 20세에 출가(出家)하여 30세에 신의 계시를 받고 일신(一神)숭배를 주창하였으나 여러 제관들의 박해를 피해 20여 년간 유랑하다가 기원전 588년 에 파르티아를 개종하여 국교로 삼아 부흥의 기초를 닦았으며, 서서히 페르시 아로 전파되었다.

조로아스터교의 경전인 아베스타(Avesta)에 따르면 세상은 선과 악의 다툼이 있 는데 지혜의 신인 선신(善神) 아후라 마쯔다(Ahura Mazda)는 광명, 생명, 창조, 선 행, 미덕을 상징하며, 마왕 앙가라 마이뉴(Angara Mainyu)는 어둠, 죽음, 차괴, 거 짓말, 속임, 악행을 의미한다. 인간은 자기운명의 자기의지를 통해 선신을 믿어 야 불사(不死)의 광명을 얻을 수 있다고 하였다.

조로아스터교의 일신사상(一神思想)은 훗날 기독교와 불교의 세계관에 깊은 영 향을 주었으며, 아랍 지역이 유일신교(唯一神敎)인 이슬람으로 빠른 시간 내에 통합되는데 일정한 토양을 제공한 종교였다.

 히타이트문명

히타이트는 흑해 쪽에서 소아시아 지역으로 남하하여 그곳의 토착종족인 하티족을 융합하여 탄생한 인도–유럽어 종족이다. 이들은 기원전 2천 년 경 오늘날 터키 서부, 곧 아나톨리아 고원을 중심으로 많은 도시국가를 세 우고 주변세력과 무역을 하였다. 기원전 18세기에 쿠샤라 도시국가를 기 반으로 기원전 1680년에 히타이트 제국을 세웠다.

기원전 1595년에는 고 바빌로니아 제1왕국을 무너뜨릴 정도로 강성하 였으며, 기원전 1300년에는 이집트의 람세스 2세(BC 1301~1235)와 카데스 에서 16년 전쟁을 치루고 세계 최초의 평화협정인 은판협약(BC 1284)을 맺

【페르시아 폴리스】

페르시아문명을 상징하는 도시국가 유적으로 오리엔트를 통일한 다리우스
2세의 역사와 영광이 숨쉬는 문화유적

기도 하였다. 그 후 아시리아 제국이 발전하면서 세력 각축에서 밀려 쇠락의 길로 들어섰고 기원전 1155년에 멸망하였다.

히타이트인들은 기원전 16세기에 세계 최초로 철기문명을 일으켰고, 고삐와 재갈로 말을 길들였으며, 두 바퀴 수레를 만들어 전투력을 증대시켰다. 이들의 전투기술은 아시리아, 페르시아로 이어졌다. 또한 교역과 전쟁을 통해 오리엔트 지역의 민족 이동과 문화 교류에 지대한 영향을 끼쳤다.

 엘람문명

엘람은 이란 서부와 남부의 주민들이 수사를 중심으로 이룩한 문명으로, 페르시아 역사의 첫 장을 장식한다. 페르시아의 역사는 기원전 3,500년 경부터 시작하여 기원전 2225년까지를 고대시대로 본다. 페르시아의 고대 역사는 보통 수메르, 아카드 역사 속에서 전개되었고, 우르 제3왕조(BC 2094-2047)도 엘람인들이 창조한 도시국가의 역사로 간주한다. 이후 바빌로니아, 아시리아의 역사 전개에 따라 복속과 독립을 반복하였고, 엘람은 기원전 639년에 아시리아 왕국에게 멸망당했지만, 페르시아의 역사와 문화발전의 기틀을 제공하였다.

메디아(BC 728-550), 완전하고 지속적인 최초의 왕국

메디아는 현재의 이란 북서부에 있었던 고대국가와 고대 이란인을 부르는 이름이다. 대체로 오늘날 케르만샤 일부와 아제르바이잔, 하메단, 테헤란, 쿠르디스탄 지방에 해당한다. 메디아라는 이름은 고대 그리스인들이 이 지역이 메디아 또는 메데아로 알려졌기 때문에 붙여진 지명이다. 구약성경에서는 메데로 불린다.

메디아를 이란의 역사, 이란민족의 일부로 보는 견해와 함께 현재 3천만 명 이상의 민족집단을 이루면서 여전히 근대적 독립국가를 세우지 못하고 이란, 이라크, 터키, 아제르바이잔, 아르메니아 등에 흩어져 사는 쿠르드민족의 역사로 보는 견해도 있다. 이는 오늘날 러시아와 벨로루시, 우크라이나가 공유하는 키에프공국의 역사와 유사한 경우이다.

기원전 7세기경에 아시리아의 지배에서 벗어난 메디아는 시조 디여코의 건국 이래 기원전 6세기까지 에카바턴(현재 하마단)을 도읍으로 흑해의 남부 연안과 아란 지방(현 아제르바이잔공화국)에서 페르시아를 포함한 중앙아시아와 아프가니스탄에 이르는 대제국을 건설하였다.

메디아는 페르시아와 연합하여 메소포타미아를 지배한 신 바빌로니아 왕국을 멸망시키는데 일조하였지만, 곧이어 세계사의 주역으로 등장하는 페르시아에게 흡수되고 만다. 그렇지만 메디아는 기원전 550년에 키루스 대왕에 의해 페르시아 제국과 병합되기 전까지 이란(아리안)의 첫 번째 국가를 형성하였고, 메디아의 농업적 기반은 훗날 페르시아 제국의 경제적 기반이 되었다.

 **페니키아, 알파벳을 선물하다**

그리스연합 세력에게 지중해의 크레타가 무너진 뒤 지중해의 패권을 장악한 세력은 레반트(Levant)의 북부 해안지대에 사는 가나안인(Canaanites)의 후예들인 붉은색의 나라(도시) 페니키아인들이다. 기원전 13세기경에 이르러 고 바빌로니아 왕국을 무너뜨린 히타이트 왕국도 쇠퇴하고, 크레타 문명과 트로이문명도 쇠퇴한다. 이 정체기의 지중해의 헤게모니를 장악한 민족이 바로 페니키아인이다.

페니키아인(Phoenicia)들은 뮤렉스(murex)라 불리는 소라 고동을 으깨어 만든 진홍색 염료로 모직물을 물들여 높은 가격으로 교역을 하였다. 이들은 이때 상품의 브랜드와 부가가치를 인식하였고, 중개무역이 갖는 수익의 필요성을 확신하였다. 또한 이들은 규사를 원료로 하는 유리를 만들어 교역하였다.

페니키아인들은 지중해 연안의 무역을 독점하기 위하여 우가리트(Ugarit), 시돈(Sidon), 티루스(Yyrus), 카르타고(Carthage: 새로운 도시, BC 814)와 같은 거주지 겸 식민교역(植民交易) 도시국가를 건설하였다. 페니키아인들은 기원전 6세기경에 그리스인들이 지중해 연안에 본격적으로 진출하기 이전까지 염색 모직물 같은 물품의 교역과 함께 뛰어난 선박 제조기술을 바탕으로 지중해 세계의 교역권(交易圈)을 장악하였다.

페니키아인들은 이집트, 그리스, 시칠리아, 흑해의 히타이트 등과 교역을 하였으며, 지중해 항로의 개척은 물론이고 세계 최초로 아프리카 남단을 돌아 시나이 반도로 일주하는 항해기록을 세웠다. 나아가 페니키아인들은 교역과 기록의 필요성 때문에 문자를 만들었다. 이들은 이집트의 상형문자를 연구하여 알파벳(Alpaabets)을 이용한 22개의 자음으로 구성된 문자를 만들었다. 페니키아인이 유럽인에게 건넨 가장 큰 선물은 알파벳 문자라고 볼 수 있다.

오리엔트문명, 인류의 발전에 자양분을 뿌리다

오리엔트는 세계 4대 문명의 발상지이면서 히타이트, 페니키아, 히브리와 같은 다원문명을 꽃피운 지역이었다. 세계종교인 기독교, 이슬람교가 이곳에서 탄생하였고, 유대교, 불교, 조로아스터교, 마니교가 꽃을 피운 성지(聖地)도 바로 오리엔트이다.

히타이트는 침략적 약탈과 복종을 강조하며 흑해 연안을 중심으로 정복국가로 발전하며 오늘날 우크라이나, 초원의 제국인 스카티아, 오리엔트 지역을 1천여 년간 지배한 페르시아 등의 역사와 문화에 지대한 영향을 끼쳤다. 현재의 역사에서 히타이트의 정통 후계국가는 없지만, 이들이 남긴 유산은 1850년대까지 유라시아대륙을 주도한 유목수렵 기마종족의 살이 되고 피가 되는 문명이었다.

훗날 세계제국 로마와 최후의 전쟁을 치른 남지중해 튀니지 반도의 카르타고는 페니키아가 만든 식민도시였다. 페니키아는 비록 작은 단위의 도

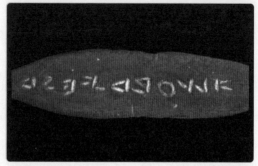

【카르타고와 페니키아문자】

페니키아의 식민도시로 출발한 카르타고는 기원전 5세기에 지중해 무역권을 제패한 해상교역 도시국가이다. 페니키아문자는 그리스 헬라문자, 로마 라틴문자, 러시아 키릴문자 등 유럽문자의 기원이다.

시국가였지만 교역을 통해 지중해 연안에 위성국가를 세우고 알파벳, 염색 모직물, 유리 제작기술을 세상에 내놓았다.

페니키아의 역사에서도 알 수 있듯이 문명의 탄생과 전파는 강대한 제국이 독점하거나 영향이 지속되고 강화되는 것만은 아니라는 사실을 알 수 있다. 문명의 성취는 그것이 인류사회에 어떻게 지속적으로 유지되고 영향을 확대시켰는지가 가장 중요한 요인이라는 것이 오리엔트문명을 이룬 다양한 문명세력들의 후대에 남긴 성취를 통해 여실히 확인할 수 있다.

그리스문명,
서양문명의 토대를 만들다!

그리스문명은 에게해를 중심으로 크레타문명, 트로이문명, 미케네문명을 이루었고, 철기시대에 이르러 아테네, 스파르타, 테베 등 그리스 본토의 도시국가와 지중해 사방에 식민도시를 건설하였다.

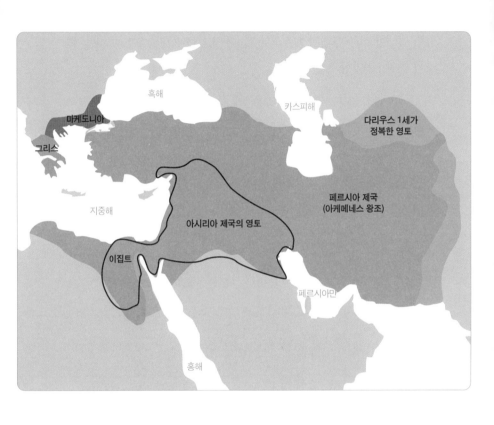

서양문명, 곧 유럽문명의 원천은 메소포타미아와 이집트문명을 두 축으로 하는 지중해문명권이다. 이 두 문명권이 나무의 뿌리라면 그 줄기는 주변의 다원문명이다. 오늘날 그리스의 뿌리가 되는 에게(크레타, 미케네), 기독교가 발생한 히브리, 알파벳의 고향 페니키아, 철기문명을 일으킨 히타이트가 다원문명의 중추를 이룬다.

이에 더해 지중해문명권과 팽팽하게 경쟁하고 협력하며 동시적으로 성장한 페르시아와 힌두이즘과 불교가 일어난 인도문명이 지중해문명권과 융합하게 된다. 이러한 문명 간 상호 교류와 영향의 과정을 거치며 유럽문명의 토대가 되는 그리스문명이 탄생하였다. 그리스문명은 마케도니아의 헬레니즘 → 로마 → 비잔틴문명으로 이어지면서 나무의 꽃에 해당되는 르네상스, 계몽주의, 근대 시민국가를 탄생시키는 유럽문명의 원석으로 자리 잡는다.

철기시대, 세계사적 변화의 동인

독일의 실존주의 철학자 야스퍼스(1883~1969)는 《역사의 시원과 목적에 관해서(Vom Ursprung und Ziel der Geschichte)》에서 "기술의 발전이 세계 발전에서 중요한 역할을 한다."고 말했다. 그는 "기술이야말로 인류에게 최초로 문화 발전의 가능성을 열었고 인류 역사에서 기원전 5세기경에 가장 완숙한 문화의 꽃을 피우게 했으며, 그리스가 페르시아와 치른 3차례의 전쟁에서 승리하고 지중해시대를 열었던 이때의 시기를 '인류문화가 정상에 도달한 차축시대(Achsenzeit=추축시대, 樞軸時代)*'"라며 찬사를 아끼지 않았다.

야스퍼스가 언급한 기원전 7세기에서 5세기는 철기문명이 꽃을 피우는 시대였다. 인류 최초의 금속문명인 청동기시대는 의례와 장식, 보병전투를 위한 단검이 제작되었고, 정치와 종교가 일치되는 종교권력의 시대였다. 그런데 기원전 7세기경부터 폭풍우처럼 밀려온 철기문명은 농업 생산력과 전투방식, 전투기술에 획기적인 일대 전환을 가져왔다.

청동기시대의 제정일치 종교권력은 철기시대의 정치권력과 군사권력으로 대체되었으며, 철제로 만든 농기구는 경작지와 농업 생산력, 잉여생산물의 비약적인 증가를 가져왔다. 이 과정에서 부를 획득한 상업 세력, 농업세력이 권력의 주도권을 분점하였다. 그리스에서는 이들을 시민이라 불렀고, 인도에서는 바이샤였으며, 중국에서는 사(士)라고 하였다. 이들의 공통점은 자유민이었고, 새로운 사상을 구하였으며, 세상의 변화를 이끌었다는 점이다.

> **문명원형 자세히 보기 – 추축시대, 기원전 7–5세기 지식의 대폭발**
>
> 보통 인류는 역사적으로 세 차례에 걸쳐 지식대폭발을 경험했다고 말한다. 그 첫 번째가 기원전 7–5세기에 일어난 세계사적 동시다발의 철기시대 사상의 대변혁이고, 두 번째가 15–18세기에 단계적으로 발생한 르네상스–계몽주의–산업혁명이며, 세 번째가 컴퓨터–인터넷–스마트폰으로 대변되는 IT(정보화) 지식혁명이라 할 수 있다.
>
> 이중에서 기원전 7–5세기경의 대략 200여 년에 걸친 대변화에 대해 일찍이 독일의 실존주의 철학자인 야스퍼스(1883-1969)는 1949년에 펴낸 《역사의 시원과 목적에 관하여(Vom Ursprung und Ziel der Geschichte)》라는 책에서 이때를 인류문

【아테네 아고라광장】

아테네 아고라광장은 그리스시민들의 직접 민주주의가 꽃을 피운 역사의 장소이다.

화의 틀이 만들어진 시대, 곧 차축(車軸)시대라고 정의하였다.

도대체 이 시대에 어떤 역사적 대변화가 있어서 야스퍼스는 차축시대라고 했을까? 철기시대의 사회를 변화시킨 것은 철제농기구, 그것은 바로 쟁기였다. 쟁기는 땅을 깊이 파고, 많은 농토를 개간하고, 이로부터 공전의 양보다 많은 사전(私田)의 확대를 불러왔다. 사적 토지를 소유하고 높은 생산력으로 경제적 여유를 가진 자유민은 자신들의 요구에 맞는 사상의 대변혁을 요구하였다. 이로부터 지식의 대변동이 시작된 것이다.

그리스문명 원형찾기 – 호메로스

기원전 11세기에서 9세기는 그리스 역사에서 암흑의 시대라고도 하며 호메로스의 시대라고 부른다. 기원전 9–8세기에 살았던 그리스의 맹인 시인인 호메로스가 《호머의 사시》를 쓴 시대에서 얻어진 이름이다.

《호머의 사시》는 그 후 계속 전해지면서 신화와 전설이 가미되어 기원전 7–6세기경에 완성되었다. 호메로스의 사시(史詩)는 《일리아드》와 《오디세이아》로 구성되었는데, 일리아드는 모두 24권 15, 693행으로 트로이전쟁의 마지막 이야기를 서술하고 있다. 오디세이아는 24권 12, 105행으로 트로이전쟁을 수행하고 귀환하는 영웅들의 이야기이다.

호메로스의 시기에 그리스는 이미 철기시대로 접어들었고, 대가족 중심의 씨족사회(게노스)는 몇 개가 결합하여 대가족집단(프라트리아)을 이루고, 이것이 발전하여 부락연맹(필레)을 형성하고, 군사적 역량을 갖춘 최대의 게노스가 부락의 지배권을 행사하는 군사민주제(軍事民主制)로 발전하였다.

이 시기에 그리스들은 도리아인(스파르타)의 공격에 맞서 본토의 그리스인은 아티카 고원의 아테네를 중심으로 모여들고, 이주한 그리스인들은 밀레투스(밀레토스), 에페수스(에베소) 등 이오니아 해역으로 모여들어 도시국가를 건설하였다. 그리스의 군사민주제 성격의 폴리스(Polis)는 이때부터 형성되기 시작하였다.

그리스 민주정치와 폴리스

기원전 8세기경에 그리스 각지에는 소규모의 도시국가(폴리스)가 들어섰다. 폴리스는 신전이 있는 아크로폴리스, 상업이나 집회가 이루어지는 아고라, 주변의 농촌지역으로 구성되어 있다. 도시국가는 정치제도에 있어 군주제(참주정치), 귀족공화제, 민주공화제 등 다양한 형태로 전개되었다.

자유민 가운데 유력한 집단이 귀족들이다. 이들은 스스로 중무장 기병집단을 조직하고 도시국가를 방어하였다. 국가 방위의 중책을 담당한 귀족 집단은 차츰 다른 집단에 비해 상대적으로 발언권이 강해지며 도시국가의 정치를 주도하였다. 당시 군주제에서도 왕(참주)은 종교의식을 주관하였고, 중요한 결정은 귀족들의 동의를 구하였다. 기원전 7세기경에 이르면 왕가(王家)는 거의 소멸되고 귀족집단에 흡수가 된다.

당시 신정일치(神政一致) 사회를 표방했던 그리스 문화를 상징적으로 나타내는 대표적인 문화유산으로 올림피아제전*과 파르테논신전*이 있다.

그리스문명 원형찾기 – 올림피아제전, 파르테논신전

올림피아제전: 그리스인들이 제우스 신을 섬기기 위해 벌인 운동경기로, 4년마다 한 번씩 올림피아에서 개최되었다. 기원전 8세기경부터 1,200년 동안 지속되다가 로마의 지배를 받고나서 점차 쇠퇴하기 시작해 393년(로마의 기독교 공인)에 폐지되었다.

파르테논신전: '처녀의 신전'이란 뜻으로, 아테네 시의 언덕 위 아크로폴리스에 있다. 제우스의 딸이자 지혜의 여신인 아테나(미네르바)를 모신 신전으로, 고대

아테네인들은 바다의 신 포세이돈과 올리브나무를 선사한 아테나 신 가운데 아테나 신을 수호신으로 삼았다. 기원전 479년에 페르시아인이 파괴한 것을 기원전 447년에 다시 착공하여 기원전 438년에 완성하였다. 설계는 익티노스, 조각은 페이디아스, 공사는 칼리크라테스가 하였다. 기단은 동서로 기둥 17개(x2)에 70m, 남북으로 기둥 8개(x2)로 31m의 규모이다. 현제 유네스코 세계문화유산 제1호이다.

상업 세력의 성장과 민주정

기원전 7세기 중엽부터 그리스는 소아시아 지역에 위치한 리디아의 화폐제도를 받아들여 통일된 화폐를 사용하여 지중해 교역을 발전시켰다. 무역과 수공업의 발달에 힘입어 부유한 농민층과 상업 세력이 성장하였다.

이때 그리스 국방체계의 중요한 제도가 도입돼 그리스 시민사회에 적잖은 변화가 생긴다. 즉, 적과의 평원전투에 적은 수의 기병보다 많은 수의 보병이 방진(方陣)을 이루고 단합된 힘으로 적을 방어하는 중무장 보병집단인 팔랑크스(Phalanx)제가 그리스 폴리스에 도입된다. 이에 따라 팔랑크스제를 담당하게 되는 부유한 농민과 상공업자들이 점차 폴리스에서 발언권이 커져갔으며 귀족을 대신한 시민권력으로 자리 잡기 시작하였다. 이른바 귀족정에서 민주정으로 변하는 시민민주제가 생겨나게 된 것이다.

그리스 시민정치는 경제적으로 성장한 시민들이 민회(民會)에 참가하여 전쟁이나 관리 선출과 같은 중요한 일을 논의하였고, 투표로 정책을 결정하였다. 하지만 그리스 민주정치는 시민권을 가진 남자들만 민회에 참여

【파르테논신전】
그리스 아테네의 민주정치를 상징하는 신전으로 세계문화유산 제1호이다.

할 수 있었고, 부녀자나 외국인, 노예들은 정치적 권력이 제한을 받았다.
그리스 민주정치의 상징적인 대표제도는 도편추방법*이다.

그리스문명 자세히 보기 – 〈역사〉, 헤로도토스(BC 484~425?)

인문학을 제창한 키케로(Cicero)는 헤로도토스를 '역사의 아버지'라고 하였다.
그는 소아시아의 할리카르나소스(Halicarnassus)에서 출생하였으며, 기원전 445
년경에 아테네로 옮겨와 페리클레스(Pericles), 소포클레스(Sophocles)와 친분을
맺었다.

그는 여행과 교분에서 얻은 경험과 지식을 바탕으로 아테네의 명문가, 전쟁과
역사에 관한 이야기, 가보지 않은 미지의 땅에 대한 호기심을 들려주는 일을 주
로 하였으며 시낭독도 주요한 일과였다. 기원전 443년경에 아테네가 건설한 남
이탈리아의 식민지 투리오이의 시민으로 여생을 마쳤다.

헤로도토스가 기원전 431년-425년 사이에 집필한 것으로 보는 《역사》는 과학적 실증을 바탕으로 서술한 최초의 산문으로 평가되며. 당시에 지중해를 양분한 동서분쟁의 관점에서 페르시아전쟁(Greco-Persian War)을 쓴 것을 후대의 학자들이 9편으로 나눈 것으로 알려져 있다.

> **그리스문명 원형찾기 – 도편추방법**
>
> 도편추방법은 아테네 민주정치의 한 방식으로, 독재자의 출현을 막고자 독재자가 될 가능성이 많은 사람의 이름을 도자기 조각(도편)이나 조개껍데기에 쓴 뒤 6,000표 이상을 얻은 사람을 10년 동안 나라 밖(국외)으로 내쫓는(추방) 제도를 말한다.

스파르타의 군사민주제

페르시아전쟁에서 승리한 그리스 도시국가의 중심은 스파르타와 아테네였다. 아테네는 미케네문명을 이룬 그리스계 아케아인이었고, 스파르타는 미케네문명을 무너뜨린 그리스계 도리아인이었다.

스파르타는 정복한 지역의 선주민(先住民)들을 농노(農奴)와 같은 헤일로타이(Heilotai)라는 노예로 삼아 토지 경작과 공납을 담당하게 하였고, 변두리 주민은 페리오이코이(Perioikoi)라는 종속민으로 만들어 상공업에 종사토록 하였다. 이들의 신분은 자유민이었지만 의무적인 군사복무를 하면서도 참정권은 없었다.

스파르타는 전체의 5-10%에 해당되는 스파르타인이 지배권력을 행사했고, 이를 유지하기 위한 강력한 군사력을 필요로 하였다. 2명의 왕은 실권이 없고 행정권은 1년 임기로 선출되는 5명의 에포로이(Ephoroi: 행정관)에게 있었고, 시민들의 권력 기구인 민회(아펠라, Apella)와 원로원(게로우시아, Gerousia)이 있었다. 하지만 최후의 결정권은 민회가 장악하였다.

스파르타의권력구조			
왕(2인)	행정관: 에포로이	민회: 아펠라	원로원
상징적존재	1년 임기, 5인 선출	시민의 권력기관	귀족의 권력기관
종교의식 주관	행정의 실무담당	법안 의결권 공직자의 선출권	법안 제안권 재판권, 의결권

스파르타는 시민들이 전사(戰士)이고 공동체의 덕목인 책임감, 인내심, 용감성과 기민성을 위해 생활은 병영(兵營)처럼 하였다. 20-60세까지 군복무를 의무적으로 하였고, 전시민이 공동식사를 하였다. 또한 스파르타에는 성벽(城壁)이 없었다. 모든 남자 시민들의 무장력이 성벽이라는 스파르타의 입법가인 뤼쿠르고스(Lycurgos)의 뜻을 따랐기 때문이다.

 ## 아테네의 시민민주제

아테네는 스파르타처럼 초기에는 귀족 중심의 정치체제였다. 행정책임을 맡은 아르콘(Archon), 원로원인 평의회(Bpule), 시민들의 권력체인 민회(Ekklesia)가 있었지만 실권(實權)은 귀족들이 장악하였다.

그러나 아테네는 농업 중심의 스파르타와 달리 상공업과 화폐경제가 발달하였다. 이에 따라 부유한 농민과 상공업자들이 정치적 발언권을 강화하였고, 농민 가운데 노예로 전락한 이들이 생겨나 끊임없는 사회 불안을 야기하였다. 개혁가인 솔론(Solon, BC 638~558)이 재산의 정도에 따라 계층 간의 차별을 둔 참정권과 군사의무를 규정하는 재산평가정치(財産評價政治)를 추구하였으나 실패하고, 기원전 6세기경부터 아테네는 무력으로 권력을 장악하는 참주(僭主)들이 독재를 하였다.

친위대를 이용하여 참주를 차지한 페이시스트라토스(Peisistratos, BC 612~528)는 상공업을 장려하고 대규모 토목공사와 신전을 짓는 등 절대권력을 휘둘렀고, 그의 아들인 히피아스(Hippias)는 지나친 폭정으로 민중들이 들고일어나 참주정을 무너뜨렸다.

기원전 508년, 평민 측인 클레이스 테네스가 권력을 장악하여 아테네는 4개의 혈연부족을 개편하여 10개의 지연부족(地緣部族)인 데모스(Demos, 구)로 편성하여 민주정의 기틀을 마련하였다.

이에 따라 아테네는 4부족에서 파견한 400인회가 없어지고, 10부족에서 50명씩 파견한 평의원이 구성한 500인 평의회가 주요한 정무를 처리하였다. 중요한 점은 50명이 각각의 데모스(區: 구)에서 민회 출석 자격명부를 구비하고 추첨으로 뽑았다는 사실이다. 민회 출석 자격명부가 바로 아테네 시민명부가 되었다. 아테네의 민주정치(Democratia)는 이런 데모스[구]를 기반으로 하는 데모스[민중]의 정치였다.

 그리스인들이 생각한 세계

유럽의 정신세계는 그리스의 이성과 히브리의 감성이 지배하고 있다. 이성은 철학에서 기원하였고, 감성은 그리스도교에서 배태되었다. 그리스 철학의 위대성은 그리스의 전유물이 아니라 세계종교의 지배구조에서 인간의 이성이 발현되고 이를 바탕으로 인본주의(휴머니즘)의 토대가 구축되었다는 점이다.

그리스인들은 처음에 신이 세계를 창조하고 인류를 낳았다고 믿었다. 기원전 7세기에 이르러 이 세계와 우주는 자연적인 힘에 의해 만들어지고 운행된다는 생각을 하게 되었다. 탈레스*는 사물 변화의 모습을 물의 속성에서 찾았고, 헤라클레이토스는 불의 성질에서 자연의 본질을 발견하였으며, 피타고라스는 모든 자연세계가 숫자와 같은 수학적 원리로 구성되었다고 생각하였다. 당시 사물의 본질을 자연의 속성에서 찾았던 철학자들이 활동하던 시기를 자연철학의 시대라고 한다.

> 그리스문명 자세히 보기 – 탈레스와 물(水)
>
> 탈레스(BC 624-BC 545)는 소아시아에 속하는 그리스의 변방인 이오니아 밀레토스 출신의 철학자이자 과학자이다. 밀레토스는 오늘날 터키 지역으로 고대에 그리스인들이 소아시아 지역에 진출하는 교두보이자 무역활동을 하기 위해 개척한 상업도시였다. 많은 이방인들의 출입과 교역이 잦은 곳이라 사상적인 자유로움과 현실적인 이해관계에 밝은 곳이었다.
>
> 탈레스가 자연의 운행 원리를 탐구하고, 자연현상을 과학적으로 이해하려고 노

력한 것은 그가 제우스 신으로부터 자유롭지 못한 그리스인이 아니라, 해상교역에 능했던 페니키아 후예이고, 밀레토스 출신이었기 때문이다. 탈레스는 만물의 근원을 물이라고 하였다. 물론 자연현상에서 보고 만지는 물이 돌과 나무와 바람과 불을 만드는 원료라는 개념은 아니다.

탈레스는 세상을 변화하는 다양성의 존재로 인식하였고, 이런 변화에 의해 다양한 만물이 형성된다고 보았다. 하나의 신, 초월적 존재에 의해 세상이 구성된다고 여기지 않았다. 그는 신이 배제된 그 자연현상의 본질적 근원에 있는 통일성은 무엇인가에 대한 지적인 탐구를 시작했고, 이를 물이라는 질료로 표현하였던 것이다. 이것이 철학적 질문의 시초이며, 그를 최초의 철학자로 만든 것이다.

세계를 신으로부터 분리하여 자연적 원리를 추구하는데 성공한 그리스인들의 사유체계는 신과 자연이 미치는 사회의 변화가 그리 크지 않다는 사실을 인지하기 시작한 체계였다. 거기에서 찾은 것이 인간이며, 인간의 자율적 활동이 사회 변화의 중심이라는 자각을 하기에 이른다. 이를 인간주의 철학의 시대라고 하며, 이러한 사유체계를 이끄는 이들을 소피스트라고 하였다. 하지만 인간 중심의 세계는 객관적 영역보다는 지극히 주관적이고 자의적이며 궤변적이었다. 인간의 발견이라는 위대한 철학의 시대는 그만큼 한계를 지닐 수밖에 없었다. 이를 뒤이은 사유체계는 윤리적 철학의 대두였다.

인간 삶과 사회의 보편적 원리는 서로 지켜야 하는 제도와 규칙이 있어야 한다. 이것을 윤리철학의 시대라고 한다. 문제는 누구나 수긍하고 지키는 보편적 윤리의 기준이 어떤 것이어야 하는지에 대한 기준이 철학자마다다 달랐다는 데 있었다. 소크라테스는 세계를 충분히 아는 데서부터 윤리의 기준이 만들어져야 한다고 생각하였고, 그의 제자인 플라톤은 초월적 세계로부터 이 세계가 유지되는 절대적 윤리가 있다는 관념적 윤리사상을 제시하였다. 또한 그리스 변방출신의 아리스토텔레스는 현실사물의 변화 속에서 보편적 윤리를 찾아야 한다는 현실적 윤리사상을 말하였다. 그리스 철학은 이렇게 신에서 자연, 자연에서 인간, 인간에서 윤리로 점차 탐구 대상이 변하는 과정을 통해 인간 중심의 사유체계를 세울 수 있었다.

우주론철학시대	인간학철학시대	윤리학철학시대
자연주의 철학자	소피스트	소크라테스 철학파
탈레스(물) 피타고라스(수) 헤라클레이토스(불) 아낙시만드로스(무한정, 순환) 아낙시메네스(물활론)	프로타고라스(인간척도론) 고르기아스(허무주의) 프로디코스(도덕론자)	소크라테스(윤리적주지주의) 아리스티포스(쾌락주의자) 플라톤(이데아론) 아리스토텔레스(최고선행복)

 ## 현재에도 살아있는 그리스문명

그리스는 유럽문명의 뿌리이며, 르네상스를 탄생시킨 원동력이다. 오늘날 유럽의 정치, 경제, 사회이념은 그리스(헬레니즘), 로마, 히브리의 전통에서 기원하며 이중에서 그리스는 이성(理性)과 민주정을 유럽사회에 선물하였다. 그리스문명은 현재 발생지에서 지속성과 영향력을 상실했지만, 헬레니즘, 로마 제국에서 발효되고, 르네상스를 통해 유럽 사회에 4가지의 커다란 선물을 주었다. 그것은 신화, 철학, 예술, 민주정이다.

그리스 민주정은 로마 공화정 원리와 함께 계몽사상의 줄기로 자랐으며, 근대 시민국가의 정치원리로 작동하였다. 수천 년 동안 인류를 지배한 초월적 절대성의 통치원리가 민주정의 원리에 무너지고, 개인이 신성하고 자유롭고 평등하다는 근대적 인간관이 그리스 민주주의 원리에서 발아했다는 점에서 그리스문명이 유럽과 세계에 준 선물은 어느 것과 비교해도 결코 뒤지지 않는 뛰어난 문명적 성취라고 하겠다.

그리스 철학은 세계 문명사에서 인간 중심의 역사관을 유지하는 기틀이었다. 히브리 전통의 기독교 윤리가 신의 세계, 초월적 세계를 통해 상하질서의 계급적 사회를 만드는데 일조하였다면 그리스 철학은 모든 인간이 사회 변화와 사유체계의 주인이며, 모든 인간은 수평적으로 평등하다는 인식을 지속적으로 만든 일등공신이었다. 이처럼 문명사적 차원에서 그리스 철학이 민주정, 공화정과 더불어 근대 시민사회를 만드는 원동력이었다는 측면을 반드시 기억해야 하는 이유이다.

여기에 덧붙여 지금도 유효한 그리스문명만의 중요한 문명적 가치라면 현대에도 그리스문명의 생명력이 지속적으로 살아서 현대사회 곳곳에 민주주의의 가치로 발현된다는 점이다.

08
CHAPTER

히브리문명,
세계 문명에 융합되다!

이스라엘민족은 메소포타미아, 이집트, 페르시아, 로마 등 주변
문명의 침략과 지배를 받았지만 독자적인 기독교 종교 문화를
일으켰고 종교사상으로 유럽과 나아가 세계를 지배하였다.

히브리문명은 오늘날 팔레스타인 지역인 가나안에서 일어난 유대교와 기독교(예수교, 그리스도교)를 기반으로 하는 종교문명이다. 유대교는 모세의 율법과 할례를 믿는 종교이며, 그리스도교는 예수를 하느님의 아들, 메시아로 믿는 종교라고 할 수 있다.

유대교는 기원전 7–5세기경에 이스라엘(유대)민족이 주변 민족에게 당한 핍박과 고난의 역사에서 비롯된 종교이다. 이 세계의 역사를 주관하는 절대자 하느님과 약속을 통해 구원을 선택받은 민족이라는 믿음은 늘 현세의 고통을 이겨내는 힘이었고, 주변 민족의 침략과 수탈을 이겨내는 믿음이었으며, 언젠가는 지상에 하느님의 나라를 건설하여 복락을 누린다는 희망의 메시지였다.

유대교의 전승과 극복을 통해 새롭게 등장한 그리스도교는 하느님의 아들이며 하느님의 사명을 받은 나사렛 예수가 설파한 보편적 사랑과 모든 사람은 하느님을 믿는 순간부터 죄를 씻고 영원한 생명을 얻는다는 대속과 구원의 말씀을 믿는 종교이다. 기독교는 역사의 발전 단계에 따라 로마 가톨릭, 그리스정교(동방정교), 개신교(프로테스탄트)로 변화하고 발전하였다.

 ## 아브라함과 율법의 시대

히브리문명의 주역인 이스라엘의 역사는 메소포타미아 지역에서 발원한 수메르 도시국가에서 시작한다. 이스라엘민족은 그들이 믿는 유일신 하느님의 신탁을 받은 아브라함이 수메르 도시국가의 하나였던 갈대아 우르

(Ur)에서 아카드족의 침입을 피해 시나이 반도와 가나안 지역으로 이주한 역사에서 시작된다.

구약성서에 따르면 이때가 기원전 2086년이다. 이집트 역사의 제1중간기-중왕조(BC 2133-1786)에 해당되며, 메소포타미아 우르 제3왕조 시대이다. 아브라함은 신과의 계약에 따라 십일조(十一條)를 실천하였고, 선민(選民)의 증표로 할례(割禮)를 시행하였다.

 ## 모세의 출애굽과 10계

기원전 18세기경에 히타이트의 침입으로 힉소스인(Hyksos)이 서진하여 이집트를 정복하고 제2중간기(BC 1786-1567)의 제15왕조(대힉소스)와 제16왕조(소힉소스)를 열었다. 셈족계인 히브리인들도 이집트로 들어왔는데 아브라함의 증손자(아브라함-이삭-야곱)인 요셉이 이집트에 노예로 팔려가 사브낫바네아로 불리며 생활하다가 감옥의 총무로 일하다 꿈 풀이를 잘해 결국은 이집트의 총리가 되는 바로 그 시기였다.

【모세의 출애굽 관련 영화 〈십계〉】
하느님 여호와의 신탁을 받은 모세가 이집트를 탈출하고 약속의 땅 가나안으로 가는 여정을 그린 영화

그 후 이집트인들이 독립하여 제17왕조를 열고, 이스라엘사람들을 탄압하였는데, 이때에 구약성서의 출애굽(出埃圾)을 단행하는 모세가 등장한다. 이집트 아멘호테프 2세(BC 1450~1397, 또는 BC 1428~1397)가 치세하던 시기에 모세는 호렙산(시내산, 시나이산)에서 여호와 신(神)으로부터 민족을 구원하라는 사명을 받고 애굽(이집트)으로 다시 들어가 히브리인(이스라엘인)을 이끌고 홍해를 건너는 출애굽(出埃圾)*을 성공시켰다. 이스라엘백성이 시나이산에 왔을 때 모세는 '여호와 신'에게 10계명을 받는다. 이때가 기원전 1450년경이다.

> ### 히브리문명 원형찾기 – 출애굽(出埃及)과 십계(十戒)
>
> 출애굽은 '애굽을 탈출하다'라는 한자어로, 이집트에서 노예로 생활하던 이스라엘민족이 모세의 이끌림으로 이집트(애굽)를 탈출하여 해방된 사건을 말한다. 구약성서 출애굽기 12장 41절에 따르면 야곱 일가가 이집트로 끌려가 약 430년간 지속된 노예생활을 청산하고 그들의 신 야훼가 약속한 가나안으로 돌아가는 역사를 출애굽이라고 하였다. 출애굽은 이스라엘민족의 시조인 아브라함이 신으로부터 받은 언약을 성취한 사건으로 받아들인다.
>
> 출애굽은 이스라엘민족의 신, 최고의 신이 처음으로 자신의 이름을 야훼로 계시하고, 홍해의 물을 갈라 그의 권능을 보여 주었으며, 해방의 날을 기념하는 유월절을 제정토록 하였다. 또한 야훼의 율법인 10가지 계명(10계)을 모세에게 내리고, 여러 제사의식 등을 완성시켰다.
>
> 십계는 출애굽의 과정에서 야훼 신이 모세를 통해 이스라엘백성에게 내린 10가지의 계명으로 출애굽기 20장에서 확인된다. 십계는 '나는 너의 하나님 야훼로다'를 시작으로 제1계: 너는 나 외에는 다른 신들을 네게 있게 말지니라, 제2계: 너를 위하여 새긴 우상을 만들지 말지니라, 제3계: 너는 너의 하나님 야훼의 이름을 망령되이 일컫지 말라, 제4계: 안식일을 기억하여 거룩하게 지키라,

제5계: 네 부모를 공경하라, 제6계: 살인하지 말지니라, 제7계: 간음하지 말지니라, 제8계: 도적질 하지 마라, 제9계: 네 이웃에 대해서 거짓을 증거하지 말지니라, 제10계: 네 이웃의 물건을 탐내지 말지니라 등이다.

출애굽과 십계는 이스라엘민족이 겪은 고난의 역사와 야훼 신에 대한 복종, 그리고 구원의 약속을 재확인하는 종교적 체험과 역사적 경험의 종합으로 유대교의 근간이 이때에 이루어졌다고 볼 수 있다.

사울과 헤브라이 왕국

이스라엘의 초창기 역사기록은 창세기의 모세5경에 기록되어 있다. 모세5경은 모세가 기록한 것으로 창세기, 출애굽기, 레위기, 민수기, 신명기 등 구약시대의 초기 이스라엘의 역사를 다루고 있다. 모세의 사후 제사장 엘르아살은 모세의 시종인 여호수아에게 수장(首長)을 맡겼다. 여호수아는 언약궤(言約櫃)를 짊어지고 여리고 성을 공략하였으며 가나안 7족을 물리쳤다. 하지만 기브온족과 협정을 맺는 실수를 저질러 훗날 남북 분열의 씨앗을 제공하는 우를 범한다.

이스라엘족은 모세와 여호수아 같은 위대한 지도자가 세상을 떠나고 예언자와 족장들의 통치와 지도로 근근이 명맥을 유지하였다. 그러다 기원전 11세기에 이르러 예언자 사무엘에 의해 베냐민지파의 사울이 이스라엘 왕국의 첫 임금이 되었다. 사울은 미스바 언덕에서 종교적인 통합을 꾀하였고, 암몬(요르단족), 블레셋(팔레스타인)과의 전쟁에서 연이어 승리하였다. 그러나 전리품을 처리하는데 있어 신(神)의 뜻을 거역하여 블레셋과 전쟁을 치루다 길보아산에서 아들인 요나단과 함께 전사하였다.

다윗과 솔로몬의 시대

다윗 왕(BC 1000~961, 사랑하는 자)은 유다지파 이새의 아들로 베들레헴에서 태어났다. 사울 왕의 시절에 블레셋의 장군 골리앗을 쳐부수어 명성을 날렸으며, 사울 왕의 시기로 죽을 위기에 처하자 망명을 떠났다가 사울이 전사하자 헤브론의 백성들의 추대로 왕으로 추대되었다. 온 백성이 사랑하는 왕이 된 다윗은 치세 기간 중 예루살렘을 정복하고 도읍을 그곳에 정해 통일왕국의 기틀을 다졌다. 그 후 다윗이 바쎄바라는 여인을 탐하고 그의 남편을 죽인 일이 예언자 나단에게 발각되어 용서를 구하였지만 나단은 다윗의 죄가 후손들에게 갈 것이라 예언하였다.

다윗과 바쎄바의 사이에 태어난 둘째가 솔로몬(BC 961~922)으로, 평화의 뜻을 지닌 이름이다. 솔로몬의 지혜로운 판단은 외국에도 널리 알려지고 신(神)의 성전을 짓는 등 치세 초기에 솔로몬은 왕권을 크게 키웠다. 하지만 후대로 가면서 솔로몬은 외국여인을 부인으로 맞이하고, 이디오피아의 여왕인 시바와 염문을 뿌렸으며, 시돈의 여신인 아스도렛과 모압의 신인 그노스, 암몬의 신인 밀곰에게 제사를 드리는 등의 행위로 종교적 분노와 정치적 분열을 자초해 결국은 이스라엘이 남북으로 분단되는 빌미를 제공한 왕이 되고 말았다.

유대 왕국과 이스라엘 왕국

기원전 922년에 솔로몬의 신하였던 에브라임지파인 여로보암이 10개 지파를 끌어들여 세켐을 수도로 삼고 북이스라엘 왕국을 세웠다. 북이스라엘 왕국(BC 922-722)은 세켐을 임시수도로 삼고 여로보암, 나답, 바아사, 엘라, 지므리, 오므리, 아합, 아하지아, 예후, 여호아하즈, 예호아스, 여로보암 2세, 즈카리아, 살룸, 므나헴, 브가히야, 베가, 호세아 왕으로 이어졌다.

북이스라엘은 브누엘, 디르사, 사마리아로 도읍을 옮기며, 200여 년간 지속되다가 호세아 왕 시기에 이집트와 교류하자 메소포타미아를 통일한 아시리아(BC 1380 -609)가 사마리아를 공략하여 멸망시켰다. 이스라엘사람들은 그 후 사마리아를 정복한 아시리아사람들과 혼인하였는데 그 사이에 난 사람들을 사마리아인이라고 불렀다.

남유다 왕국(BC 922-586)은 솔로몬의 뒤를 이어 르호보암이 왕위에 올라 다윗가문의 혈통을 계승하여 유다 왕국을 지속시켰다. 336년의 존속기간 동안에 아비얌, 아사, 여호사밧, 여호람, 아하지야, 요아스, 아마지아, 우찌야, 요담, 아하즈, 히즈키아, 므나쎄, 아몬, 요시아, 여호아하즈, 여호아킴, 여호야긴, 시드키야가 왕국을 통치하였다. 유다 왕국에서는 요시아 왕 시기에 야훼(여호아)의 법전이 발견되어 우상 숭배가 척결되고 종교개혁이 일어났다.

하지만 마지막 왕인 시드키야 왕(BC 597-586) 시기에 아시리아를 무너뜨린 신(新) 바빌로니아 왕국(BC 626-538)의 네브갓네살 왕(BC 605-562)이 기원전 586년에 예루살렘을 공략하여 유다 왕국을 멸망시켰다. 이로써 이스라엘 왕국의 남북 왕조(북이스라엘, 남유다 왕국)는 역사 속으로 사라지고, 이 민족의 지배와 일부 자치권을 가진 왕국으로 겨우 명맥만 잇는 초라한 신세가 되고 만다.

 ## 유대교와 메시아신앙의 탄생

기원전 16-15세기경에 힉소스인과 함께 제18-19왕조를 열고 이집트를 지배한 히브리인(유다인, 유태인, 이스라엘인)들은 이집트에서 노예생활을 하였고, 또다시 이스라엘민족은 기원전 586년에 재차 오리엔트를 통일한 신(新) 바빌로니아에게 정복당해 메소포타미아의 바빌론으로 끌려가 노예생활을 시작하였다.

남유다 왕국의 마지막 왕인 시드키야 왕(BC 597-586)은 여리고에서 붙잡혀 네브갓네살 왕 앞에 끌려와 두 눈이 뽑힌 채 바빌론으로 유배되었고, 수많은 이스라엘백성이 바빌론으로 강제로 이주되어 노역에 봉사하였다.

고난이 계속되는 가운데 히브리인(이스라엘인)들의 제사장과 선지자들 가운데 예언자들(카리스마)이 이스라엘민족을 구원시키는 구세주(메시아)가 나타날 것이라는 선민의식(選民意識)과 믿음과 희망을 주었다. 이때부터 느슨하게 흩어져 있던 유대교의 신앙과 교리, 경전이 체계적으로 갖추어지면서 유일신을 믿는 유대교와 메시아신앙이 탄생하였다.

🚢 유대교(Judaism, 猶太敎)

유대교는 유일신을 믿으며, 하느님의 약속을 받는 선민사상, 신의 의지와 계시가 율법(10계)에 있으며, 구세주가 이스라엘인을 구원하고 세계를 지배한다는 믿음을 기본으로 하고 있다.

유대인들은 기원전 15세기에 이집트에서의 노예생활, 기원전 6세기에 신 바빌로니아에서의 노예생활(바빌론 유수: BC 586-536)을 거쳐 야훼 신이 그들 조상에게 주기로 약속하였다는 땅인 팔레스티나로 돌아와 폐허가 된 예루살렘과 성전을 복구하였고, 문서학자인 에즈라의 지도 아래 선민사상적 유일신 신앙을 종교적 이념으로 하는 민족집단으로서 그들의 역사를 재개하였다.

그리고 〈모세의 율법〉을 근간으로 자신들만이 신(神)의 선택을 받은 민족이고, 구세주(救世主)가 지상으로 내려와 유대인의 천년왕국(千年王國)을 건설한다고 믿었다. 이런 역사적 배경 아래 유대교가 성립되었다.

유대인들은 그 후 미카비 혁명(BC 166-142)을 거쳐 하스몬 왕조(BC 142-63)를 세우고 지상천국을 꿈꾸었지만, 기원전 63년에 로마가 팔레스타인을 정복하자 더욱 절실하게 종교상의 구원과 함께 정치에서도 독립을 추구하는 현실 속의 왕(王)이 메시아로 내려와 자신들을 구원해 주리라 희망했다.

고난과 역경을 통래 생성된 메시아신앙은 예수의 출현으로 새로운 단계로 접어들었다.(헤롯왕: BC 37-14) 유대인들은 예수를 예언자의 일인으로 받아들일 뿐 메시아라고 믿지 않았다. 제2차 세계대전이 끝나고 유대인들이 예루살렘으로 귀환하는 시오니즘은 여전히 메시아신앙이 살아있음을 보여준다.

조로아스터교(배화교)와 유대교

기원전 7세기에 페르시아의 조로아스터(Zarathustra: BC 628-551)는 바빌로니아의 다신숭배를 개혁하여 페르시아 지역을 1천 년간 지배하는 조로아스터교를 창시하였다. 그는 20세에 출가(出家)하여 30세에 신의 계시를 받고 일신(一神) 숭배를 주창하였으나 여러 제관들의 박해를 피해 20여 년간 유랑하다가 기원전 588년에 파르티아를 개종하여 국교로 삼아 부흥의 기초를 닦았으며, 서서히 페르시아로 전파되었다.

세계가 끝나는 날이 오면 마즈다 아후라여! 원하는 사람에게는 최고의 상을 내려 주소서! 달가워 않는 자에게는 가장 엄한 징벌을 주소서! 〈아베스타, 야스나 51장 6절, 카타 송시〉	생각과 말은 옛날부터 착함[善]과 나쁨[惡]의 나눔이 있었으니, 이는 세상 처음에 두 개의 근원이 탄생과 함께 존재했기 때문이라. 참된 사람은 착함을 찾고, 나쁨에서는 거짓된 사람이 생겨나니라! 〈아베스타, 야스나 30장 3절의 카타 송시〉
아, 아후라 마즈다여! 뜨거운 불과 끓는 쇳물로 다른 행위의 기록을 갖고 온 영혼들에게 판결하소서! 정교도에게는 상을, 악의 위선자에게는 징벌! 〈아베스타, 야스나 51장 9절, 카타 송시〉	생명의 궁전은 선에서 생겨나고 악마의 소굴은 악에서 세워지니, 내세의 착한 사람은 천국에서 아후라의 은택을 나누어 누리고, 악한 사람은 아그라 마이뉴의 어두운 지옥에 떨어져 죄를 받나니! 〈아베스타, 야스나 30장 4절의 카타 송시〉

조로아스터교의 경전인 아베스타(Avesta)에 따르면 세상은 선과 악의 다툼이 있는데 지혜의 신인 선신(善神) 아후라 마다(Ahura Mazda)는 광명, 생명, 창조, 선행, 미덕을 상징하며, 마왕 앙가라 마이뉴(Angara Mainyu)는 어둠, 죽음, 파괴, 거짓말, 속임, 악행을 의미한다.

인간은 자기 운명, 자기 의지를 통해 선신을 믿어야 불사(不死)의 광명을 얻을 수 있다고 하였다. 조로아스터교의 일신사상(一神思想)은 훗날 기독교와 불교의 세계관에 깊은 영향을 주었으며, 아랍 지역이 유일신교(唯一神敎)인 이슬람으로 빠른 시간 내에 통합되는데 일정한 토양을 제공한 종교였다.

 ## 성서에서 말하는 유토피아, 에덴동산

에덴동산은 구약성서 〈창세기〉에 등장하는 유토피아를 말한다. 동산의 중앙에는 선악을 알게 하는 선악과가 자라고, 들에는 들짐승, 하늘에는 날짐승이 가득하며, 숲에는 나무가 우거지고 4개의 큰 강이 발원하는, 그야말로 인간들이 노동 없이 살기 좋은 낙원이었다. 이때 하느님이 아담에게 선악과를 따서 먹지 말라 일렀는데 이브가 뱀의 유혹에 넘어가 그 죄로 에덴동산에서 쫓겨나고, 인류는 힘든 노동을 하면서 언젠가는 하느님에게 받은 원죄를 벗어나려는 인간들이 돌아가려는 동경의 땅이 되었다.

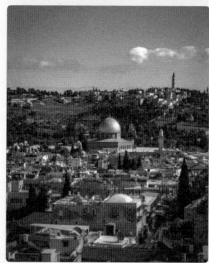

【예루살렘】
유대교와 기독교, 이슬람교의 성지
이며, 이스라엘 국가와 아랍세계의
분쟁이 치열한 현장이다.

히브리문명 원형찾기 – 파라다이스

파라다이스(Paradise)는 페르시아에서 유래한 말로, 그리스의 작가 크세노폰이
페르시아 왕후 귀족의 공원으로 그리스에 처음 소개하였고, 나중에는 사자(死
者)가 고통으로부터 해방되어 행복하게 지내는 서해(西海) 끝의 섬을 설명하는
데 쓰이기도 하였다. 70인역 성서(七十人譯聖書)의 《창세기》에서는 에덴동산의
역어(譯語)이고, 신약성서에서는 신의 축복을 받은 사람이 가는 곳으로 되어 있
으며, 나중에는 지옥에 대비된 천국을 의미하는 말이 되었다. 〈두산백과〉

기독교(Christianity, 基督敎)

그리스도교(크리스트교)는 예수를 믿는 종교이다. 예수는 기원전 4년에 베
들레헴에서 목수인 요셉의 아들로 12월 25일에 태어났다. 30세가 되던 해
에 자신이 인류를 구원하는 구세주이며 메시아라는 자각을 하였다. 그러
나 예수는 유대교의 선민사상(選民思想)과 율법주의(律法主義)를 반대하고,
신에 대한 절대적인 사랑과 믿음, 이웃에 대한 이타애(利他愛), 속죄를 하면
누구든지 구원을 받을 수 있다고 주장하였고, 신의 나라는 최후의 심판을
통해 이루어진다고 말하였다.

배타적 민족주의자인 유대교의 사제와 율법학자들은 예수가 영혼의
구원만을 주장하며 세속적인 정치적 독립과 민족해방을 외면한다고 판단
하고 빌라도 총독에게 위험분자라고 고발하여 십자가에 처형시켰다. 하지
만 예수의 죽음은 그리스도교의 시작이었다. 예수의 죽음은 곧 대속(代贖)
과 부활(復活)을 의미했다. 서기 30년에 예수는 인류의 원죄를 대속하였다.

그는 자신의 12제자 가운데 하나인 가롯 유다의 배신으로 십자가에 못 박혀 세상을 떠났고, 3일 후에 부활하여 하느님의 아들임을 증거하였다.

기독교(그리스도교)의 주요한 종교사상				
메시아(구세주)	대속(代贖)	부활(復活)	삼위일체	지상천국

수제자인 베드로는 로마 시를 중심으로 예수의 가르침을 전하다 순교했고, 율법학자이자 헬레니즘의 문화를 숭배하여 그리스도교를 박해했던 바울은 예수의 사후에 계시를 받아 사도(使徒)가 되어 소아시아, 시리아, 그리스, 로마 등지의 이방인에 대한 전도를 하였다. 그 후 서기 67년에 네로 황제의 박해로 순교하였다. 로마는 원래 이민족의 종교에 대해 관대한 정책을 펼쳤으나 유독 그리스도교에 대해서는 심하게 박해를 가하였다.

이것은 그리스도 교도들이 로마 황제에 대한 경배를 우상숭배로 받아들여 이를 거부하고, 비밀리에 신도들이 갖는 모임이 반란의 음모로 의심받은 데서 비롯된 처사였다. 여기에는 66–73년의 유대인 반란(마사다), 132–135년의 유대인 반란이 그리스도교 박해에 큰 영향을 주었다. 하지만 그리스도교에 대한 박해는 지상천국과 천년왕국의 건설, 예수의 재림과 구원을 희망하는 로마의 하층민과 노예들을 중심으로 퍼져 나갔고, 예수의 행적을 기록한 마태복음, 마가복음, 누가복음, 요한복음(4대복음서)과 사도행전이 신약(新約)으로 편집되어 그리스도교의 전파에 지대한 공헌을 하였다.

예루살렘, 세계종교의 발상지로 등장하다

이스라엘은 1948년에 해외에서 이주한 유대인들이 성경을 토대로 건국한 신생국가이다. 이때 수도는 텔아비브였다. 문제는 예루살렘이 아직 헌법상의 수도가 아니라는 사실이다. 유대인들에게 예루살렘은 그냥 보통의 도시가 아니라 성경에서 약속한 하느님의 도시였다. 반드시 이곳을 이스라엘의 수도로 삼아야 하는 지상명령이 바로 구약이고, 그들의 역사적 사명이 예루살렘의 재건이었다.

1948년 건국 당시에 예루살렘은 동(東)과 서(西)로 분리되어 있었다. 서예루살렘은 이스라엘이 차지하였고, 동(東)예루살렘은 요르단이 통치하였다. 1950년에 이스라엘은 서(西)예루살렘을 새로운 수도로 선포하였다. 예루살렘은 이때에 비로소 이스라엘의 헌법상 수도가 되었지만, 동(東)예루살렘은 여전히 아랍인들이 다수 거주하였다. 1970년 제3차 중동전쟁이 이스라엘의 승리로 끝나고 동(東)예루살렘은 이스라엘이 차지하였다. 유엔(UN)은 결의를 통해 예루살렘이 이스라엘의 수도라는 것을 인정하지 않았다. 팔레스타인 분쟁은 이때부터 더욱 격화되고 아랍과 이스라엘의 반목은 그칠 줄 몰랐다.

예루살렘은 이렇게 세계인들의 이목을 끄는 문명충돌의 현장이 되었다. 세계종교인 기독교와 이슬람의 성지이며, 가장 오랜 종교경전의 역사를 지닌 유대교의 성지라는 이름이 부끄러울 정도이다. 종교라는 이름의 사랑과 평화가 아닌 세속의 욕망이 충돌하는 도시가 바로 예루살렘이다. 문명사의 관점에서 본다면 유대교의 여호아 신과 기독교의 하느님과 이슬람의 알라 신이 씨름판에서 힘 겨루는 모습이 연상된다. 이것이 근대도시 예루살렘의 모습이다.

시간을 거슬러 올라가 보면 고대도시 예루살렘도 별반 다를 게 없다. 이집트와 메소포타미아와 오리엔트의 길목에 자리 잡은 가나안은 늘 여러 세력이 충돌하는 지역이었다. 평화와 안녕이 지켜지는 약속의 땅이라는 하느님의 말씀은 지켜지지 않았다. 예루살렘은 기원전 18세기경에 사람들이 살기 시작한 가나안의 내륙에 자리 잡은 작은 도시였다. 이때에 이곳은 평화의 도시라는 뜻을 지닌 우루살림(Urusalim)이었고, 이스라엘의 다윗 왕이 기원전 11세기에 이곳을 점령하고 히브리어로 같은 뜻을 가진 예루샬라임(Yerushalaym)이라고 바꾸어 오늘날의 예루살렘에 이른다.

기원전 8세기에 예루살렘은 이스라엘 왕국이 북이스라엘 사마리아 왕조와 남이스라엘 유다 왕국으로 분열되었을 때 유다 왕국의 수도가 되었다. 기원전 8세기에 북이스라엘 왕국이 아시리아에게 멸망하고, 남쪽의 유다 왕국은 200여 년 동안 존속하였다. 다윗의 후손이라고 자부하는 이들은 자신들이 이스라엘 12지파의 중심이고 정통이라는 자긍심으로 가득 찼고, 예루살렘은 하느님이 약속한 땅이라 굳건하게 믿었다. 기원전 6세기에 신(新) 바빌로니아에게 정복당한 유대인들은 바빌로니아로 잡혀가 바벨탑을 쌓는 노역에 동원되고 신앙이 부정당하는 굴욕 속에서도 자신의 땅으로 돌아가려는 꿈을 잃지 않았다.

오리엔트를 통일한 페르시아의 키로스 2세는 관용의 정책으로 유대인들을 고향으로 되돌려 보냈고, 이스라엘인들은 예루살렘에 하느님의 성전을 짓고, 자신들의 역사를 구약(舊約)이라는 이름으로 정리하였다. 성경의 전반부를 담고 있는 구약과 유대교가 탄생하는 순간이었다. 서기 전후한 시기에 지중해를 통일한 로마가 예루살렘을 정복하였다. 이스라엘인들 가운데 일부가 베들레헴 출신의 시골청년 나사렛 예수를 하느님의 독생자, 이스라엘의 구원자로 받아들였다. 예수의 말씀과 전도를 담은 신약(新約)이 만들어지고 기독교가 탄생하였다. 로마에 의해 파괴된 예루살렘은 현실속의 성스러운 도시라는 위상은 무너졌지만 역설적으로 종교적 신앙의 차원에서 유대교와 기독교의 성지로 자리 잡았다.

기독교가 공인된 이후 예루살렘은 다시 기독교의 성지로 재건축되었고, 서기 475년에 서로마가 멸망하고 비잔틴 제국으로 계속 역사가 이어진 동로마 시기에 예루살렘은 로마, 비잔틴, 안티오크, 알렉산드리아와 함께 기독교 5대교구의 하나로 다시 번영하였다.

그리고 1천3백여 년이 지난 20세기 초에 영국 등 서구 제국주의 세력은 이슬람 제국인 오스만의 영향력을 약화시키고 아랍 지역에 서양 세력의 교두보를 확보하고자 하느님의 땅으로 돌아가자는 유대인들의 시오니즘을 이용하였다. 많은 유대인들이 영국 등의 지원을 받아 가나안 땅으로 모여들었고, 예루살렘은 근대도시로 부활하였다. 고대에는 유대교, 기독교, 이슬람교의 성지였고, 근대에는 땅을 잃고 세계를 유랑하던 유대인들이 귀향하는 믿음의 도시로 재생되고, 현대에는 아랍과 이스라엘이 격렬하게 다투는 분쟁의 도시가 되었다. 이것이 종교 속 예루살렘과 현실 속 예루살렘의 두 모습이다.

히브리문명의 성취와 영향

히브리문명의 가장 위대한 성취는 메소포타미아와 가나안, 지중해 연안의 여러 지역에 공통으로 나타나는 다종교 신관(神觀)을 일신교(一神敎)사회로 바꾸는데 결정적인 역할을 하였다는 점을 들 수 있다. 이것이 오늘날 유럽 사회와 미주국가를 종교적 이념으로 일체화시키는 원동력이 되었다.

히브리	이스라엘	유대(유태)
유목민-이동하는 사람 [아브라함의 자손]	하느님께서 이기시다 [야곱(이스라엘) - 12지파]	유다 왕국의 땅 (로마 제국의 유다 지배)

유대교의 주요한 종교사상			
천지창조와 종말론(심판)	에덴동산과 원죄	약속(율법)과 선민의식	심판과 구세주(메시아)

구약(舊約): 타나크(TaNaKh)의 구성 / 70인 역(셉츄아진트)		
〈토라(Torah): 율법서〉 모세 5경(창세기, 출애굽기 등)	〈네비임(Nevi'im): 예언서〉 예언서 8편(여호수아 등)	〈케투빔(Ketuvim): 성문서〉 26편(시편, 잠언 등)

예수가 생존하였을 때 존재하였던 유대교의 종파			
바리새인(Pharisees)	사두개인(Sadducees)	열심당원(Zealots)	엣세네인(Essenes)
반로마, 반(反)저항 모세 율법에 복종	보수적, 귀족계급 제사장계급	반(反)로마 저항 종말론 신앙운동	공동체적 저항운동 사탄의 권세에 도전

이스라엘민족은 하느님 야훼(여호아)와 계약을 통한 역사를 살았다. 이 계약은 종교적 신념으로, 책임과 의무를 수반하는 반드시 준수해야 할 율

법이었다. 오늘날 금융과 자본주의에서의 신용, 계약, 법률적 판단은 유대인들의 문명적 성과라 할 수 있다. 아울러 아브라함이 신과 약속하고 바치는 십일조 헌금은 개신교(프로테스탄트)의 경제관으로 이어져 하느님의 은총을 실천하는 복지이념으로 변모하였다는 측면에서 긍정적으로 평가할 만하다.

또한 하느님의 구원을 받는다는 선민의식과 구세주신앙은 현세의 고난을 극복하는 유토피아, 메시아, 이상사회의 건설로 나타났다. 또한 하느님의 역사를 지상에 실현해야 한다는 믿음은 유럽에서 새로운 땅의 개척과 복음으로 실천되었다. 그것이 십자군전쟁과 같은 침략, 문명 충돌과 같은 부정적 요소도 있었지만 문명의 전파와 확산, 그리고 문화 충격이라는 긍정적 요소도 함께 갖추었다고 볼 것이다. 아울러 오늘날 세계를 주도하는 미국문명은 히브리문명의 또 다른 측면이 투영된 것으로 보아도 무리는 아닐 것이다.

헬레니즘,
그리스문명의 보편적 세계화

알렉산더 대왕이 세운 마케도니아 제국은 세계 문명의 역사에서 최초로 여러 민족, 국가를 지배하면서 개방과 포용을 기반으로 헬레니즘이라 불리는 글로벌문명을 이루었다.

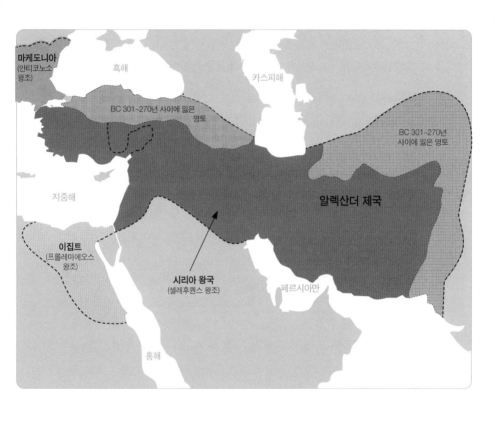

마케도니아
(안티코노소
왕조)

흑해

카스피해

BC 301~270년 사이에 잃은 영토

BC 301~270년
사이에 잃은 영토

지중해

알렉산더 제국

이집트
(프롤레마에오스
왕조)

시리아 왕국
(셀레후퀀스 왕조)

페르시아만

홍해

헬레니즘(Hellenism)*은 세계사 최초로 코스모폴리탄(세계인)이 등장한 시기이다. 헬레니즘의 시간적 정의는 기원전 334년부터 기원전 30년까지이다. 이를 세분하면 알렉산더 대왕이 동방 원정을 시작하는 기원전 334년부터 마케도니아가 이집트의 프톨레마이오스 조(朝), 마케도니아와 그리스의 안티고노스 조, 시리아와 서아시아의 셀레우코스 조로 분열(이집트, 시리아, 마케도니아)되고 로마에 의해 3국의 마지막 왕조인 이집트가 통일되는 기원전 30년까지 대략 300년 기간을 말한다.

헬레니즘은 이른바 그리스 문화의 세계화이다. 세계 문명사에서 처음으로 이루어진 세계화이다. 비록 지중해 지역의 코스모폴리탄(Cosmopolitan)이지만, 오늘날 세계화의 원조이고, 그 뿌리이다. 헬레니즘은 인류가 보편적이고 평등한 사회를 지향한 최초의 사례라고 평가할 수 있을 것이다.

헬레니즘문명의 원천		
그리스 문화	페르시아 문화	이집트 문화
헬레니즘의 중심문화	통일제국의 모형 제공	절대적 황제권의 뿌리

헬레니즘과 중화사상

동아시아에서 헬레니즘과 유사한 방식의 세계화는 중화(中華)사상이다. 그런데 중화는 배타적 문명의 성격이 강하고, 헬레니즘은 그리스 문화의 보편적인 확산의 의미가 강하다.

그리스와 같은 시기에 세계제국 페르시아에서 보편적 세계화가 이루어지지 않은 이유는 페르시아가 개방적이고 포용적인 황제국가이긴 해도, 국가에 속하는 인민(人民)의 자유로운 사유와 경제적 지위를 보장해 주지 않기 때문이다. 이처럼 인민의 자유와 권익을 보장해 주지 않는 사회체제는 결코 문명의 보편화가 이루어질 수 없다는 것을 페르시아 제국은 상징적으로 보여준다.

중국은 페르시아처럼 황제국가였지만, 유교문명의 보편성, 그리고 유교문명을 익힌 유교 지식인이 국가권력의 핵심이 되고, 이들 사대부가 학문과 법치를 근거로 통치하는 사회를 추구하였기 때문에 보편적 세계화가 가능하였다. 동아시아 중화문명의 보편성은 사대부를 중심으로 하는 중앙집권적 군주국가의 의미에서 그 가능성이 컸다고 할 수 있다.

헬레니즘문명 자세히 보기 – 헬레니즘(Hellenism)

헬레니즘(Hellenism)은 '그리스 같은 문화'로 읽혀지는 개념인데, 시기적으로는 기원전 323년부터 기원전 30년경까지 그리스의 철학, 정치, 문학, 신학, 의학 등의 영향이 지중해를 중심으로 광범위하게 퍼져나가던 때를 일컫는다. 헬레니즘이란 용어는 1836년에 독일의 역사가인 요한 드로이젠(Johann Droysen)이 그의 저서인 《헬레니즘사(史)》에서 언급한 그리스 문화의 확산, 그리스의 정신, 그리스 문화가 오리엔트의 역사적 경험, 문화적 축적과 융합하면서 일어난 현상에서 시작한다. 또는 이보다 앞서 1833년 저작된 《알렉산더 대왕의 역사》에서 그리스 문화를 동경하던 알렉산더 대왕이 정복한 지역에 그리스 문화를 전파하고 그곳의 동방정신과 융합하여 글로벌 문화로 발전한 그리스풍의 문화를 일컫는다.

그리스의 영향력은 기원전 5세기 페르시아전쟁 전후로 지중해 연안, 소아시아 등에 널리 퍼져 있었고, 마케도니아에서의 알렉산더 대왕의 정복과 지배로 더욱 확산되었다. 이후 그리스 문화는 오리엔트의 역사, 문화와 충돌, 융합을 거쳐 3백여 년간 지속적으로 지중해 유역에서 번성하였다. 주요한 내용으로는 마케도니아가 정복한 지역에 건설된 도시에 이주한 그리스인들에 의해 그리스어가 공용어로 사용되고, 민주적이고 개방적인 그리스인들의 세계시민적 이념이 받아들여지고, 개인주의적 사고와 현상의 아름다움, 욕망과 행복 추구와 같은 세속적인 가치가 존중되었다.

헬레니즘 문화의 면모

헬레니즘시대에 살았던 그리스 지식인들, 상인들, 관리들은 국제적인 세계관과 보편적 사유체계를 지닌 자유로운 시민이었다. 이들 가운데 한 개인이 걸어온 삶의 궤적을 오늘날 국제화시대의 세계인인 호모-노마드형(型) 비즈니스맨과 비교하여 살펴보면 헬레니즘의 면모를 여실히 확인할 수 있다.

"나는 그리스 중부의 코린토스에서 태어나 남부의 아테나이(아테네)에서 교육을 받고 북방 변방인 마케도니아에서 관리생활을 하다가 잘못을 저질러 시리아로 망명하였다. 그 후 그곳에서 동문의 추천으로 시리아 셀레우코스 궁궐에 취직했다가 이집트로 가는 사절단에 포함되어 갔고, 그곳 알렉산드리아에서 지금의 아내를 만났다. 아내의 권유로 소아시아의 작은 왕국인 페르가몬으로 가서 상인이 되어 새로이 일어난 지중해 서부의 로마와 거래하다가, 말년에는 이탈리아 남부의 그리스 식민지였

던 따뜻한 타란토에서 지낸다. 지금 생각해보니 그리스어를 한다는 게
천만다행이다. 어디서든 통하는 국제어니까."

오늘날 세계의 지식인들이 영어로 무장하고, 세계 무역 현장에서 교역
하고, 학문적 토론이 가능한 현상과 비교하면 현대의 지식인들은 헬레니
즘적 사고와 행동을 재현한 것이라고 볼 수 있다. 현대는 비록 냉전의 잔재
가 아직 남아 있고, 국가 간의 충돌과 배타적 민족주의가 여전히 퍼져 있지
만, 헬레니즘 이후 가장 자유롭게 교류하는 시대라는 점에서 헬레니즘을
지향하려는 오랜 인류의 꿈과 그것의 역사적 영향을 구현한 시대라고 봐
도 큰 무리는 없을 것이다.

헬레니즘 문화의 3대 이념

헬레니즘을 주도한 마케도니아는 페르시아와 그리스의 전쟁(기원전 492년,
490년, 480년)에서 그리스 진영에 가담하여 많은 이익을 얻어냈다. 마케도니
아는 1) 올림픽 출전권의 획득, 2) 소아시아 무역권의 독점, 3) 그리스 동
맹군에 참여라는 과실과 더불어 그리스인이라는 정체성까지 얻을 수 있
었다.

지중해의 제해권을 장악한 그리스가 스파르타(펠로폰네소스동맹)와 아테
네(델로스동맹)라는 두 개의 진영으로 나누어 치른 펠로폰네소스전쟁(BC
431-404)으로 자멸적 쇠망에 이르자 마케도니아의 알렉산드로스(BC 336-

323)는 그리스를 포함한 지중해를 통일하고, 그리스문명을 바탕으로 오리엔트문명을 융합하여 세계에 전파하는 헬레니즘(Hellenism)을 추구하였다.

그리스 휴머니즘 전통	페르시아 전제왕정 전통	아리스토텔레스
개인주의 (Individualism)	세계주의 (Cosmopolitanism)	행복 추구 (Eudemonism)

헬레니즘이 추구한 이념은 첫째로 세계주의이다. 페르시아 황제국가의 영향에서 시작된 세계주의는 하나의 세계 속에 모든 인민이 포함된다면 경계에 의해 생겨나는 차별이 존재하지 않을 것이고, 지역과 지역의 분쟁, 민족과 민족의 전쟁이 일어나지 않을 것으로 보았다. 세계주의는 헬레니즘의 공간적 범위를 넓힌 요인이었다.

두 번째로 헬레니즘은 집단의 이익보다는 개인의 자유를 중시하였다. 인간이 이 세계에 태어난 것은 신의 축복이나 국가의 은혜 때문이 아니라는 것이다. 인간은 오로지 인간으로서만 존재하고 규정될 뿐이다. 전체에 속한 개인이 전체를 위해 희생되는 것이 아니라, 개인의 자유가 모여 전체의 자유가 된다는 측면에서 개인주의는 민주주의의 원천이 될 수 있다. 전체에 구속받지 않는 개인의 자유로 실존한다는 것이 헬레니즘인의 주요 인생관이었다.

세 번째로 전체 속의 개인, 개인이 모인 전체는 평등한 동일성의 존재라는 인식이다. 민주주의 원리는 공동체의 공공선과 개인의 자유가 모두 동일하게 인정되는 철학적 사고이다. 따라서 전체의 목표와 개인의 목표는 동일하게 된다. 이로부터 국가(전체)와 개인의 목표가 설정되고 헬레니즘에서는 이를 행복하기 위한 목적성을 지닌 존재라는 철학적 생각을 하게 되었다. 개인의 자유, 평등, 욕망의 실현이 살아가는 목적이고, 이것의 궁극적 지향이 행복이라는 것이다. 국가는 이러한 개인이 모인 전체이다. 현실적 욕망을 긍정하는 이러한 개인주의 사유는 아리스토텔레스*의 철학에서 영향을 받았다.

이를 종합하면 헬레니즘의 3대 이념인 세계주의(Cosmopolitanism)는 페르시아 제국의 중앙집권제에서 영향을 받았다. 세계주의는 세계시민이자 어디에도 귀속되지 않는 개인을 의미한다. 개인주의(Individualism)는 그리스 휴머니즘에서 기원하며, 개인은 국가 구성원으로서 개인(르네상스의 휴머니즘으로 계승)이며, 혈연, 지연, 집단에서 독립한 개체자아이다. 행복 추구(Eudemonism)는 철학적 사유에서 비롯되며, 국가나 공동체의 선(善)보다 개체와 자아를 중시하는 경향을 지닌다. 행복 추구는 이성으로 인식하는 즐거움이 곧 행복이라는 의미이다.

 헬레니즘이 추구한 철학

헬레니즘을 대표하는 4대 사상의 유파들이 추구한 주제어를 오늘의 개념에 비추어 열거하면 행복, 국가, 법과 제도, 이기심, 자유의지, 보편성, 국가주의, UN 등을 들 수 있을 것이다.

우선 제논이 창시한 스토아학파(Stoicism)는 행복이란 마음의 안정(아파테이아)을 갖고 유지하는 데에 목적을 둔다. 이들은 공공에 대한 질서를 받아들이고, 자유란 불안으로부터, 도덕으로부터 얻는 가치로 인식하였다. 뒤에 로마는 스토아학파의 영향으로 개인과 전체의 동일성(국가주의), 공공에 대한 봉사와 소박한 삶, 법과 제도의 준수를 지향하였다. 또한 스토아학파는 윤리적으로 자유의지를 중요시 하였는데 이 자유의지는 이성법칙이고 윤리법칙이라는 인식 때문이다.

스토아학파 (Stoicism)	쾌락주의 (picureanism)	견유학파 (Cynicism)	회의론 (Skepticism)
제논	에피쿠로스	디오기네스	퓌론
목적론, 유물론적	쾌락, 행복	反윤리적, 통속적	자유주의, 反인식론
주제어: 세계주의, 개인주의, 행복(쾌락)			

쾌락주의(Epicureanism)는 즐거움을 최고의 이상으로 간주하였다. 이 철학은 곧 향락주의로 인식되는데 개인의 자유의지에 따라 누구든지 행복을 느끼게 되고 이를 누리는 것은 보편적 권리로 인식하였다.

견유학파(Cynicism)는 퀴니코이(개)에서 유래한 학파로서 개처럼 생활한다는 데서 그들의 자유로운 삶의 지향점을 발견한다. 궁핍한 삶처럼 보이지만 국가, 제도, 법은 인간의 자유의지를 핍박한다는 점에서 이들은 구속받지 않는 삶을 가장 이상적인 행복으로 인식하였다. 대표적인 견유학자인 디오게네스는 보편적 윤리, 보편적 도덕은 없다고 주장하였다.

회의론(Skepticism)의 창시자 퓌론은 "인식이 도달할 수 있는 한계가 있다."고 하였다. 따라서 기존질서, 지배적 삶의 형태, 전수된 윤리와 습관을 따라야 한다고 주장하였다. 폭풍우가 부는 바다에 떠있는 배 위에서 먹는 것에 열중하는 돼지와 같은 아타락시아(평온함이 지속되는 상태)를 가져야 한다는 것이 그의 철학적 사유였다. 이는 어떻게 될지 모르는, 알 수 없는 미래에 불안해하기 보다는, 그냥 주어진 현실을 긍정하며 살아야 한다는 의미를 말한다.

헬레니즘에서 시작된 사설학교와 글쓰기 전통

기원전 7세기-5세기경에 그리스에서는 신화의 시대가 가고 자연-인간 중심의 철학과 시민민주정이 도래하였다. 또한 그리스 주변국가인 페르시아에서는 선악을 인간이 자유롭게 선택하는 조로아스터교가 생겨났으며, 인도에서는 깨달음에 계급이나 신분이 필요없다는 불교가 등장하였다. 또한 동아시아에서는 수많은 사상가들이 치열하게 논쟁하는 제자백가의 시대를 맞이했다. 이 시기 우리의 먼 조상인 고조선 지역에도 종교적인 하늘의 자손을 부르짖은 단군의 제사장 권리는 무너지고, 정치적이고 군사적인 힘을 배경으로 하늘의 자손을 부르짖는 해모수, 고주몽, 박혁거세 등 영웅들이 혜성처럼 등장한다. 이 모든 것이 철기문명이 가져온 세계사적 변화였다.

이 시대의 지식 전승은 자유민으로 대표되는 지식인들에 의해서 이루어졌다. 그들은 개별적으로 학교를 세우거나 사원에서 자유롭게 진리에 대해 토론하고 세상의 변화와 인간들의 삶의 도리를 토론하였다. 지식의 전승방식은 말하기-토론으로 청동기시대와 같은 방식이었지만 신분이나 지역, 혈연을 가리지 않고 누구에게나 지식을 전달하였다. 공자의 예를 들어보면 유교무류(有敎無類)라고 하여 "가르침에 차별이 없다"라고 하였다.

말하기-토론방식(구술교육법)의 지식 전승은 오랜 전통이었다. 소크라테스, 공자, 석가모니, 조로아스터 등 차축시대의 선각자들은 영적인 교감이나 언어를 통한 지식 전달만이 거짓 없이, 왜곡되지 않고 바르게 가르침이 이루어진다는 믿음이 강했다. 스승과 제자의 문답을 통한 지식 전달은 오류를 방지하고 깊이 있는 토론을 통해 진리에 접근할 수 있다는 생각을 가졌다. 이들은 개별적으로 학교를 세우고 그곳에서 제자들과 문답을 통한 토론, 이야기라는 방식을 통해 지식을 전승하였다.

이러한 사고에 도전한 것이 이른바 글쓰기-문자를 통한 지식의 축적이었다. 그리스의 경우 최초로 논리적 글쓰기를 추진한 세력은 소피스트였다. 하지만 소크라테스-플라톤이라는 거인의 벽에 막혀 더 이상 진전되지 않았다. 그러나 아리스토텔레스는 스승들과는 달리 지식을 서책에 담아 논리적으로 분석하고 토론하고 정리하려고 하였다. 지식의 보편성이란 측면에서 대변화의 싹이 움튼 것이다.

아리스토텔레스의 사상적 세례를 받은 알렉산드로스(BC 356-323) 대왕이 꿈꾸었던 헬레니즘은 곳곳에 도서관을 세우고 그곳에 지식을 축적하는 것이었다. 헬레니즘시대에 이집트에 기반을 둔 프톨레마이오스 왕조가 알렉산드리아에 건립한 도서관은 지식의 축적-지식의 보편적 확산이란 측면에서 기념비적인 사업이라 할 만하다.

동아시아의 경우에는 진시황제가 단행한 분서갱유(焚書坑儒)가 새로운 지식 전승의 방식을 수립하게 된다. 진나라는 법가(法家)사상으로 천하를 통일하고 중앙집권제를 추진하였는데, 지역분권에 기초한 봉건제를 가장 이상적인 정치이념으로 보는 유가의 도전이 거세지자 아예 지식의 뿌리를 제거하고자 분서갱유를 단행하였다. 하지만 15년 만에 진나라가 붕괴하고 (BC 221-206) 등장한 한(漢)나라는 유가사상을 기본으로 통치질서를 세우게 된다.

이에 따라 한나라는 기존의 문서를 재편집하고, 국가단위의 공립학교인 태학(太學)을 세워 체계적인 지식의 축적-전승-지식인 집단을 양성한다. 동아시아 지식 전승 체계는 이렇게 공립학교-지식인 관료사회라는 구조로 정착하게 되었다. 그 후 이 구조 위에 과거제도가 결합되면서 무력(武力)이 아닌 보편적 지식으로 무장한 지식관료들이 지배하는 사회전통을 만들어냈다. 그리고 사대부라는 지식인 집단이 형성되었다. 서유럽사회와는 다른 방향으로 가게 되는 것, 이 점이 동아시아 지식전통의 특징이라 할 수 있다.

헬레니즘문명 자세히 보기 – 아리스토텔레스

아리스토텔레스(Aristoteles: BC 384-322)는 철학의 백과사전 학자라고 부른다. 윤리학, 논리학, 우주론, 정치론 등 다루지 않은 분야가 없을 정도이다. 그는 트라키아의 스타게이로스에서 출생하였으며, 플라톤에게서 공부하고, 마케도니아의 알렉산더를 가르쳤다. 또한 스승인 플라톤의 아카데미아처럼 자신만의 학교인 리케이온을 아테네 동부에 세웠는데, 이것이 소요학파(逍遙學派), 곧 페리파토스학파(peripatetics)의 기원이 되었다.

그의 스승인 플라톤은 국가의 목적이 정의의 실현이라고 하였다. 그러나 아리스토텔레스는 국가의 목적은 행복이라고 하였다. 국가는 개인의 행복을 위해 존재하는 기구이지 개인이 국가의 정의를 위해 세상에 태어난 것은 아니라는 생각이었다. 아리스토텔레스의 현실인식 철학은 마케도니아의 알렉산더 대왕에게 받아들여져 헬레니즘사상의 원천이 되었다.

알렉산드리아(Alexandria), 세계 최초로 도서관이 들어서다

이집트 북부에 위치한 고대도시 알렉산드리아는 이집트인들의 도시인 라케티트에 세워진 헬레니즘시대의 신도시이다. 기원전 4세기에 마케도니아의 정복군주인 알렉산드로스 대왕은 이곳 도시에 자신의 이름을 따서 알렉산드리아라고 하였다. 이때부터 국제적인 도시로 성장한 알렉산드리아는 적어도 인류 문명사에서 크게 몇 가지의 위대한 발자취를 남긴다.

첫 번째는 국제도시의 탄생이다. 마케도니아의 위대한 군주인 알렉산드로스 대왕(Alexandros, 재위 BC 336~323)은 그리스, 페르시아, 인도 지역을 정복하고 그리스문명의 세계화를 위한 여러 도시들을 건설하는데 알렉산드리아는 그중에서도 가장 대표적인 헬레니즘문명을 상징하는 곳이다. 이곳은 당대에 가장 번영한 무역도시였고, 많은 그리스인들이 이주하여 오랜 전통과 특색을 지닌 이집트문명을 그리스 문화로 변화시켜 보편적 성향의 헬레니즘을 탄생시키는 역할을 하였다. 오늘날 근대 유럽문명은 헬레니즘과 로마를 거쳐 탄생한 것이다. 이처럼 이질적인 문명의 충돌, 수용, 융합을 거치면서 새로운 문명의 탄생이라는 역사의 사례를 알렉산드리아는 잘 보여주고 있다.

두 번째는 도서관의 등장이다. 프톨레마이오스 왕조를 세운 프톨레마이오스 1세는 알렉산드리아에 도서관을 세우고 20만 권 이상의 책을 소장하였다. 프톨레마이오스 2세는 더욱 확장하여 무려 70만 권으로 장서가 늘어났다. 도서관은 책을 보관하는 건축물이 아니다. 그곳은 세상의 모든 지식을 모으고, 누구든지 타인의 지식을 무상으로 탐구할 수 있는 지식공유의 현장이다. 그리스시대에 아테네가 학문의 중심도시였다면 헬레니즘 시대에는 알렉산드리아가 대체하였다. 로마시대에 불이 나서 그곳의 장서는 사라졌지만 도서관의 등장은 학교와 함께 인류지식의 보존, 전승, 창조의 중요한 문명사적 사건을 만든 현장이었다. 유네스코에서는 이를 기념하여 2002년에 신(新) 알렉산드리아 도서관을 개관하였고, 현재 장서는 100만여권에 이른다.

세 번째는 세계종교인 기독교의 도시이다. 대략 기원전 69년경에 이곳에 살던 많은 그리스인들은 로마 문화에 대한 저항의식으로 기독교를 수용하였으며, 2-3세기경에 이르면 로마와 비잔틴, 안티오크, 예루살렘과 함께 기독교 5대 도시로 성장하였고, 기독교가 공인되면서 최고의 번영을 이루었다. 5-6세기 이후에 로마 제국의 쇠퇴와 이슬람의 등장으로 이곳의 기독교는 점차 사라지고, 도시의 기능도 쇠퇴하였다. 비록 기독교는 이때에 알렉산드리아에서 사라졌지만 유일신과 최후의 심판 등 기독교적 세계관은 로마의 세력범위에 있던 아랍인들에게 이슬람을 쉽게 받아들일 수 있는 조건을 만들었다는 점에서 역사적 의미가 크다 하겠다.

고대 이집트와 헬레니즘시대에 꽃피운 알렉산드리아는 비록 화려한 문명의 발자취는 사라지고 없지만, 근대에 이르러 수에즈 운하가 개통되고 이 도시는 신흥도시로 다시 살아나 활력이 넘치는 이집트의 제2도시로 변모하였다. 특히 유네스코에서 문명과 지식을 상징하는 새로운 도서관을 개관하여 그 옛날 지식, 문화, 예술의 중심도시라는 상징성을 확인시켜 주고 있다는 점에서 문명사적 가치를 확인할 수 있다.

【새 알렉산드리아도서관】
헬레니즘문명을 상징하는 알렉산드리아도서관 자리에 유네스코가 새로 건설한 새 알렉산드리아도서관이다. 지식과 경험의 보편성과 공유를 의미한다.

헬레니즘이 인류사에 끼친 영향

헬레니즘은 지역적으로 보편적인 그리스 문화를 세계화하고 이를 로마에 전승시킨 시대정신을 대표한다. 그리스, 헬레니즘, 로마의 지중해문명권은 르네상스와 종교개혁, 대항해, 계몽주의를 거쳐 근대적 시민국가를 이루는데 가장 충실한 역사적 역할을 다하였다.

헬레니즘의 세계주의는 유럽연합(EU)과 유엔(UN)의 이념적 틀로 작용하였고, 그리스어를 세계언어이자 공통언어로 사용한 헬레니즘의 언어 소통은 모든 지식을 그리스어로 번역하고, 이를 교육하고, 도서관을 세워 지식의 전승체계를 마련하였다.

그리고 현실적 실체로서는 쉽게 드러나지 않지만 인간의 존재목적을 행복으로 설정한 철학적 사유체계는 휴머니즘의 지향이 인간 자신이며, 인간의 존재이유도 인간에게 있다는 민주적 인간관을 만든 데 있다고 할 것이다. 이것이 어찌 보면 문명의 탄생에서 헬레니즘이 주는 가장 큰 역사의 선물일 것이다.

헬레니즘의 문화적 확장성은 페르시아, 북인도, 중앙아시아에 강력하게 미치었다. 그리스신화와 그것에 바탕한 다양한 신상들, 도시국가의 건축물들이 이 지역에 등장하였고, 그리스의 문명적 성취는 대략 3백여 년이 지나 월지족이 세운 쿠샨 왕조의 대승불교와 만나 새로운 불교 문화가 꽃을 피웠다. 문명의 역사에서는 이를 간다라예술이라고 부른다.

10
CHAPTER

로마문명,
변방의 역사가 만든 세계제국

로마문명은 문명사에서 변방이 세계의 중심으로 성장한 대표적
사례이다. 로마인들은 지중해 지역의 문화적 성취를 발판으로
주변을 로마시민으로 받아들이는 포용정책으로 유럽역사의 원
천을 만들었다.

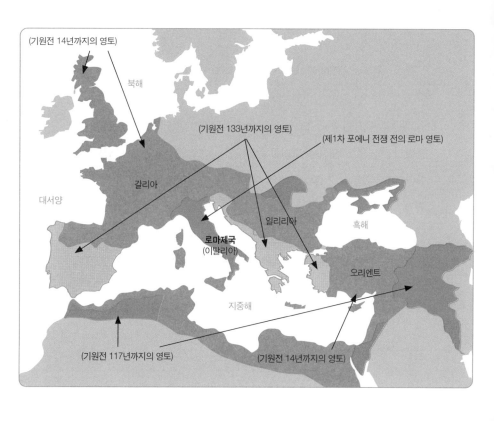

(기원전 14년까지의 영토)

북해

(기원전 133년까지의 영토)

(제1차 포에니 전쟁 전의 로마 영토)

갈리아

대서양

일리리아

흑해

로마제국
(이탈리아)

오리엔트

지중해

(기원전 117년까지의 영토)

(기원전 14년까지의 영토)

유럽문명의 원천은 오리엔트의 다원적 고대문명에서 시작하였으며, 거기서 싹이 터 한 그루의 나무로 탄생한 것이 그리스문명이라면, 이를 바탕으로 화려하게 꽃을 피운 것은 헬레니즘이고, 달콤한 열매를 맺은 건 로마라고 할 수 있다.

당시 지중해 지역에서 가장 낙후됐던 로마가 가장 강력한 세계제국을 만들 수 있었던 요인은 바로 개방적 자세에 있었다. 문명의 주체이며 중심인 세력은 시간이 흘러가고 문명의 공간적 범위가 확대되면서 참신하고 역동적인 초기의 모습은 사라지고 그저 기력 없고 볼품없는 늙은이로 전락한다. 이때 외부의 충격과 문명의 세례를 받는 변방이 성장하고, 권력과 지위에서 소외받은 비주류가 주류에 도전한다. 사회, 국가, 문명도 마찬가지이다. 변방과 비주류의 도전으로 구(舊)문명이 쇠퇴하고 신(新)문명이 등장한다. 로마가 바로 이러한 변방과 비주류 세력을 상징하고 대표한다.

 ## 로마의 발전과정

로마는 지리적으로 그리스와 헬레니즘의 변방이었다. 지중해 지역에서도 문명의 수준이 아주 낮았다. 그런데 시간이 지나면서 그리스와 헬레니즘의 문화적 수혜를 받으면서 점차 성장하였고, 작은 단위의 부족들이 통합을 거치면서 지중해문명의 주인공으로 발전하였다. 로마의 성장은 모든 문명의 창조가 우월한 지역에서만 일어나지 않고, 기존의 문명권에서 벗어난 변방과 낙후된 지역에서도 일어난다는 사실을 여실히 보여준다. 그래서 문명사적으로 비교하여 오늘날 미국의 문명을 로마문명의 재생이라고도 부른다.

로마는 오늘날 이탈리아 지역에서 일어난 작은 부족집단이지만 주변국가를 아우르면서 씨족사회 말기의 군사민주제에서 점차로 도시국가체제로 발전하였다. 그리고 처음으로 통합국가를 세우고 군주를 추대하는 왕정(王政)시대를 열었다. 시기는 대략 기원전 8세기에서 6세기 말까지이다.

주변 세력과의 투쟁과정에서 성장한 시민들이 국가운영의 주체로 들어서는 기원전 509년부터 기원전 31년까지를 공화정시대로 부른다. 시민들

【포로로마노】
로마의 시가중심지이다. 로마시민들의 시민민주주의와 공화정이 꽃을 피운 문명의 현장이다.

은 왕정과 귀족정에 대항하여 민회를 구성하고 법률의 제정과 실행을 주도하는 단계에 이르렀다. 몇 차례의 독재와 반동도 있었지만 왕정과 귀족정을 견제하는 민회의 성장은 막을 수 없었다. 견제와 균형이라는 공화정 체제는 로마정치의 특징으로 자리 잡았다.

로마문명 원형찾기 – 로마 건국신화, 로물루스와 레무스

그리스와 트로이 사이에서 벌어진 트로이전쟁에서 패한 아이네이아스는 부친인 안키세스와 함께 라티움으로 달아나 그곳에서 토착민과 싸우다 죽고, 아들인 아스카니우스가 알바롱가에 도시를 건설한다. 그 땅에서 15대왕이 지나 마지막에 내분이 일어나 누미토르 왕이 추방되고, 왕의 딸은 군신(軍神) 마르스와 결혼하여 쌍둥이인 로물루스와 레무스를 낳는다.

이에 참주인 아물리우스는 쌍둥이를 티베르강에 버리고 이리(늑대)가 발견하여 기르다가 양치기에게 양육되어 성장하였다. 둘은 성장하여 경쟁하다가 로물루스가 로마 최초의 왕이 되니 이때가 기원전 753년 4월 21일이다. 로물루스는 티티에스, 람네스, 루케레스 3부족을 10부족으로 구분하여 100명으로 이루어진 원로원을 구성하고, 로마는 로물루스의 6대 후계자에 의해 계승되다가 기원전 510–509년 사이에 왕정이 끝이 난다.

로마의 동서분리		
285년	**330년**	**395년**
※ 디오클레티아누스 황제 - 혼란(211-285)의 수습 - 제국의 동서 분리 - 4명의 부제(副帝)	※ 콘스탄티누스 황제 - 밀라노 칙령(313) - 니케아 공회(325) - 비잔틴 천도(330)	※ 테오도시우스 황제 - 아타나시우스파 정통(380) - 기독교 국교(392) - 제국의 영구적 분리(395)

유럽과 지중해를 거의 통일하던 시기에 로마는 황제가 통치하는 제정시대(帝政時代)로 돌입하였다. 시기는 기원전 30년에서 서기 476년까지이다. 로마의 황제정은 동아시아의 황제정과는 다른 시민국가의 황제였다. 로마의 5현제시대*에 로마문명은 그리스문명과 헬레니즘을 통합하고 로마의 독자적인 모습을 형성했다. 4세기경에 이르러 독일과 러시아 지역에서 서쪽으로 이동한 게르만족에 의해 로마의 통일제국이 분열되기 시작하였다. 서기 395년에 동로마와 서로마로 분리되었으며 476년에 서로마 제국이 멸망하면서 로마의 제정시대는 끝을 맺었다.

로마문명 자세히 보기 – 로마 5현제(五賢帝) 시대(96–180)

로마는 제국의 첫 번째 황제였던 옥타비아누스 사후에 티베리우스(14–37), 가이우스(칼리굴라, 37–41), 클라우디우스(41–54)를 거쳐, 세네카의 제자인 네로(54–68)가 뒤를 이었고, 68년에 네로의 폭정을 반대한 군인들의 봉기가 일어나 황제가 죽고 첫 번째로 혈통단절이 일어났다.

이에 따라 69년에 4명의 장군들이 황제를 차지하고자 전투를 벌여 69년에 이집트의 장군인 베스파시아누스(69–79)가 황제가 되었다. 이때에 유대인들은 예루살렘에서 반론을 일으켜 마사다에서 최후의 저항을 하였고, 티투스(79–81)의 재위 중에 폼페이 최후의 베수비우스 화산 폭발이 일어났고, 도미티아누스(81–96)는 원로원에 의해 암살되면서 황제의 혈통이 또다시 단절되었다.

원로원은 네르바(96–98)를 황제로 추대하였고, 뒤를 이어 트라야누스(98–117), 하드리아누스(117–138), 안토니우스 피우스(138–161), 아우렐리우스(161–180)가 계승했다. 로마 역사에서는 이를 5현제시대(96–180)라고 부른다.

5현제시대는 팍스 로마라고 불리던 평화의 시대였다. 트라야누스(98–117)는 알리멘타(Alimenta)라고 부르는 사회복지정책을 추진하였고, 제국에 대한 행정감찰과 회계감사를 철저하게 실시했으며 파르티아를 공격하고 돌아오던 중 사망했다.

하드리아누스(117-138)는 정복활동을 중지하고 로마 속주(屬州)에 대한 개혁을 추진하였고, 안토니우스 피우스(138-161)는 영국의 속주를 넓히는데 주력하였다. 이어 등장한 마르쿠스 아우렐리우스(161-180)는 파르티아를 정벌하던 중 페스트의 창궐로 대부분의 군대를 잃었고 게르만의 침략에 맞서 북벌을 하다가 전사하였다.

아우렐리우스의 아들인 콤모두스(180-192)는 방탕한 군주로 친위대에게 살해되자 다시 내전이 일어나 아프리카 출신의 대장인 세베루스(193-211)가 승리하여 군사독재를 실시하였다. 그는 영국의 반란을 평정하다가 요크에서 전사하였고, 카라칼라(211-217)는 공포정치를 실시하다 군인들의 반란으로 살해되었다. 그의 업적은 212년에 실시한 로마의 시민권을 무제한으로 확대한 정책이었다. 그렇지만 로마는 사산조 페르시아와 게르만족이라는 2개의 강력한 적과 만났으며 이른바 군인황제시대(235-285)라는 위기를 극복하기에는 너무나 빠르게 쇠퇴하는 제국이었다.

로마문명의 원천

하나의 문명이 시대정신을 구현하면, 그 문명의 다음 문명이 이전 문명의 성과를 이어받으면서 새로운 문명을 꽃피운다. 로마문명이 여기에 해당된다. 또 다른 사례는 기존의 문명과는 다른 차원의 성격을 지닌 문명이 이웃 또는 다른 지역에서 시대정신을 구현한다. 중남미문명이 이에 해당된다.

로마문명은 지중해와 오리엔트에서 발생한 여러 문명의 결집체이다. 메소포타미아와 이집트문명이 큰 뿌리라면, 페니키아, 히타이트, 히브리문명이 작은 가지이다. 그리스문명과 헬레니즘은 줄기이다. 이런 요소들이 결합하여 지중해 유역을 500여 년간 지배하였고, 동로마를 포함하면 1천 년의 시간을 더해 유럽의 문명을 유지해갔다.

로마는 오리엔트의 아시리아와 페르시아 제국으로부터 통일국가와 황제정의 노하우를 계승하였으며 헬레니즘의 황제정이 갖는 문제점을 견제와 균형이라는 시스템으로 보완하였다. 그리스문명은 로마에게 신화, 철학, 의학 등의 문화와 시민정치라는 민주제도를 전해주었다. 또한 헬레니즘의 세계주의는 로마가 지배하는 모든 인민은 로마시민이라는 개방적이고 융합적인 정치제도를 만드는 토대로 작용했다.

로마의 선물, 공화정과 시민권

로마문명은 지중해 연안에서 일어난 그리스 문화, 헬레니즘, 히브리즘이 시대순으로 결합한 지중해문명의 총합이다. 또한 서로마는 오늘날 서유럽의 모태이며, 동로마는 동유럽의 연원이다.

로마문명의 가장 위대한 정치적 유산은 바로 견제와 균형을 통해 권력의 집중과 분산을 도모한 공화주의에 있다고 볼 수 있다. 로마인들은 그리스의 자유로운 직접민주제가 갖는 대중 영합주의와 헬레니즘이 갖는 세계주의의 자유분방한 원심력을 보완하는 측면에서 권력을 나누고 견제하면서 통합의 구심체로서 세습적이고 비세습적인 황제권을 통해 유럽 세계를 지배하였다.

근대에 계몽주의자 몽테스키외는 《법의 기원》에서 그리스 민주정과 로마의 공화정을 바탕으로 입법, 행정, 사법이 서로 견제하고 균형을 맞추는 3권 분립의 정치원리를 제시하고 이를 기반으로 근대 시민국가의 민주공화제 정치이념을 제시하였다.

다음으로 로마를 세계제국으로 만든 원천이자 민주주의 원리에 가장 큰 영향을 준 제도는 바로 시민권을 들 수 있다. 시민권의 개념은 그리스의 민주정에서 비롯되었지만 그리스 민주주의는 그리스시민에게 한정된 폐쇄적인 범위의 시민 권한이었다. 그런데 로마는 제국으로 확산하는 과정에서 노예조차 시민이 될 수 있는 시민권의 개방을 통해 로마시민의 가능성과 미래를 제시하였다. 개방성과 포용성을 바탕으로 하는 로마시민권의 힘이었다. 현대에 세계 문명의 중심으로 자리를 잡은 미국은 로마의 개방적 시민권이 재현된 현대사의 올바른 방향이라고 할 수 있다.

로마, 기독교를 세계종교로 만들다

로마문명의 원천은 그리스였다. 특히 그리스 신화는 로마의 정신세계를 형성하였다. 로마 신화는 그리스 신화의 복사판이자 해적판이고 교묘한 명칭 바꾸기에 불과하였다. 그리고 이것은 로마사회의 전통성에 기반 한 기득권 문화의 하나였고, 어디까지나 로마인을 포용하는 로마인의 세계관에 국한된 것이었다. 한마디로 로마의 뿌리와 역사를 강조하는 상고주의의 대표적 산물이라 하겠다. 문명의 뿌리가 오래되었다는 자부심의 원천으로 상징되는 중국문명의 3황5제 전설과 같은 이치이다.

기독교는 히브리 전통이다. 로마에서 생산된 문명도 아니고 사유체계
도 아니고 로마에 저항하는 피지배세력의 저항종교이다. 기독교를 창시한
예수 자신이 로마의 핍박 아래 십자가에 손발이 못 박혔고, 수많은 기독교
인들이 하느님의 약속과 예수님의 대속(代贖)을 믿는다는 이유만으로 순교
하였다. 그런데 이 기독교가 로마의 종교가 되고 유럽의 종교가 되고 세계
의 종교로 거듭났다.

기독교 초기 신학이론		
유스티누스(100-165)	플로티누스(205-270)	아우구스티누스(354-430)
그리스도는 전체 로고스이다	믿음은 본질의 유출이다	진리는 인간의 내면에 있다
※ 플라톤의 기독교적 해석 ※ 교부 철학의 아버지	※ 신플라톤주의의 완성자 ※ 완전 존재로 자성회귀	※ 외부는 불완전한 인간의 사유 ※ 신의 목적은 신국(神國)의 건설

로마는 그런 기독교를 국교로 받아들였다. 이유는 두 가지를 들 수 있
는데 하나는 주변 여러 세력을 하나로 엮은 세계국가인 로마의 시민들을
하나의 구심체로 만들 수 있는 종교사상이 필요했다. 그것은 로마의 전통
이 아닌 보편적 세계를 지향하는 종교사상이어야 했다. 그것이 변방의 식
민지인 히브리의 보편적 종교인 기독교였다. 기독교의 대속과 구원은 모든
민족에게 동일하게 적용되는 보편적 종교를 지향하는 이념이었다. 그리고
그리스와 로마 신화의 최고신은 기독교의 하느님과 같은 이데아적 초월신
이다. 따라서 로마 신화의 신성성은 기독교 유일신으로 전환될 수 있었다.

【베드로성당】

로마 바티칸시국에 소속되어 있는 베드로성당은 로마에서 기독교의 수난과 박해, 그리고 공인과 발전의 역사를 담고 있다.

이처럼 로마문명이 유럽과 세계에 준 가장 큰 선물은 세계종교 기독교의 공인과 발전, 그리고 전파였다.

1) 밀라노 칙령(313년)	콘스탄티누스 황제(306-337)의 기독교의 공인
2) 니케아 공회(325년)	아타나시우스(Athanasius, 295-373) 3위일체론
3) 비잔틴 천도(330년)	그리스 지역에 기독교 도시국가 건설
4) 기독교 국교(392년)	테오도시우스 황제(Theodosius, 379-395)의 국교화

로마, 도시의 곳곳에 숨쉬는 세계시민

로마에 가면 로마의 법을 따르라, 로마는 하루아침에 이루어지지 않았다, 모든 길은 로마로 통한다. 이런 말들이 여전히 통용되고 유행한다. 많은 사람들의 입에서 입으로, 글에서 글로 이어진다. 이러한 생존력은 로마가 갖는 역사적인 무게와 문명사적인 각인 때문일 것이다. 유럽인들에게 로마는 아테네와 더불어 자신들의 문화적 뿌리, 자존감의 원천으로 삼으려는 결핍의 보충제, 열등감의 보완제로 보인다. 굳이 좋게 표현하자면 이들 도시 문명이 보여준 여러 가지 측면의 보편성을 계승하려는 몸짓이라고 애써 긍정해도 좋을 듯하다. 오늘날 유럽인들은 이들 두 도시를 그리스인의 아테네, 이탈리아인의 로마가 아닌, 유럽인의 도시, 세계인의 도시라는 관점에서 본다. 어느 특정한 국가의 도시가 아닌, 인류 모두의 도시로 보는 것, 이것이 인류 문명의 역사를 쓰고, 배우고, 이해하는 이유이다.

로마는 이탈리아의 수도이며, 세계 가톨릭의 성지이다. 세계 역사에서 본다면 번영하였던 고대도시의 경우 국가의 소멸과 더불어 대부분이 쇠락하거나 작은 도시로 축소되고, 변방의 마을이 되었거나 파괴되어 흔적조차 없는 존재가 대부분인데, 로마는 그런 면에서 과거의 영광과 위세를 그대로 간직한 도시로 명맥을 이어가고 있다는 점에서 매우 특이한 문명사적 사례라고 하겠다. 로마와 같이 고대와 중세, 근현대에 이르기까지 일관되게 도시의 명맥을 유지하는 경우는 2천여 년의 세계사에 찾아보기 힘들다. 로마가 예전부터 현재에 이르기까지 문명도시의 영예와 자존감을 가질 수 있었던 것은 이 도시의 전통성이 유럽문명의 기둥인 동시에 기독교의 세계화와 깊은 관련성을 가지고 있기 때문이다.

기원전 8세기경에 등장한 로마는 지중해문명권에서 본다면 변방의 변방, 시골의 시골에 불과한 작은 마을이었다. 존재감조차 없었던 라틴족이 처음 거주한 곳은 오늘날 로마라고 부르는 7개 언덕 동굴 거주지였다. 이들이 언덕에서 내려와 습지에 자리 잡고, 들판을 지나 평원을 가로지르며, 이탈리아 반도를 장악하는 순간에 로마는 그리스와 마케도니아를 계승하는 지중해 패권국가의 중심지로 성장하였다. 이 순간에 도시 로마(rome)는 제국 로마(Rome)로 거듭났다.

로마는 서기 전후하여 로마 제국의 전성기에 지중해문명권의 중심이었다. 이집트와 메소포타미아, 오리엔트와 페르시아, 그리고 그리스 문화와 기독교가 로마의 바다에 합류하여 보편적 로마 문화로 재탄생하였다. 원형경기장에서는 로마시민들이 자유롭게 검투사들의 경기를 지켜보았고, 공중목욕탕은 먼 곳에서 수도교(水道橋)를 통해 수송된 수돗물이 무한으로 배급되었고, 시민들이 토론하고 협상하고 정치를 논의하는 장소로 활용되었다. 도시 곳곳이 살아 숨 쉬는 생명체로 기능하였다. 지금으로부터 2천 년 전의 로마가 이러했다.

기독교가 공인된 이후 로마의 수도가 비잔틴으로 옮겨지고, 5세기경부터 파도처럼 밀려온 게르만족의 침입으로 로마는 완전히 폐허가 되었다. 인류문명의 위대한 유산은 잿더미와 함께 역사 속으로 사라진 듯 보였다. 서기 8세기경에 기독교로 개종한 프랑크는 서유럽 전역을 거의 정복하고 로마주교는 중부 이탈리아를 교황에게 선물하였다. 로마주교는 정치적으로 로마계승권을 프랑크 왕국, 그리고 나중에는 신성로마제국에 부여하고, 자신은 교황의 자격으로 서유럽을 정신적으로 지배하게 되었다. 이때부터 로마는 중세의 세계도시로 부활하여 모든 기독교인들의 성지로 거듭났다. 도시 로마는 근대에 이르러 이탈리아의 수도로, 교황이 머무는 바티칸시국이 위치한 도시로, 로마 제국의 영광이 숨 쉬는 로마로 계속 성장하고 발전했다.

고대 로마와 근대 로마는 문명사에서 몇 가지 화려한 발자취를 남겼다. 우선은 도시건축이다. 로마 제국이 지배한 유럽의 여러 곳에서는 도시 로마가 도시설계의 표본이었고, 로마건축이 도시의 거리를 장악하였다. 특히 교회건물, 정부건물, 공공건물 등은 로마건축이 주인자리를 차지하였고, 르네상스 이후에 교회와 정부건물, 도시의 거리 앞에 펼쳐진 광장은 시민들이 토론하고 회합하는 공회당으로 기능하였다. 프랑스 계몽주의자인 몽테스키외는 도시 로마를 방문하고 로마공화정의 정치제도를 바탕으로 3권 분립이라고 부르는 근대정치이념을 수립하였다.

르네상스 시기에 북이탈리아 도시국가의 예술가들은 건축과 회화와 조각의 원천적인 영감을 구하려고 도시 로마를 찾았다. 도시 로마는 이들이 꿈꾼 이집트, 메소포타미아, 오리엔트, 그리스의 여러 요소들을 품고 있는 땅이었다. 다른 모든 지역이 이슬람의 지배 속에 있었지만 로마는 기독교 세계의 사람들에게는 통행과 거주가 자유로운 도시였다. 르네상스와 계몽시대의 모든 유럽의 예술과 문학작품, 과학과 기술의 샘물은 도시 로마라고 하여도 틀림이 없었다. 지중해의 모든 문명은 로마로 흘러 들어왔고, 나중에는 모두 이곳에서 흘러나가 근대유럽을 탄생시켰다.

로마와 한 제국, 두 제국의 발전과정

로마와 진한 제국(秦漢帝國)은 거의 같은 시대에 동양과 서양을 대표하는 제국이었다. 먼저 로마는 기원전 8세기–6세기에 '왕정시대'를 거쳐, 기원전 509–기원전 31년까지 공화정시대, 기원전 30–서기 476년까지는 황제정 시대로 발전하였다. 로마가 위치한 지중해 연안은 본래부터 그리스문명이 발전하였으며, 지중해를 감싸 돌며 세계 4대 문명의 2대 조류인 이집트 나일강문명과 메소포타미아문명이 위치하였다. 따라서 로마는 그리스–헬레니즘의 문화의 세례를 바탕으로 메소포타미아–나일강문명을 흡수하여 서양문명의 주요한 뼈대를 형성하였다.

진나라는 원래 산동성 유역에 거주하던 동이족이다. 이들은 동이족의 문화지표인 태양숭배와 새 토템, 난생 신화를 지닌 민족으로 상(은)나라와 주나라의 전쟁에서 같은 동이족을 지원하였다가 전쟁에 패해 오늘날 황하 상류로 강제이주 당하였다. 그곳에서 목축을 중심으로 춘추시대(BC 771년)에 중국 역사의 무대에 등장하였고, 상앙, 한비자 등 법가사상을 기반으로 강력한 법치와 무력을 통해 혼란했던 중원의 전국시대를 통일하고 황하문명의 주도권을 장악하였다. 그러나 진나라는 만리장성의 축조, 유학자들에 대한 지나친 핍박(분서갱유) 등으로 15년 만에 망하고, 통일제국의 성과는 한나라로 돌아갔다.

로마와 한 제국, 두 세계는 무엇이 같은가

로마와 진·한 제국은 동방과 서방이라는 지리적 위치가 달랐지만 상당한 부분에서 동일한 점이 여러 가지 존재하였다.

동일성을 찾는다면, 첫째로 통일제국을 형성하였다. 로마의 통일제국은 페르시아–마케도니아의 통일사상을 계승한 것이며, 한나라의 통일제국사상도 진나라의 통일제국 전통을 이은 것이다.

두 번째, 중앙집권제를 추구하였다. 로마는 정복한 속지에 총독을 파견하여 간접 지배하였고, 진나라와 한나라는 군현제를 통해 황제가 지방에 장관인 태수를 파견하여 다스리게 하였다.

세 번째, 법과 제도를 통해 통치하였다. 로마와 진·한 제국은 도덕, 철학, 종교와 같은 이념으로 다스리기보다는 엄격한 법률과 제도를 통해 제국을 다스렸다.

네 번째, 상업, 교역의 촉진과 중앙과 지방의 효율적인 통치를 위해 도로망을 정비하고, 화폐와 도량형을 일치시켰다. 이는 동방과 서방에 통일제국이 지속적으로 등장하는데 큰 역할을 하였다.

마지막으로 동시대성이다. 로마와 진·한 제국은 대략 400년 정도의 전성기를 유지하면서 동방과 서방을 대표하였다.

# 로마와 한 제국, 두 세계는 무엇이 다른가

로마와 진·한 제국은 영향 받은 문명의 속성이 각기 달랐기 때문에 같은 제국이 지닌 동일성이 있는 반면에 차이점도 분명하였다. 주요한 것만 간추리면 다음과 같다.

첫째, 진·한 제국은 황제권이 절대성을 갖는 전제군주제=왕정이었으며, 로마는 시민들의 권력과 자유권이 발달한 공화제였다.

둘째, 진·한 제국은 내륙의 중심부인 황하 유역을 중심으로 성장하였으며, 로마는 지중해를 발판으로 제국으로 발전하였다. 따라서 진·한 제국이 농업적 성격이 강한 제국이었다면, 로마는 교역과 상업이 골고루 유지된 무역 제국이었다.

셋째, 진·한 제국은 폐쇄적 성향이 강한 반면 로마 제국은 개방성이 돋보이는 사회였다. 그런데 진·한 제국의 문화는 후대에 지속적인 계승이 이루어진데 반해 로마 문화는 후대의 계승성이 약하였다. 이는 진·한 제국이 폐쇄성이 큰 반면에 독자적으로 이룬 문명이었고, 로마는 외부에서 수혈 받은 문화를 독자적으로 융합하는데 따른 문화역량이 부족한 데서 비롯된 차이였다.

넷째, 진·한 제국은 중원 지역이라는 단일한 지역에 기반을 두었지만, 로마 제국은 유럽, 소아시아, 오리엔트, 북아프리카(나일강문명)에 이르는 다지역 제국이었다. 따라서 진·한문명은 통일성이 강한 반면에 로마문명은 복잡하고 지속성이 약하였다. 이를 극복하기 위한 것이 그리스 신화의 로마식 변용이며, 그리스도교의 공인이었다.

로마와 한 제국이 인류사에 끼친 영향

진·한 제국은 동아시아 중원 지역의 제1차 문화폭발시대였다. 진·한 제국의 문화폭발은 1) 유교중심주의(파출백가 독존유술), 2) 중국 한족의 통일성 형성, 3) 중화문명의 일체성이 확립되는 시기였다. 또한 중화사상의 시원으로 주변국과 중원을 2원적으로 구분하고 조공책봉제도라는 정치시스템으로 국제질서를 주도하는 계기가 되었다. 그리고 군현제에 의한 중앙집권제도는 동아시아 국가체제의 기본제도로 발전하였다.

로마 제국의 역사문화적 유산은 1) 유럽세계의 역사적 정통성을 상징하는 국가로 상징되며, 2) 그리스도교의 공인으로 단일화 된 유럽사회를 이루게 하는 밑천이었으며, 3) 지중해세계의 방파제로 오리엔트의 도전을 막았으며, 4) 그리스-헬레니즘문명을 받아들여 보편적 문화로 일반화 시켰으며, 5) 유럽문명이 종교적, 문화적 통일성-단일성을 이루는 바탕이 되었다. 이것이 로마가 후대의 역사에 끼친 영향이다.

로마는 지중해 문명권의 마지막 역사를 장식하면서도 모든 유럽역사의 출발점에 있었다. 그것이 로마문명의 힘이라 하겠다. 세계제국의 대부분이 강력한 군사력을 바탕으로 하는 정복전쟁과 무력에 의한 지배력에 두었는데, 로마는 군사력과 정복전쟁이라는 일반적 제국의 모습을 넘어 지중해문명을 융복합하고 이를 바탕으로 유럽의 정신적, 물질적, 정통성을 지배하였다. 로마는 역사에서 사라졌지만, 그들이 남긴 문명의 유산은 여전히 살아 숨 쉬는 현재라고 하겠다.

현재의 유럽을 만든 3대 종족		
게르만족	**슬라브족**	**노르만족**
서유럽사회의 형성 로마가톨릭 세계	동유럽사회의 형성 그리스정교(동방정교)	북유럽사회의 형성 프로테스탄트(개신교) 중심

11
CHAPTER

불교문명권,
보편적 세계종교의 가능성

인더스문명과 갠지스문명의 영향으로 탄생한 불교는 신분과 계급을 중시하는 인도전통을 탈피하고 보편적 민중종교의 사상으로 인도를 벗어나 동아시아 전역으로 전파되어 세계종교로 발전하였다.

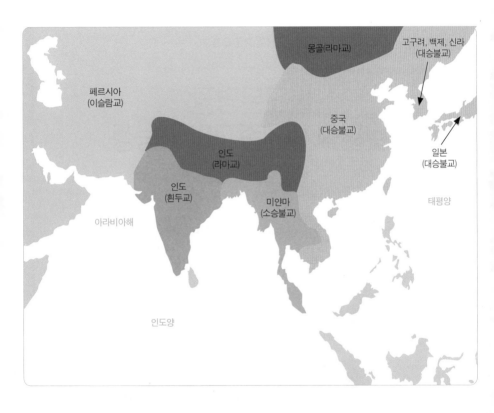

세계 문명의 역사에서 구석기 후기에 시작된 인지혁명은 문명의 씨앗을, 기원전 7천년에서 8천년경에 일어난 농경혁명은 인류 문명의 싹을 틔웠다면, 기원전 7세기에서 5세기경에 일어난 철기시대의 중앙집권적 고대국가의 형성은 인류 문명의 줄기를 만들었다. 이때의 문명사적 의미를 독일의 실존주의 철학자 야스퍼스는 인류 문명의 뼈대가 만들어진 추축시대(樞軸時代)라고 일컬었다. 그리고 불교는 추축시대를 상징하는 종교사상이다.

오늘날 인도와 네팔에서 시작된 불교는 중앙아시아, 동남아시아, 동북아시아 지역으로 퍼져나가 세계종교로 자리 잡았다. 이들 지역에서 불교가 정치·경제적 조건, 역사·문화적 배경, 토착종교와의 공존, 융합 등의 과정을 거쳐 하나의 거대한 종교현상으로 대표성을 갖게 된 근본적인 요인은 불교가 갖는 종교문화적 보편성과 인류가 안고 있는 삶과 죽음에 대한 근원적인 불확실성을 궁구한 존재론적 성찰에 있다.

불교는 고대와 중근세에 주로 동아시아 지역에서 위력을 떨쳤으며, 근대에 이르러 유럽과 북미로 전파되어 세계종교로 발전하였다. 근대 이전의 불교는 동아시아에 전파되어 이 지역의 역사와 문화에 지대한 영향을 끼쳤다. 그런데 보편적 종교인 불교는 지중해와 오리엔트로 진출하지 못하였다. 그것은 이 지역이 불교 문화의 수준과 견줄 수 있는 페르시아 종교인 조로아스터교의 영향이 오랫동안 지속되었고, 그 후에 들어선 기독교 문화권과 이슬람 문화권의 형성으로 강력한 방어벽에 막혔기 때문이다.

【영축산과 칠엽굴】

싯다르타가 깨달음을 얻고 처음으로 불법을 설파한 영축산과 붓다의 가르침을 경전으로
만든 제1차 결집의 장소인 칠엽굴

 **불교의 3대 문화권 형성**

동아시아에서 형성된 불교는 시기와 지역에 따라 크게 소승불교권, 대승불교권, 티벳불교권으로 나눌 수 있다. 소승불교는 불교를 최초로 공인한 마우리아 왕조의 아소카 이후 오늘날 동남아로 확산되었다. 이때 서쪽의 오리엔트에는 마케도니아의 헬레니즘문명이 꽃을 피우고 있었기 때문에 진출하지 못하였다. 소승불교권은 이슬람이 동남아시아에 진출하면서 범위와 영향력이 축소되어 지금은 미얀마, 태국이 중심을 이루고 있다.

초기 불교의 주요한 이론					
12연기 (十二緣起)	4성제 (四聖諦)	오온 (五蘊)	팔정도 (八正道)	삼법인 (三法印)	업과 윤회
연기법	고집멸도	생명과 인간의 존재방식	멸(滅)하는 8가지 방법	제행무상 제법무아 일체개고	무명, 무자성 열반적멸

대승불교는 2-3세기경 쿠샨 왕조 지역에서 일어난 대중적 불교운동의 산물이다. 이때는 페르시아 지역에서 조로아스터교가 크게 일어나고, 인도 북부에서는 힌두이즘이 번성하기 시작하던 시기였다. 조로아스터교와 힌두교라는 거대한 종교의 압박에 부딪쳐 대승불교는 새로운 돌파구를 찾아 실크로드를 거쳐 중국, 한국, 일본으로 전파되었다. 5세기경부터 14세기경까지 대승불교는 동아시아 지역에서 정치적, 문화적, 사회적 지배력과 영향력이 절대적이었다. 그 후 대승불교의 중심지였던 중국과 조선은

주자성리학이 위력을 떨치면서 그 영향력이 약해졌고, 일본은 토착종교인 신도에 불교가 습합되면서 형식적인 불교만 남았고 실제적인 종교현상은 신도로 나타났다.

전륜성왕 불국토	약사불 유리세계	아미타불 극락세계	미륵 상생-하생신앙
마군(魔軍)을 물리치는 32상 89종호의 성왕	모든 재액과 병을 낫게 해주는 동방 약사불	지옥의 중생도 구원하는 서방 아미타불	도솔천의 미륵보살이 중생을 구원한다는 신앙

인도 지역에서 발생한 불교는 정작 본토에서는 영향력이 거의 사라졌다. 6-7세기경에 이르러 인도는 힌두교가 강하게 발흥하였고, 10세기경부터 근대에 이르기까지는 이슬람교가 지배하였다. 이러한 지정학적, 역사적 요인으로 인해 불교는 인도에서 일어날 수 있는 마지막 토양이 사라졌다. 이때 불교사상의 한 측면인 밀교가 티벳 고원으로 전파되었다. 소승불교와 대승불교는 깨달음의 방식이 현교(顯敎)라면 티벳불교는 밀교(密敎)이다. 티벳불교는 13세기 원나라와 청나라에서 영향력이 컸지만 지금은 티벳 지역에 국한되어 그 명맥을 이어오고 있다.

불교문명 원형찾기 – 진정한 유토피아는 적멸의 상태

초기 불교에서 현실은 고(苦)의 집적이며, 궁극적인 해탈은 열반이다. 따라서 진정한 유토피아는 감각과 존재가 없는 적멸(寂滅)의 상태이다. 하지만 《미란다왕문경》, 《유마힐경》에 의하면 현실은 없음(非有)이 아니라 있음(有)인데, 없음을 추구하는 것이 어떤 의미인지 되묻고 있다.

그 후 용수(龍樹)는 비유(非有)인 공(空)과 유(有)인 색(色)의 세계는 동전의 양면과 같은 중도(中道)를 말하였다. 이때 생겨난 대승불교는 현실이라는 고(苦)의 세계에서 고를 벗어난 보살도를 추구하였는데, 이러한 경지의 세계는 바로 전륜성왕이 이룩하는 불국토(佛國土)이고, 약사불이 주재하는 유리세계이고, 아미타불이 상주하는 극락세계이고, 미래불이 예언하는 미륵(彌勒) 상생(上生)-하생(下生)의 땅이다.

🚢 불교의 발생배경

불교는 인도의 정반국에서 태어난 고타마 싯다르타가 유한(有限)한 생명체가 벗어나지 못하고 있던 생로병사(生老病死)의 윤회(輪廻)라는 순환고리를 끊고 영원한 생명을 얻는 대각(大覺)을 기반으로 성립한 자아해탈(自我解脫)의 종교이다.

인도에서는 기원전 2,500년부터 인더스강을 중심으로 농업문명을 일으킨 아리안족의 브라만교(婆羅門敎, 바라문교)가 4성제(四姓制: 카스트제도)를 바탕삼아 계급사회를 유지하고 있었다. 카스트제도는 전생의 업과 현생의 토지소유에 따라 종교적 권위를 지닌 상층계급인 브라만(婆羅門, 바라문), 정치군사적 권력을 지닌 크샤트리아(刹帝利, 찰제리), 생산노동자인 바이샤(吠舍, 폐사), 그리고 하층 노예계급인 수드라(首陀羅, 수다라)로 신분이 나뉘어 계층간의 이동이 허용되지 않는 사회제도이다.

기원전 7세기에서 5세기경 철기시대에 쟁기와 소를 이용한 우경(牛耕)이 보편화되면서, 인도에서는 잉여생산물의 교환을 통해 부(富)를 축적한 신흥 농업-상업 세력들이 토지소유에 의해 규정된 카스트제도를 대체하는 새로운 혁신이념을 추구하였다.

당시 인도에는 평등을 추구하는 새로운 종교이념으로 자이나교와 불교가 있었지만 자이나교는 나체를 주장하고 지나친 금욕주의를 내세워 새로운 지주계급의 지지를 얻지 못한 반면 보편적인 평등(平等)과 적절한 금욕을 추구하는 불교이념은 농업 세력과 상업 세력을 지지기반으로 삼아 급속하게 인도 전역으로 전파되었다.

아육왕(阿育王)의 기념석주(石柱)

불교는 인도의 마가다국과 구살라국(코살라국)을 중심으로 겐지스강을 따라 인도의 전역에 전파되었으며 부처의 열반 이후 200여 년이 지난 기원전 3세기에 이르러 역사적 전환점을 맞이한다. 당시 지중해 연안의 그리스 지역은 상업문명을 일으킨 도시국가들이 교역대상을 넓히고자 대대적인 정복전쟁에 나섰으며 그 대상이 이집트와 북부 아프리카를 넘어 인도에까지 미치게 된다.

마케도니아의 알렉산드로스(BC 336-323)는 기원전 334년에 그리스 전역을 통일하고 기원전 331년에는 동방의 강대국인 페르시아의 다리우스 3세(BC 336-330)를 고가메라 전투에서 격파하고 페르시아 패잔군을 뒤쫓아 인도 북부까지 진격하였다. 기원전 326년에 알렉산드로스는 인더스강 상류인 간다라 지역을 정복하고 겐지스강을 지나 중인도로 진격하였다.

이때 인도의 마가다 국왕 프랏시는 찬드라굽타(月護:월호, BC 321-285)를 총대장으로 삼고 보병 200만, 기마병 8만, 전차 8천대, 코끼리부대 6천을 이끌고 마케도니아 군대와 맞섰다. 알렉산드로스는 승산이 없다는 판단으로 기원전 325년에 회군을 했고, 총사령관 찬드라굽타는 병권을 이용하여 군사반란을 일으켜 마가다 왕국을 무너뜨리고 마우리아 왕조(孔雀國, 공작국)를 세운다.

손자인 아쇼카 왕(阿育王: BC 269-232)은 불교의 전파를 위해 이교도 지역인 인도의 전역을 통일하고 부처님의 성지(聖地)에 8만4천 개의 기념탑을 세운다. 이것이 아쇼카 왕 기념석주이다. 현재 14개가 남아 있는 기념석주는 불교예술의 근간을 이룬다. 기념석주는 높이가 12m-21m에 이르고, 기단의 직경이 90cm-125cm나 되는 거대한 원형 돌기둥이다. 석주의 꼭대기에는 인도인들이 성스런 짐승으로 받들고 있는 사자, 황소, 코끼리를 조각하였다. 현재 14개의 석주 가운데 5개는 꼭대기가 파괴되어 어떤 동물이 조각되어 있는지 알 수 없고, 남아 있는 것은 사자 7개, 코끼리 1개, 황소 1개이며 석주기둥의 양식은 페르시아의 문화전통 방식이다. 이는 알렉산드로스에게 패퇴하여 북인도로 피난 온 페르시아인들이 마우리아 왕조의 판도에 흡수된 후 인도 통일과정에 참여하였다는 역사적인 사실을 반증해주는 기념물이기도 하다.

# 수투파(塔)와 고사도(故事圖)의 탄생

부처님이 열반(涅槃, 해탈=解脫, 성불=成佛)한 이후 육신을 화장하자 8섬 4말의 사리(舍利, Sarira)가 나왔는데, 8국의 대왕들이 서로 차지하려 다투자 향성바라문의 중재로 8등분하여 각각의 나라에 사리를 봉안하는 수투파(塔婆:탑)를 세웠다.

초기 불교경전인 《아육왕전》에 따르면 인도를 통일한 아쇼카 왕은 8개의 탑파에서 사리를 다시 8만4천 개로 나누어 인도 전역에 수투파를 세웠다고 전하지만 현존하는 불탑은 발견되지 않고 매우 작은 수투파만이 발견되었다. 이로 미루어 볼 때 아쇼카 왕 시대에는 탑파 문화가 크게 유행하지 않았던 것으로 추정된다.

마우리아 왕조 다음에 일어난 슝가 왕조(BC 184~72) 시기에 이르러 대규모, 대량의 탑파가 세워지는데 어떤 경우에는 아쇼카 왕 시대의 탑파 위에 세워진다. 이때는 기념석주와 같은 조형물은 나타나지 않는다. 이는 불교 문화가 기념석주와 같은 조형물에서 탑파 문화로 성격이 변한 것을 의미하며, 이것은 부처님이 인간적인 철인(哲人)에서 종교적 신앙의 대상인 신(神)으로 승격되고 있음을 반영한다.

탑파는 15m 정도의 높이에 기단의 직경은 35m에 이르는 거대한 조형물로, 주변에는 높이 3m의 난간을 세우고, 높이 7m의 탑문을 설치하여 탑파의 장엄미를 높였다. 오늘날 탑의 문화가 여기에서 비롯되었다.

탑문에는 불타의 전생사(前生事)를 전하는 본생도(本生圖)와 현생의 이야기를 다룬 불전도(佛傳圖)를 부조(浮彫:돋을새김)로 장식하였다. 대표적인 스투파는 바르후트 대탑과 산치 대탑으로, 이곳의 부조에는 부처의 얼굴이 나타나지 않고 불좌(佛座)나 녹야원의 설법을 상징하는 니구류 나무가 표현되어 있다. 그것은 불타의 모습을 인간적인 모습으로 나타내는 것을 불경스런 금기로 여기는 당시 불교 전통 때문이었다.

불상(佛像)의 출현과 간다라예술

상업 세력이 번성하였던 간다라 지역과 마투라 지역은 일찍부터 인도의 세계 밖에 서방세계와 동방세계가 존재한다는 인식이 널리 퍼졌다. 이런 지리적 인식과 세계관의 변화는 자신만의 해탈을 꿈꾸는 소승불교의 쇠퇴와 함께 대중부(大衆部)를 구성하는 대승불교의 탄생을 가져왔다.

현재의 북인도, 파키스탄 지역인 간다라는 알렉산드로스의 동방원정 이래 그리스의 식민지로 그리스의 깊은 문화적 영향을 받은 곳이다. 총독 디오도투스(Diodotus)는 그리스의 지배를 벗어나 박트리아 왕국(大夏: 대하, BC 255~139)을 세워 독립적인 정치세력을 형성하였다.

이때 간다리 지역은 박트리아가 두 개의 왕국으로 나뉘어져 다투었지만 마우리아 왕조 이래 전파된 불교의 영향을 받아 그리스 계통의 사람들은 불교를 숭배하였으며, 《미란다왕문경》이란 불경이 전해지는 그리스 계통의 미라다 왕 시기에 불교는 간다라 지역에 더욱 단단히 뿌리를 내리게 된다.

기원전 1세기경에 실크로드에 거주하던 월지족(月支族)이 흉노의 압박을 받아 간다라 지역으로 이동하여 박트리아 왕국을 무너뜨리고 쿠샨 왕조를 세웠다. 카니스카 왕(128–178)은 아소카 왕의 뒤를 이어 불법을 일으켜 불국토를 세운다는 전륜성왕을 표방하며 대대적인 불타의 형상을 조성하기 시작하였다. 이것이 불상 출현의 기원이다. 간다라 지역은 오랫동안 그리스 문화의 영향을 받아 숭배하는 신상(神像)을 조각하는 예술이 발달된 곳이었다. 이에 따라 석주(石柱)와 탑파(塔婆) 중심의 숭배 문화는 신상(神像) 숭배라는 새로운 예배대상으로 불상이 출현하였다.

돈황, 석굴사원에서 불교문화의 꽃을 만나다

돈황은 동서(東西) 문명 교류와 교역의 교차점에 위치한 고대의 사막도시이다. 현재의 돈황 시는 행정구역으로 중국 감숙성 주천시(酒泉市)에 속하는 작은 도시이지만 세계적인 불교유적이며 세계문화유산인 막고굴(莫高窟)이 있어 그 명성이 더욱 빛나는 곳이다. 또한 옥문관(玉門關)과 양관(陽關)은 중국 서쪽 변경의 관문으로 실크로드와 중국을 연결하는 통로이면서 국경선의 역할도 하였다.

당나라 시기인 8세기 전후하여 가장 번영하였던 돈황은 수많은 승려들이 구도를 위한 수행의 장소로 삼기 위해, 또는 상인들이 교역의 안전을 빌기 위해, 아니면 이곳을 지배한 귀족들이 이익을 실현하기 위해서 조성한 수많은 석굴사원들이 그 옛날 영화로운 발자취를 보여주고 있으며, 이곳의 이권을 빼앗고 지키기 위한 관문에서는 칼날이 부딪치는 소리와 땅을 울리는 말발굽 소리를 확인할 수 있다. 고구려 출신의 고선지가 하서도호부의 장군으로 활동하였던 역사의 땅도 바로 이곳 돈황 지역이다.

돈황이 역사에 등장하는 것은 동아시아 군사패권과 실크로드의 개척을 위한 정복전쟁에서 시작한다. 서한(西漢)의 황제였던 한문제는 북방의 흉노를 견제하고자 하서주랑이라고 부르는 무위(武威), 주천(酒泉), 장액(張掖), 돈황(敦煌)을 차지하고 하서4군을 설치하였다. 돈황은 가장 북쪽에 위치하여 동서통로의 관문으로 역할을 하였다. 이때는 군사도시의 성격을 벗어나지 않았지만 이 시기에 열린 실크로드는 동서문명이 넘나든 문명사적 세계사의 현장으로서 그 의미를 크게 부여할 수 있다.

7세기경에 불교는 북인도와 실크로드, 동아시아에서 크게 번영하였다. 또한 동서무역도 활발하게 이루어졌다. 이때에 월아천(月牙泉)이라고 부르는 오아시스의 땅 돈황은 중국으로 들어가는 첫 번째 관문이며 국경의 도시로 자리 잡았다. 수많은 사람들이 여행 도중에 머무르는 평화와 안녕의 도시로 각인되었다. 아울러 동아시아의 정치군사적 변천이 극심해지면서 예술적 재능과 건축기술이 뛰어난 장인들이 안전하게 생존하고 생활할 수 있는 이곳으로 모여들어 석굴사원을 조성하는 공역에 뛰어들었다. 정세의 불안이 역설적으로 돈황의 막고굴을 만드는데 커다란 역할을 하였다. 막고굴은 돈황 시에서 25km 떨어져 있는 명사산(鳴沙山)의 동쪽 능선에 위치한다. 막고굴의 굴무리(窟群)는 남북으로 펼쳐져 1,600m이고, 1944년에 국립돈황예술연구소가 생겼을 때 618개의 동굴이 보존되었고, 그림이 있는 동굴의 보존은 491개소이다. 석굴사원이 조성된 시기는 4세기 후반부터 조성되었지만 수나라와 당나라 시기에 절반이 만들어졌다. 고구려의 벽화고분과 함께 동아시아 예술문화의 꽃이 이곳 막고굴에서 피어난 것이다.

끝으로 돈황은 10세기 이후로 중국 서쪽 변경의 작은 군사도시로 축소되고, 중앙아시아의 불교문화가 소멸하면서 도시기능이 아주 빠르게 쇠퇴하였다. 시간을 거슬러 올라가 3세기에 한나라가 무너지고 4세기에서 6세기경까지 이곳 하서4군은 이민족이 대부분 지배하는 중국의 변경이 되었다. 실크로드의 정세가 불안해지면서 옥문관과 양관을 통해 유입되었던 서방문물의 안정적인 공급이 불안해졌다. 당나라 이후 돈황의 지리적 이점은 점차 해상실크로드, 도자기의 길로 대체되기 시작하였고, 이슬람 세력이 중앙아시아로 진출하면서 무역과 구도의 길은 거의 사라졌다. 당나라 시기에는 불교와 함께 가장 번영하였지만 동시에 해상교역으로 대체되는 교체기에서 도시의 기능이 멈추었다. 역설적으로 고선지가 활동하던 시기에 돈황은 가장 번영하였고, 동아시아 해상교역의 문을 연 장보고시대에 이르러 국제도시의 명성을 잃고 변방의 소도시가 되었다. 현재에 이르러 돈황은 세계문화유산인 막고굴, 실크로드에 위치한 지리적 특성으로 관광문화도시로서 활력이 넘치고 있어 옛 명성이 이어지고 있다는 점에서 위안을 삼을 뿐이다.

【돈황 막고굴】

석굴사원은 불교문화의 꽃인 불탑, 불상, 불화, 사원, 그리고 승려들의 역사를 모두 볼 수 있는 문명사적 문화유산이다. 특히 돈황의 막고굴은 세계에서 가장 많은 불화가 있는 세계문화유산이다.

불교문명의 보편성이 갖는 의미

불교는 북인도라는 지역성과 역사성을 지녔지만, 깨달음을 추구하는 진리와 종교사상에는 어떠한 지리·문화적 편견이나 선입견, 문화적 영향 등이 개입되지 않는 순수한 종교 문화라고 볼 수 있다. 불교는 기독교와 힌두교, 이슬람이 어느 한 지역과 민족의 역사, 문화적 요소를 강하게 지닌 것과 비교해 볼 때 종교 자체의 순수성을 간직한 흔치 않은 종교라고 할 수 있다.

한국, 중국, 일본은 고대사회에서 유교 문화권이자 불교 문화권이었다. 이들 지역은 중앙집권제 군주국가이면서 이것과 결합한 유가와 법가사상이 정치이념으로 지배하는 지극히 현실적인 사회였다. 그런데 현실은 고통스런 시공간이었다. 봉건왕조사회에서 낮은 생산력과 지나친 수탈, 도덕적 정치이상과 달리 가혹한 법치(法治)는 많은 백성들로 하여금 현실을 벗어난 미래의 이상향을 추구하려는 경향성을 지니게 하였다.

또한 북방민족의 일상적인 침략, 지배권력 사이의 내전과 왕조 교체 시기의 잦은 전쟁은 현실의 고통을 잊고 내세의 복락을 추구하는 경향성이 오랫동안 민중 사이에 퍼져 있었다. 이때 등장한 것이 바로 불교와 도교의 종교사상이다. 비록 달콤한 유혹이지만 이 정도의 허망한 기대감마저 없었다면 동아시아의 역사는 민중들에게 지옥 그 자체였을 것이다.

 ## 천손사상과 불교이론의 만남

동북방의 제국형(帝國型) 국가였던 고조선, 흉노, 돌궐, 티벳 등 유목–수렵 기마종족은 천손사상(天孫思想)이라는 종교, 정치이념을 신앙하였다. 천손사상이란 세계를 지배하는 천신(天神=하느님)이 지상을 직접 다스리지 않고 아들이나 사자(使者)를 내려보내 그 아들이나 대리자가 지상을 지배하는 딸(또는 수신, 하백 등 물길을 다스리는 사람의 딸)과 혼인하여 태어난 손자가 세상을 다스리는 구조이다.

4세기경에 동북아의 패권을 다시 회복한 북방의 5호(五胡=선비, 흉노, 저, 강, 갈족)와 고구려는 중원에 대한 압박과 정복전쟁에 박차를 가한다. 이때 북방 유목기마종족의 제왕(帝王)들에게 불교이론은 중국 한족들에게 지난 400여 년 동안 굴욕적으로 당했던 치욕을 씻고 왕의 권위를 되찾을 수 있는 이론을 제공하였다. 그것이 이른바 전륜성왕의 이데올로기였다.

불교는 외래사상으로 전통적인 중화사상을 누를 수 있는 이론적 기반이 탄탄한 사상체계이다. 하지만 오랜 기간 중국 한족은 유교이념을 바탕으로 풍요로운 지상낙원을 실현하며 살았다는 자부심과 함께 유교이념과는 현격하게 다른 불교를 호래(胡來:오랑캐 지역에서 온)의 가르침이라 하여 쉽게 받아들이지 않았다.

이에 반하여 북방 5호들은 자신들의 취약한 사상체계와 기반을 불교이론으로 무장하여 자존심이 강한 중화사상을 누르고자 하였다. 아울러 하늘의 대리자로 세상에 내려와 지상을 다스리는 천손사상과 불법을 수호하고 전파하여 마군(魔軍)을 없애는 전륜성왕의 이론이 절묘하게 결합하여 중국 한족을 마군의 세력으로 규정하고 북방 5호를 결집하는 유용한 사상적 무기가 되었다. 따라서 불교사상은 북방 5호들에게는 새로운 지상낙원을 세우는 정치적 이념과 무기로 적극 활용되었다.

불교의 정치적 이념인 전륜성왕 이념은 불국토를 이루는 왕이 부처로 이 세상에 출현한다는 왕즉불사상으로 이어졌고, 그런 왕들이 지속적으로 출현한다는 천불사상(千佛寺思想)을 낳았다. 그러나 현실의 고통이 여전히 사라지지 않자 보살신앙-미륵불신앙 등으로 변천했다.

불교는 4세기경부터 14세기까지 1천여 년 간 한국사회를 지배한 종교 사상, 사회이념이었다. 그런데 현실세계는 불교의 이상으로 치유하기에는 너무나 가혹하고 고통스러운 현재였다. 신이나 진리가 현실의 문제를 해결 해 줄 수는 없었다. 따라서 지배적 위치에 있던 지식인들은 종교이념으로 서 불교보다는 사회이념으로서 유교에 더욱 가까이 가게 되었다. 그것이 바로 조선 5백년을 지배하는 성리학 이념이었다. 이로써 문명사적 의미의 불교는 15세기에 들어와 거의 정치, 사회적 영향력을 발휘하지 못하고 그 자리를 주자성리학에 넘겨주었다.

불교문명 자세히 보기 – 구도자들의 여행기

불교문명을 가장 특징적으로 보여주는 것은 구도자(求道者)들의 여행기를 꼽을 수 있다. 교통이 발달되지 않았던 고대사회에서 보편적 진리를 추구하는 인류 의 꿈은 어떤 장벽도 막을 수 없었다. 불교여행기는 사막과 깊은 숲, 망망대해 와 높은 산으로 가로막힌 험난한 자연지형을 뛰어넘은 인류 문명사의 소중한 자산이다.

《불국기》, 법현(337-422)

동진(東晉) 시기의 승려 주사행(朱士行:203-282)은 낙양에서 축불삭(竺佛朔)이 번역 한 도행경(道行經)을 강의하다가 그 뜻을 제대로 이해하지 못한다 생각하고 산 스크리트어(범문) 경전을 얻고자 감로(甘露) 5년(260)에 유사(流沙)를 거쳐 우전국 (于闐國)에 들어가 범본 90장(章) 방광반야경(放光般若經)을 얻어 돌아왔다. 중국 승려가 최초로 불법을 구하고자 서역으로 떠난 것이다. 이로부터 인도로 불법 을 구하고자 많은 승려들이 그 뒤를 따랐는데 불국기를 저술한 법현도 그 하나 이다.

법현(337-422)은 399년에 60여 세의 나이에도 불구하고 육로를 통해 장안을 출발하여 돈황에서 서역으로 들어가 히말라야를 넘어서 북인도에 이르러서, 인도 각지나 스리랑카 등 30여 국을 편력한 후 불전을 구해서 412년 청주 장광군(산동성)에 혼자서 무사히 돌아왔고, 그 14년간에 걸친 여행의 견문이 불국기이다. 불국기는 고승들의 인도행 구법을 충동시키고 길을 안내한 대표적 여행기이다.

《대당서역기》, 현장(602-664)

현장은 중국 당나라 시기에 낙양에서 출생, 10세에 정토사에서 승려의 길에 들어섰다. 629년에 국법을 어기고 인도로 몰래 불법을 구하러 떠나 투루판 고창국(高昌國)에서 국왕 국문태(麴文泰)의 대접을 받았으며, 인도에 도착한 후 대표적 불교사원인 나란다 사원에 들어가 계현(戒賢:시라바드라) 밑에서 불교 연구에 힘썼다.

현장은 641년에 귀국길에 올라 힌두쿠시와 파미르, 호탄을 거쳐 645년에 장안으로 돌아와서 이듬해인 646년에 인도여행의 기록을 완성하니 그 결실이 바로 《대당서역기》이다. 이 책은 총12권으로 이루어졌고 6-7세기 중앙아시아와 인도 등 140여 국의 민족, 풍속, 종교, 정치와 경제상황을 세밀하게 기록하였다. 훗날 스토리텔링의 원천으로 평가받는 서유기의 상상력은 바로 대당서역기가 저본이었다.

《왕오천축국전》, 혜초(704-787)

혜초(704-787)가 태어나 활동하던 8세기 중반은 당나라를 중심으로 신라, 발해, 일본이 모두 유교식 율령체제를 받아들이고, 불교를 사회통합의 이념으로 받아들여 동질성이 어느 시기보다 강하였다. 각국은 활발하게 정치, 외교, 교역을 전개하였으며, 동아시아는 모처럼 안정기에 들어섰다. 이 시기에 많은 승려들은 사회적 문제를 넘어 인간 자신의 문제를 탐구하는 구도의 길을 추구하였다.

그런데 당시에 대승불교의 경전이나 교학은 당나라에서 충분히 배울 수 있었지만 인간이 갖는 육체적 고통과 의식의 한계를 극복하려는 밀교는 여전히 인도가 뿌리이고 중심이었다. 이에 혜초는 밀교 스승이었던 금강지의 권유를 받아 723년에 배를 타고 불국기를 남긴 법현의 행로를 역으로 인도에 가서 여러 곳을 기행하였으며, 727년경에 육로인 실크로드를 따라 안서도호부로 귀환하였다. 그 후 어느 시점에 혜초는 구도의 여행을 떠나는 후학을 위해 기행서인 《왕오천축국전》을 남겼던 것이다.

그로부터 1천 년이 훨씬 지난 1908년에 돈황 막고굴의 17호굴 장경동에서 프랑스인 펠리오가 9장을 이어붙인 227행 6천여자의 두루마리 기록을 발견하고, 그것이 혜초의 인도여행기 《왕오천축국전》을 요약한 필사본이란 사실을 밝혀냈다. 이로써 법현의 《불국기》(육로-해로), 현장의 《대당서역기》(육로-육로), 일본 원인(엔닌)의 《입당구법순례행기》(해로-해로)와 더불어 동아시아 4대 기행서인 《왕오천축국전》(해로-육로)이 세상에 빛을 보게 되었다.

《입당구법순례행기》, 원인(794-864)

일본승 원인(圓仁: 794-864)이 838-847년간 기록한 《입당구법순례행기(入唐求法巡禮行記)》를 연구한 미국의 라이샤워(Edwin Oldfather Reischauer, 1910-1990)는 《입당구법순례행기》를 《동방견문록》, 《대당서역기》와 더불어 세계 3대 여행기라고 말하였다.

일본의 《삼대실록》에 보면 원인은 일본 천태종 창시자인 최징(最澄)의 제자로 838년 6월-847년 9월까지 당나라를 순행하고 귀국하여 《입당구법순례행기》를 남겼다. 이 여행기에 따르면 원인은 장보고와 수많은 재당신라인의 도움으로 구법순례를 다녔으며, 신라인의 도움으로 무사하게 귀국길에 올랐다. 그 후 그가 주석하는 연력사는 장보고를 해신(海神)으로 받들어 모셨다.

12
CHAPTER

이슬람문명,
오리엔트의 세계를 지배하다

이슬람문명은 오리엔트의 이집트, 히브리, 페르시아의 역사문화
적 전통과 기독교의 영향 등으로 탄생하였다. 종교적 평등성과
경제적 공동체의 이념은 척박한 오리엔트 지역 주민들의 지지
로 급격하게 세계종교로 발전하였다

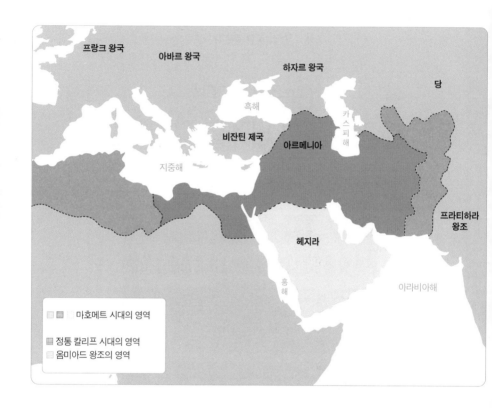

이슬람문명은 서기 6세기경부터 오리엔트 지역을 지배하는 종교문명으로 탄생하였고, 현재에도 영향력이 아주 강하게 존재하는 세계종교이다. 이슬람문명의 원천은 크게 3개의 흐름을 바탕으로 하고 있다. 첫째는 오리엔트 지역의 메소포타미아와 나일강문명이다. 이들 문명은 이슬람문명이 위치한 지역과 일치하는 공간적 영향력의 원천이다.

두 번째는 히브리와 페니키아, 히타이트, 아시리아, 인도 등의 주변 문명이다. 이들은 정치, 종교적으로 페르시아와 이슬람의 지배를 받았지만 문명의 영향력은 정치, 군사적 파급을 뛰어넘어 이슬람문명을 만드는 자양분이었다.

마지막으로 페르시아 제국의 종교, 언어, 문화의 영향력이 이슬람문명에 가장 많은 혜택을 주었다. 기원전 7-5세기경에 페르시아는 오리엔트 대부분을 장악하고 대략 1천여 년간 강력한 문명의 경험을 이곳 지역에 남겼으며, 6세기경에 이르러 이슬람이 그 뒤를 이어 1천여 년을 지배하였다. 따라서 이슬람문명의 줄기는 페르시아라고 할 수 있다.

 ## 아랍인들의 삶과 문화

오늘날 이슬람문명을 만든 아랍인들은 아라비아 반도에 살고 있던 유목민으로 6세기경에 사산조 페르시아와 비잔틴 동로마 제국이라는 막강한 2개의 제국 사이에 끼어 정치적 영향력을 펴지 못하였다. 이들은 풍요로운 예멘, 메카, 야스리브(메디나), 타이프 등지를 중심으로 유목과 무역을 하면서 안정되고 풍요로운 생활을 하였다.

사막의 주인인 베두인들은 천막에서 생활하는 유목민으로 단봉낙타, 양, 염소를 끌고 오아시스를 옮겨 다녔으며, 가족−씨족으로 이어지는 공동체의 삶을 중요시하였고 씨족의 위에는 사이드라는 부족공동체(쉐이크)가 있어 원로(元老)들이 지도하고 구성원은 규범을 지켰다.

525년에 이디오피아군이 사산조 페르시아와 전쟁을 벌이면서 아랍사회의 균형은 깨지고, 6−7세기에 접어들면서 사산조 페르시아와 비잔틴 제국이 무역로(貿易路)의 장악을 위해 육지와 바다에서 쟁탈전을 벌이면서 더욱 사정은 어려워졌다.

이런 가운데 아랍의 많은 무역상들이 지나는 통로에 위치한 메카는 많은 교역으로 부(富)를 쌓았고, 아브라함의 아들인 이스마엘이 대천사 가브리엘로부터 받았다는 검은돌을 모신 카바신전을 참배하는 아랍인들이 늘어나면서 정치적인 독립과 함께 수도(首都)와 같은 위상으로 발전하였다.

570년에 쿠라이시부족에서 태어난 무하마드는 과부 하디자에게 고용되어 시리아 대상(隊商)을 이끌었으며 훗날 그녀와 결혼하였다. 청년시절부터 무하마드는 유대교와 기독교를 공부하였고, 분열하는 아랍을 구원하는 방법은 종교적인 통일이란 자각을 하기 시작하였다.

 무하마드의 이슬람교 창건

이슬람교는 유대교, 기독교와 뿌리가 같은 종교로 무하마드(찬양받는 자, 마호메트)가 '알라'의 예언자임을 자각한 610년에 창시되었다. 무하마드는 자신이 아담-노아-아브라함-모세를 거쳐 28명에 이르는 예언자 가운데 마지막 예언자로 생각하였다. 613년부터 무하마드는 대중설교를 하였지만 그의 계시를 믿으려 하지 않았다.

622년 9월 20일에 무하마드는 메카를 떠나 야스리브로 갔다. 이슬람의 역사에서 가장 중요한 순간이었다. 아랍인들은 무하마드가 메카를 떠나 망명한 이 해를 이슬람의 원년, 곧 '히즈라'라고 하였으며, 야스리브를 메디나(예언자의 도시)라고 불렀다.

무하마드는 메디나에서 새로운 종교공동체(움마)를 만들고 625-630년 사이에 메카에 있는 모든 우상숭배자들을 공격하는 지하드(성전)를 선언하였다. 이슬람교도들은 627년에 메카의 1만대군을 물리치고 630년에 드디어 메카로 무혈입성하였다. 630-631년 사이에 아랍의 여러 부족들은 이슬람교를 받아들였고, 632년에 무하마드는 시리아의 공격을 준비하던 중 메디나에서 세상을 떠났다.

이슬람문명 원형찾기 - 코란

코란: 무하마드는 알라가 인류에게 준 104권의 책 가운데 코란이 마지막 책이라고 하였다. 104권의 책 중 모세5경, 시편, 복음서, 코란 등 4권만이 세상에 남겨졌다고 한다. 코란은 무하마드가 21년동안 공동체에서 생활하면서 계시받

은 내용을 정리한 것으로 3대 칼리프 우스만이 재임하던 650년쯤에 만들어졌다. 코란은 30권, 114장(수라), 6200절로 구성되어 있고, 주로 신화, 도덕, 의례에 대한 규정과 법규를 다루고 있다.

이슬람 제국 정통칼리프 632-661	우마이야 옴미아드 왕조 661-750	아바스 왕조 750-1258	셀주크투르크 960-1308 (1040-1157)	오스만투르크 1299-1922
		후옴미아드 왕조 756-1031	고르 왕조 1148-1215	티무르 제국 1370-1500
		파티마 왕조 909-1171	아유브(1169-1250) 맘루크(1250-1517)	인도노예 왕조 (1206-1290)
		사만 왕조 874-999	가즈나(니) 왕조 962-1186	인도델리술탄 (1206-1526)
		부하이조 932-1055	카라한 왕조 996-1132	호라이즘 (1077-1231)

 ## 이슬람 제국과 칼리프시대(632-661)

632년 6월 8일에 무하마드가 세상을 떠나고 정해진 후계자가 없자 부인 하디자와 알리(사위)를 제외하고 첫 번째로 이슬람으로 개종한 아부 바크르가 1대 칼리프(632-634)가 되었고, 2대(우마르 이븐 알카탑: 634-644), 무하마드의 사위인 우스만(3대: 644-656)을 이어 또다른 사위인 알리(4대: 656-661)가 뒤를 이었다. 이때를 정통 칼리프시대라고 한다.

661년에 시리아의 총독이었던 무아위야(661-680)가 칼리프를 승계하여 우마이야(옴미아드) 왕조(661-750)를 열었다. 우마이야 왕조는 바그다드에 도읍을 정하고 뛰어난 행정력을 보인 아브드 알 말리크(685-705)와 히샴(724-743)의 통치기간에 최고의 전성기를 누리며 메소포타미아, 예루살렘, 나일강 유역, 비잔틴 제국에 속한 트리폴리에 이르는 지역을 차지하였다.

670년에 아랍군은 아프리카의 튀니즈를 정복하고 카이르완 시를 건설하였고, 711년에 아랍-베르베르족 연합군은 이베리안 반도를 정복하고 이슬람을 전파하였다. 아랍의 이슬람교는 이제 사산조 페르시아와 비잔틴 제국, 프랑크 왕국을 제외한 지중해 세계의 최강자로 등장하였다.

칼리프시대는 이슬람문명이 정치, 군사적 권력보다 무하마드의 종교적 계승성에 무게를 둔 문명의 성격을 만드는 시작이었다. 당시에 동아시아는 종교적 권력은 정치군사적 권력의 아래에 있으면서 지배를 받았는데, 오히려 지중해에서 일어난 기독교와 이슬람은 종교적 지배력이 정치권력의 위에 군림하는 특성을 가진다.

> ### 이슬람문명 원형찾기 – 칼리프와 술탄, 지하드
>
> **칼리프:** 후계자라는 뜻으로 무슬림의 통솔자이다. 하디스에는 무하마드가 속한 쿠라이시족에서 칼리프를 승계한다고 규정하였다. 1924년에 칼리프제도는 무스타파 케말이 폐지하였다.
>
> **술탄(Sultan):** 권력을 행사하는 통치자라는 뜻으로 1055년에 셀주크의 수장인 토그릴 베그가 바그다드의 압바스 왕조로부터 받은 칭호이다. 술탄이 된 토그릴 베그는 이교도인 시아파의 파티마 왕조와 비잔틴 제국, 십자군에 대한 성전

을 주장하여 수니파의 옹호자로 찬양받았다. 술탄은 종교(칼리프)와 정치(술탄)의 분리라는 2원체제의 산물이다. 술탄제는 1922년에 무스타파 케말에 의해 폐지되었다.

지하드: 이슬람교와 무슬림에 대한 모독에 대항하는 일을 말한다.

 무슬림의 계율

무슬림은 이슬람을 믿는 사람들이다. 이들은 자신이 최고의 신인 알라와 직접 대화하며 5가지 의무를 다한다. 이슬람은 그래서 성직자나 목회자가 없다. 무슬림의 다섯 가지 의무는 다음과 같다.

이슬람교도(무슬림)의 6가지 신앙
① 알라: 이슬람교의 유일신
② 성경: 코란
③ 예언자: 모세, 다윗, 예수, 마호메트
④ 천사: 알라와 지상의 연결자
⑤ 심판: 심판날 생전의 선행과 악행에 따라 천국과 지옥으로 나뉨
⑥ 천명: 인간행위는 모두 알라가 창작한 것으로 신의 의지는 인간의 행위로 나타남

첫째, 메카 순례(하즈=하지)이다. 무슬림은 생애에 한번은 메카에 가야 한다. 머리와 손톱을 짧게 깎고 일체의 바느질을 하지 않은 흰 옷(이흐람)을 입고 싸움이나 사랑, 남에게 해를 끼치는 일을 하지 않고 여자들도 순례를 해야 한다.

둘째, 예배(기도=살라트)이다. 무슬림은 하루에 5번(새벽, 정오, 오후, 해질녘, 밤)의 예배를 올리는데 엎드려 절한다. 이것은 이기심과 교만을 버리고 정의와 평등이라는 알라의 의지에 복종한다는 뜻이다.

셋째, 구휼세(희사=자카트)의 실천으로, 가난한 사람들을 돕는다. 십일조의 강제성을 자발적인 기부로 바꾼 것이다. 이외에 스스로 하는 자선으로 사다카도 있다.

넷째, 라마단(금식=사움)으로 1달 동안 금식을 하며 절제된 생활을 실천한다. 라마단은 무하마드에게 첫 번째 계시가 내려온 라마단 달(이슬람력의 9번째 달)에서 유래하며 이 날은 27일의 밤이다.

다섯째, 신앙고백(샤하다)으로 '알라 밖에는 어떤 신도 없으며 무하마드는 그 분의 예언자입니다'라는 말을 가장 먼저 해야 한다.

무슬림들은 5가지 의무 이외에도 지켜야 할 규범이 많은데 ① 식용의 동물을 도살할 경우에 피를 모두 없애야 하며, ② 돼지고기를 먹어서는 안 되며, ③ 음식은 오른손으로 먹어야 하며, ④ 모스크(엎드리는 장소=이슬람사원)에 가기 전에는 마늘이나 양파를 먹어서는 안 되는 것 등이 있다.

이슬람 세력의 중심지 이동			
메디나-메카	**다마스쿠스**	**바그다드**	**이스탄불**
아랍인의 종교각성 무함마드-칼리프시대	옴미야드 왕조 수도 아랍인 특권의 시대	아비스 왕조 수도 이슬람 평등 추구	오스만 제국의 수도 이민족 무슬림 통치

이슬람 왕조의 분열과 바그다드 르네상스

이슬람 지역에서는 칼리프시대를 뒤이어 옴미야드(우마이야) 왕조(661-750)가 들어섰다. 우마이야 가문의 무아위아는 4대 칼리프 알리를 제거하고 옴미야드 왕조를 세웠으며 스스로 칼리프의 지위에 올라 칼리프의 세습을 독점하고, 전통적인 부족연합체를 유력한 부족이 각지를 다스리는 지역연합체로 바꾸었으며, 아랍인에게 징세권, 경찰장관, 재판관 임면권 등의 특권을 부여하였다.

우마이야 왕조의 부족특권에 반대하는 빈민계층인 마왈리의 반란이 거세지자 무함마드의 숙부인 아바스(압바스) 가문에서 이란계 무슬림과 연대하여 아바스 왕조(750-1258)를 세웠다. 아바스 왕조는 무슬림의 평등을 내세우고, 새로운 상업 네트워크 도시인 바그다드를 건설하여 유라시아를 통제하는 제국으로 거듭났다. 우마이야 왕조는 이베리아 반도에서 후옴미야드(756-1031) 왕조를 지속하였다.

아바스 왕조 후기는 이슬람 분열의 시기였다. 4대 칼리프 알리의 장남 하산의 증손자인 압둘라는 모로코에서 시아파 최초의 아드리스 왕조(788-974)를 세웠으며, 아바스의 튀니지 총독인 아글라브는 본국 승인하에 시아파 동진을 막는 임무의 아글라브 왕조(800-909)를 열었다. 또한 이란에서는 사만(874-999), 바그다드에서는 칼리프를 내세운 부아이흐조(945-1055)가 들어섰다.

【지혜의 집】

이슬람문명의 꽃을 상징하는 지혜의 집은 세상의 모든 학문과 서적이 모인 곳으로 알렉산드리아도서관 이후 세계 지식의 창고가 되었다. 바그다드 르네상스를 대표하는 문화유산이다.

이때가 비록 이슬람 제국은 분열의 시대였지만 가장 열정적이고 과학적인 부흥의 시대였다. 이슬람문명은 여러 나라들이 사하라 사막 북쪽의 소금과 남쪽의 황금을 잇는 염금교역(鹽金交易)으로 북아프리카를 이슬람화시키고, 인도의 후추를 유럽에 연결하는 교역로와 동아시아의 종이, 비단, 도자기 등의 무역을 독점하였다. 문화적으로 이때의 시기를 바그다드 르네상스(아라비안 르네상스)라고 한다. 제7대 칼리프 알 마문(813-833)은 바그다드에 〈지혜의 집(도서관)〉을 세우고 그리스 학문을 재생시켰다.

무슬림(7억 명)의 수니파와 시아파	
수니파(다수집단): 90% 차지	시아파(소수파 정통주의자): 10% 차지
마호메트-칼리프가 정치적 후계자	알리-12대손 이맘이 정통 후예
코란과 하디스(수나)를 인정하는 사람들	시아트 알리=코란만을 인정하는 사람들
이슬람(성서)공동체로 이슬람교와 무슬림을 잘 인도하는 사람을 지도자로 모심	무슬림의 지도자를 뽑을 때 혈연관계를 중시, 무하마드의 사위 알리를 후계자로 인정

 ## 투르크계 민족의 등장과 이슬람의 2차 부흥

이슬람은 아바스 왕조 시기에 분열이 시작되었다. 분열의 원인은 칼리프의 승계문제, 아랍계와 페르시아계의 민족분쟁, 지역적인 거리와 차이 때문이었다. 이 틈을 타서 이슬람으로 개종한 셀주크 투르크는 1055년에 바그다드를 점령하고 이슬람의 지배자가 되었고, 1070년에 이르러 알프 아르

슬란(1064-1072)은 동로마가 점령한 지중해 연안을 탈환하였다. 투르크계 민족이 이슬람 부흥의 계승자로 등장한 것이다.

하지만 셀주크는 이후 이집트 시아파 파티마 왕조의 주도권 쟁탈전, 지중해를 놓고 벌인 기독교 세력과의 십자군전쟁(1096-1270)으로 국력이 급격하게 쇠약해져 1194년에는 바그다드에 대한 통치권을 상실하였다. 이때에 이집트 지역에서는 아랍민족의 정통성을 자처하는 아이유브 왕조(1169-1250)가 들어서서 투르크계가 북아프리카 지역으로 확산하는 것을 막는 방파제 역할을 하였다.

셀주크와 파티마-아이유브 왕조는 상호간의 전쟁, 그리고 십자군전쟁으로 주도권을 몽골계 일칸국과 이집트의 맘루크에게 넘겼다. 일칸국은 몽골족이 세운 이슬람국가로 1258년에 바그다드를 지배하였다. 맘루크(1250-1517)는 이집트 파티마 조(909-1171), 아이유브(1169-1250)를 뒤이어 등장한 아이유브 왕조 계승국가로 살라딘의 아내인 알 두르의 재혼 남편인 맘루크가 세웠다. 티무르(1370-1500)는 중앙아시아에 세운 몽골계 왕조로 오늘날 우즈벡, 카자흐 등 중앙아시아 세력 형성과 왕조 성립의 자극제가 되었다.

 ## 오스만 투르크(1299-1922)의 등장

오스만 투르크는 흑해 연안에서 셀주크(1038-1194)의 용병으로 활동하던 에르토그릴이 소아시아(터키)를 영지로 받아 국가가 탄생하였고, 그의 아들인 오스만(1300~1324)은 비잔틴을 점령하며 발전하였다. 오르한(1324~1360)이 부르사를 점령하고 수도로 삼아 국가체제를 완비하였다. 1453년에 무하마드 2세(1451~1481)는 비잔틴을 점령하여 동로마를 멸망시켰으며, 셀림 1세(1512~1520)는 1517년에 맘루크를 접수하였다.

슐레이만 1세(1520~1566)는 1541년에 헝가리를 점령하여 동유럽의 지배자가 되었다. 1683년경에 오스만은 오리엔트와 동유럽을 통치하였다. 오스만의 지배시기에 중앙아시아는 티무르 제국의 문화적 영향으로 부하라 칸국(1500~1920), 시바칸국(1512~1920), 하사크칸국(1456~1736) 등이 들어서고, 이란에는 사파비 왕조(1502~1736), 인도에는 무굴 제국(1528~1858)이 들어섰다.

메카, 무슬림의 최고 성지로 등장하다

메카는 아라비아 반도의 서쪽 해안 인근에 위치한 이슬람의 종교도시이다. 이슬람교를 믿는 무슬림들은 평생에 한번이라도 꼭 가고 싶은 최고의 성지이다. 무슬림들에게 있어 종교적 성지는 예루살렘, 메디나, 그리고 그 상위에 메카가 자리 잡고 있다. 아랍어로는 마카(Makkah)이고 쿠란경전에는 바카(Bakkah)라고 부른다. 메카가 위치한 사우디아라비아는 마카를 공식명칭으로 삼는다.

무슬림들이 메카를 찾는 이유는 이슬람의 종교적 법통성을 상징하는 아랍인들의 시조인 이스마엘이 천사인 가브리엘에게 받은 신성한 검은돌이 카바 신전에 있기 때문이다. 검은돌은 유일신 하느님의 신탁을 받은 아랍인들의 종교적 선민(選民)을 의미하고, 나아가 이슬람을 신앙하는 모든 무슬림들이 알라 신에게 구원받을 수 있다는 믿음을 상징한다. 또한 630년에 무함마드가 메카를 점령하고 카바 신전에 모셔져 있던 아랍인들의 여러 신상(神像)을 철거하고 오로지 비어 있는 공간으로 만든 것도 유일신 알라를 신앙하는 이슬람교의 종교관을 반영한다. 이런 이유로 모든 무슬림들은 하루에 5번씩 이 카바 신전의 검은돌을 향해 예배를 드려야 한다

예로부터 메카는 잠잠(zamzam)이라 부르는 샘이 있어 여러 곳에서 사람들이 모여들었다. 이 샘은 기원전 2천년부터 그 존재가 알려졌으며, 아랍인들의 조상인 이스마엘이 갈증으로 죽음에 이르렀을 때 이 샘물을 마시고 살아났다는 이야기가 널리 퍼지면서 성스런 물로 숭배되었다. 현재에도 수백만 명의 무슬림들이 이 물을 마시기 위해 찾아온다. 메카는 카바 신전의 검은돌과 함께 잠잠이라는 샘이 있어 더욱 신성성을 더하는 도시로 인식된다.

역사적인 관점에서 도시역사를 살핀다면 메카는 지리적으로 홍해의 연안에 위치하는 교통의 이점을 차지한다. 또한 사막과 바다가 주변을 방어하는 지리적 위치와 더불어 오랜 기간 동안 이집트, 오리엔트, 페르시아의 세력이 충돌하면서 비교적 안전한 지역으로 각광을 받았다. 그래서 수많은 아랍의 상인들, 군인들, 순례객들이 오아시스가 있는 이곳에 모여들었다. 서기 5세기에서 6세기에 이르면 카바 신전에는 항해의 안전, 교역의 이득,

전쟁으로부터 안전을 빌기 위해 여러 신상 등이 모셔졌다.

서기 7세기경에 이르러 하느님 알라의 마지막 예언자를 자임한 무함마드는 메카에서 유일신 신앙을 설파했지만 다신교를 신앙하는 이들에게 쫓겨 야스리브로 떠났다. 이슬람의 역사에서는 이를 '히즈라'라고 한다. 이슬람의 역사기 시작되는 순간이었다. 이슬람을 받아들인 야스리브는 예언자의 도시라는 뜻을 지닌 '메디나'라고 하였다. 그리고 메카에 있는 모든 우상숭배자를 향하여 지하드(성전)를 선언하였다. 630년에 피 흘림 없이 메카로 입성한 무함마드의 예언은 주변의 모든 이들을 빠르게 무슬림으로 받아들였다. 이슬람의 역사가 시작된 메카는 이후 모든 무슬림의 성지로 숭배되었지만 현실적인 정치세계에서는 오히려 정치적 영향력과 종교적 정통성을 차지하기 위한 대결, 침략, 약탈, 전쟁의 소용돌이에 휩싸였다. 20세기에 이르러 메카는 사우디아라비아가 관리하면서 소유권을 둘러싼 혼란이 종식되고, 모든 무슬림들이 자유롭게 참배하는 성지로 오늘에 이른다.

메카는 문명사적 차원에서 이슬람을 대표하는 성지이다. 메카에는 이스마엘이 신탁을 받은 검은돌이 있으며, 잠잠이란 신성한 샘이 여전히 흐른다. 아울러 예언자 무함마드가 천사 가브리엘에게 신탁을 받은 빛의 산(자발 앗 누르) 히라 동굴이 위치한다. 그리고 무함마드가 알라의 계시를 그대로 옮겨 쓴 쿠란경전이 탄생한 곳이다. 또한 처음으로 유일신 알라의 예언을 설교한 땅이다. 메카는 이슬람이 발생한 곳이라는 하나의 이유 때문이라도 문명도시의 영광을 차지하기에 부족함이 없는 도시이다.

【메카 카바신전】
이슬람교의 최고 성지이며 모든 무슬림들이 평생에 한 번 참배를 하는 메카의 카바신전과 검은돌

이슬람문명의 성취와 영향

이슬람은 정치적으로 분열과 전쟁의 일상이었지만 문화사적으로는 동서 문명의 융합, 오리엔트문명의 경험을 종합하였다. 이슬람사원의 건축예술은 동유럽 건축문화에 심대한 영향을 끼쳤다. 문학과 예술은 오리엔트 전통과 인도, 페르시아를 계승하였다.

이슬람은 동아시아의 나침반, 인쇄술, 화약, 제지기술, 인도의 숫자, 십진법 등을 서양에 전파하는 역할도 하였다. 9세기경에 이르러 이슬람 바그다드는 동아시아의 장안-양주, 스페인의 코르도바, 프랑스의 파리(프랑크왕국)에 버금가는 세계 4대도시로 명성을 날렸다.

이때 이슬람의 지배자인 칼리프 알 마문(813-833)이 바그다드에 설립한 "알 히크마(bait al-ḥikmah, '지혜의 집')에서는 '100년 번역운동'이란 기치아래 동서양 과학-의학-기술서적 등에 대한 대대적인 학문적 성취의 번역이 이루어졌다. 특히 이븐 시나(Ibn Sīnā, 980-1037), 이븐 루쉬드(Ibn Rushd, 1126-1298) 등이 이슬람어로 번역하고 연구한 그리스의 플라톤, 아리스토텔레스 저작은 훗날에 라틴어로 다시 번역되어 서양 르네상스의 원천이 되었다.

이슬람문명 자세히 보기 – 탈라스 전투와 종이의 전파

당나라와 티벳은 670년부터 실크로드를 두고 치열하게 다투었다. 이때에 티벳은 우월한 지위를 누렸지만 692년에 안서4진을 당나라에 빼앗겼다. 티벳은 파미르 고원을 넘어 실크로드의 관문을 장악하는 방식으로 전환하고 720-737년에 실크로드에 대한 대공세를 시작하였다.

티벳은 734-736년에는 투르키스와 연합하여 734년에 대발률, 737년에 소발률을 점령하고 계속하여 안서4진을 공격하였다. 당나라도 안서도호부를 중심으로 티벳을 공격하였다.

고구려 유민 고사계의 아들인 고선지는 안서도호부가 위치한 쿠차(庫車: 고차)에서 군인생활을 시작하여 안서절도사(安西節度使) 부몽영찰(夫蒙靈嚓)의 신임을 얻어 언기진수사(焉耆鎭守使)가 되었고, 740년경 텐산산맥(天山山脈) 서쪽의 달해부(達奚部)를 정벌한 공으로 안서부도호(安西副都護)에 승진하고, 이어 사진도지병마사(四鎭都知兵馬使)에 올랐다.

747년에 티벳과 사라센 제국(아바스 왕조)가 동맹을 맺고 당나라로 동진하자, 행영절도사가 되어 1만의 군대를 이끌고 티벳과 아랍 정벌에 나섰다. 고선지는 쿠차를 출발하여 발환성-위두수-소륵진-파일천-호밀-탄구령을 거쳐 해발 4600m의 파미르 고원을 넘어 티벳의 속국인 소발률(파키스탄 길기트)을 공략하고 서역 72국의 항복을 받아 실크로드의 무역로를 되찾았다.

750년에 이르러 서역의 석국(石國: 타슈켄트)이 아바스 왕조(사라센)와 동맹을 맺으려고 하자 이를 토벌하고 국왕을 잡아 장안(長安)에 호송한 공로로 개부의동삼사(開府儀同三司)가 되었으나, 장안의 문신들이 포로가 돼 석국왕을 참살했기 때문에 이듬해 서역 각국과 아바스(사라센)가 연합군을 편성하여 탈라스의 대평원으로 쳐들어왔다.

고선지는 이를 막기 위해 다시 7만의 정벌군을 편성하여 제3차 원정에 나섰으나 카를룩군이 배후를 공격하고 탈라스 평원에서 아랍군에게 대패하여 귀국 후 밀운군공(密雲郡公)에 봉해졌다. 탈라스 전투에서 아랍은 당나라 포로들로부터 제지술, 화약, 나침반 기술을 획득하여 경제, 과학, 군사기술을 비약적으로 발전시켜 20세기 초까지 세계사를 주도하는 동력이 되었다.

13
CHAPTER

유교문명권,
표준화와 율령과 성리학

유교문명은 공자, 맹자, 순자의 집대성으로 유가학파가 이루어
지고, 한나라 시기에 국가의 이념으로 정착되었다. 그후 불교와
도교의 성장으로 쇠퇴했으나 당나라, 송나라 시기에 신유학으로
재등장하고 성리학으로 완성되었다.

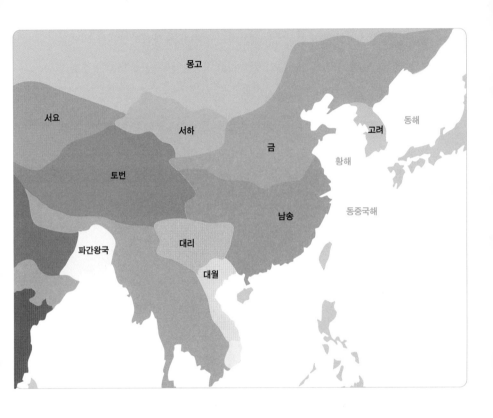

유교문명권은 동아시아 정치, 사회, 경제, 문화의 대표적 특성의 하나이다. 유교문명은 크게 사상적 윤리화를 바탕으로 한다. 신이나 초월적 존재, 종교적 제사장에 의해 주도되는 선험적(先驗的)인 윤리가 아니라, 현실의 삶을 살아가는 인간들이 현실에서 체득하고 실천하는 경험적 윤리를 내세운다. 공자, 맹자, 순자를 대표로 하는 이들 유교문명의 선구자들은 경험윤리의 가능성을 교학(敎學)에서 찾았다.

유교문명은 아울러 사회적 법제화라는 측면에서 본다면 교육제도의 표준화, 정치제도의 표준화, 윤리사상의 표준화를 그 특징으로 한다. 표준화는 윤리적 실천을 제도적으로 규범화하는 작업이다. 이를 유교문명권에서는 의례(儀禮)로 표현한다. 조선시대는 이러한 의례를 오례의, 경국대전에 담았다.

유교의 탄생, 제자백가가 꽃을 피우다

주(周)나라의 종법제와 봉건제도가 무너지는 춘추시대와 전국시대의 교체기에 황하 유역에는 다양한 사상가들이 출현하기 시작한다. 백화제방(百花齊放), 백가쟁명(百家爭鳴)이라고 부르는 제자백가(諸子百家)들이다.

이중에서 가장 영향력이 큰 유가, 도가, 묵가, 법가를 4가(家)라고 부르며, 《한서예문지》에서는 다시 6가를 더하여 음양가(陰陽家), 잡가(雜家), 명가(名家), 종횡가(縱橫家), 병가(兵家), 소설가(小說家)를 합해 10가(家)라고도 하였다.

【대성전】

중국 산동성 곡부에 위치한 공자사당으로 모든 유학자들의 고향이며, 유교사상의 기원지이다.
그곳에는 공자를 모신 공자묘도 위치한다.

춘추시대에 제자백가가 출현하게 되는 이유는 크게 3가지를 들 수 있는데, 첫째는 철제 농기구와 수전(水田), 우경농(牛耕農)의 발달에 따라 황무지를 개간하여 토지를 사유화(私有化) 하는 계층이 새로운 사회질서를 요구하기 시작한 것을 들 수 있다. 두 번째로는 토지제도의 사유화와 자유매매 등으로 기존의 상하관계, 주종관계였던 분봉제(分封制=봉건제)를 해체시킨 영향을 들 수 있다. 셋째로 토지제도와 등급제도에 의해 유지되었던 기존의 통치이념이 자연스럽게 약화되고, 지역에서 성장한 제후들과 새로운 지식계층으로 성장한 귀족들이 적자생존과 부국강병을 위해 새로운 사상, 새로운 인재, 새로운 사회를 추구한 점을 들 수 있다. 이중에서 가장 인기를 얻은 사상이념 세력은 유가와 법가였다.

 ## 한나라, 사회제도의 표준을 추구하다

철기시대에 이르러 지역에 기반을 둔 소(小) 왕국들은 점차 대(大) 왕국의 권력 안에 흡수되거나 복속되고 중앙집권적인 전제왕권이 형성된다. 이로부터 지역분권의 선사적(先史的) 전통과 더불어 중앙집권적 성격의 고대적 표준화가 인류 정치사의 주요한 흐름으로 대두되게 된다.

그 시초는 페르시아 제국의 다리우스이며, 이후 인도 마우리야 왕조의 아쇼카, 중국의 진시황제가 뒤이었다. 중국의 진시황제가 이룩한 표준화는 그후 한나라 문제에 의해 유교문명권의 유법일치(儒法一致)를 기본으로 하는 표준화에 모형을 제공하였으며, 동아시아 정치지형을 규정하는 제도로 자리 잡았다.

유교문명의 표준화는 전국시대의 분열을 끝내고 최초로 통일왕조를 세운 진시황제가 시행하였다. 진시황제는 강력한 형벌을 통해 국가를 통치하는 법가(法家)를 바탕으로 도량형 통일로 불리우는 표준화를 추진하였다. 뒤를 이어 한나라의 무제는 동중서의 천인감응론(天人感應論)이념으로 중앙집권적 황제의 권위와 정통성을 수립하고, 사상적, 사회적 제도 통일을 추구하였다. 겉으로는 유가적 도덕이 지배하는 사회이지만, 내부적으로는 지배권력이 형벌로 백성을 다스리는 법가이념이다. 이로써 유교와 법가의 이념으로 다스리는 유법일치가 이루어지고, 이를 바탕으로 유교문명의 표준화라는 지배이념이 만들어졌다.

 ## 동아시아 교육표준화

동아시아 교육표준화는 도량형 통일과 더불어 정치적, 교육적, 권력적 차원의 유교(儒敎) 국교화이다. 공자(孔子)의 학풍을 계승하는 유학자들은 하층계급의 지식인들이었지만 기원전 2세기 한(漢)나라 시기에 이르러 지식권력을 장악하고 유교를 기반으로 하는 통치철학과 정치제도를 완성하였다.

한무제(漢武帝: BC 140-87) 시기인 기원전 136년에 천인삼책(天人三策)을 제안하여 천인감응론의 이론을 정립한 동중서의 제안으로 국가 교육기관인 태학(太學)이 설립되고, 유학의 기본경전인 5경(五經)이 구성되었으며, 유학을 공부한 선비들이 관직에 나갔다. 이른바 동아시아 유교이념의 표준화이고 그 시발점이라 하겠다.

　동아시아 교육사상은 크게 1) 전통, 2) 유교, 3) 근대로 분류하는데, 근저에는 유교적 덕목이 바탕이다. 이런 관점에서 동아시아 개발도상국(4룡: 한국, 대만, 홍콩, 싱가포르)의 발전요인을 통칭하여 유교자본주의(질서, 근면, 검소, 희생의 정신)라고 한다.

동아시아 정치제도의 표준화, 율령체제

동아시아 정치지형은 농경 정주(定住) 민족의 중앙집권제에 의해 제도화된 군현제-율령제가 표준화로 자리 잡았다. 그 기반은 토지의 균등으로 사회적 안정을 가져온 균전제였으며, 이에 기반한 수취제도인 조용조 세법의 완성에 있었다. 이를 율령제, 율령체제라 한다. 7-9세기경 당나라, 발해, 일본 등은 유교문명의 율령체제가 가장 발달한 사회였다.

　율령체제는 3성6부제로 표현되는 중앙 행정제도와 군현제로 나타나는 지방행정제도가 어느 정도 완비되고, 과거시험과 같이 혈연과 지연이 아닌 학문과 지식이 중시되는 지식체제의 제도를 말한다. 비록 역사의 시기마다 귀족이나 군벌이 지배하는 사회로 후퇴하기도 하였지만 대체적으로 주자성리학이 발생하는 시기의 중국 송나라, 그리고 과거제도가 실시되는 고려사회에서는 후퇴할 수 없는 제도로 정착되기 시작하였고, 조선사회는 그런 유교적 이상을 실현하려는 사대부들의 국가였다.

율령체제의 밖에서는 돌궐, 위구르, 티벳, 북방의 여러 유목, 수렵 민족은 이와 다르게 종족의 정치적 자율성이 지켜지는 전제 아래 여러 종족들이 연합하는 다종족 연합국가의 지역분권제가 일정하게 지역을 분점하고 영향력을 행세하였다. 이는 북방민족의 기본적인 정치제도의 표준화라고 할 수 있다. 고조선과 부여, 고구려, 백제, 신라, 가야 등이 이러한 지방분권적 연합국가의 성격을 지녔다면, 남북국시대 후기 신라, 고려와 조선은 율령체제에 기반한 중앙집권적 국가로 규정할 수 있다.

북송5자. 동아시아 윤리사상의 첫걸음

동아시아 유교문명의 특성 가운데 윤리사상의 표준화는 정치이념, 교육제도와 그 궤를 함께한다. 맹자의 4단론, 순자의 성악설, 양웅의 지식교육의 중요성에서 윤리사상의 표준화가 시작되었다.

당(618-907), 북송(960-1127), 남송(1127-1279)에 이르러 태동된 신유학은 윤리사상의 표준화를 조성한 시기이다. 중화주의의 계승자라 자처하는 한족(漢族) 유생들은 이 시기에 사상적 좌절을 극복하기 위해 고전운동(古典運動)을 통해 유교의 부활을 꿈꾸었다. 대표적인 학자가 도통론(道統論)을 내세운 한유(韓愈:786-824)이다.

송나라(960-1127) 초기에 호원(993-1059), 손복(992-1057), 석개(1005-1045)가 지역에 학교를 세우고 제자들인 유생을 양성하여 이학(理學)의 뿌리를 세웠다. 송대 중기에 이르러 이른바 소옹, 정이, 정호, 장재, 북송오자(北宋五子)가 성리학의 철학적 기반을 정립하였다.

북송5자는 북송시대에 주자성리학의 기초를 세운 5명의 사대부를 말한다. 이들은 우주의 본체를 태극으로 보고, 음양설과 오행설을 세운 주돈이(1017~1073), 우주도 인간의 생노병사처럼 수리적 법칙으로 운행한다는 우주질서론을 제시한 소옹(1011~1077), 그리고 세상의 모든 움직임은 기라고 주장한 장재(1020~1077), 우주의 형성은 기이지만 그것의 질서는 이(理)라고 말한 정호(1032~1085), 정이(1033~1107)를 말한다. 이들의 사상은 남송의 주희(1130~1200)로 이어져 성리학으로 완성되었다.

사서, 동아시아 윤리사상의 뼈대를 만들다

유교문명의 열매는 주자성리학이다. 공자 이전인 요순, 하우, 상탕, 주문왕, 주무왕, 주공이 유교문명의 씨앗이라면, 공자, 맹자, 순자는 싹을 틔운 인물이다. 여기에 가지를 뻗게 하고, 거름을 준 사람들은 한나라 무제와 그 시대의 유가들이다. 당송시기의 신유학이 드디어 꽃을 피웠다면, 주희는 그 열매라고 할 수 있다.

주희(1130~1200)는 북송5자의 철학사상을 집대성하여 성리학(性理學)을 세웠다. 그리고 대학, 중용, 논어, 맹자를 사서로 정의하고, 사대부가 수신하고 경세하는 경전으로 만들었다. 수신(修身)은 사대부가 세상에 나가기

전에 학문적, 인격적 수양을 하는 단계이고, 경세(經世)는 군주의 부름을 받고 세상에 나가는 실천을 의미한다. 4서는 사대부의 지배권력을 이념적, 도덕적으로 포장한 윤리경전이었다.

주희는 사서의 정당성과 권위를 위해 문장과 자구(字句)에 철학적 가치를 부여하였다. 예시로 대학의 친민(親民)이라는 자구를 신민(新民)으로 해야 한다고 주석하였는데, 친민은 사대부와 백성이 수평적으로 평등한 관계를 의미한다면, 신민은 사대부가 지배적 위치에서 백성을 다스리는 지배관계를 상징한다. 주희가 주석한《사서집주(四書集注)》는 이후에 사대부들에 의해서 수신제가와 치국평천하의 기본경전으로 격상되었고, 윤리와 정치를 동시에 구현하는 사대부 이념의 정치교과서로 자리 잡았다.

【4서】

대학, 중용, 논어, 맹자는 4서라고 부른다. 중앙집권적 황제국가를 수립한 송나라 이래 유교정치의 이념과 철학을 담고 있어 정치교과서로 활용되었다.

주자성리학은 조선에서 임진왜란, 병자호란 이후 윤리사상적 측면에서 예치(禮治)라는 정치이념으로 변질되고 독재의 수단이 되었다. 모든 사회적 삶을 예(禮)라는 제도적, 사상적 질서로 삼으면 인간의 자율성과 시대의 변화성은 사라지고 교조적 의무만 남게 되기 때문이다. 이로부터 조선 후기는 1) 가부장제, 2) 장자상속제, 3) 적서의 차별, 4) 삼종지도, 5) 칠거지악, 6) 열녀의 탄생과 같은 배타적, 교조적인 이념이 되었고, 서유럽에서 시작된 자유, 평등, 박애와 같은 근대 시민국가의 보편적 역사를 만드는 데는 실패하였다.

유교문명의 영향과 의미

1970년대에서 1990년대에 이르는 기간에 산업국가로 성공한 한국, 대만, 홍콩, 싱가포르의 성공을 두고 이것이 유교문명권의 영향이라는 주장이 마치 진리처럼 회자된 적이 있다. 개발독재가 어느 정도 국가산업의 역량을 키울 수는 있었지만, 그것이 나중에 성장의 발목을 잡는다는 역설은 생각하지 않는 듯하다. 그런 의미에서 유교문명의 역할은 근대 이전의 시간으로 한정해야 할 것이다.

인간사회의 예의(禮儀)라는 가치는 우호적인 개념으로 다가선다. 혈연, 학연, 지연과 나이에 따른 상하질서의 사회가 강하게 유지되는 지역에서는 지배권력이 그래서 이런 예를 선호한다. 특히 군주와 사대부를 동격으로 인식한 사대부들의 조선사회는 이를 교조적 이념으로 만들었다. 이것이 바로 예치(禮治)이다. 마치 중세 서유럽의 신권정치와 같은 맥락이다.

예(禮)의 정치적, 제도적, 교육적 가치는 사회질서를 안정적으로 유지시키는 강력한 법제도이고 관습이다. 그래서 겉으로는 인간이 지녀야 하는 보편적 가치로 인식된다. 그런데 사물의 양면성을 간과하면 한 측면에 드러나는 가치만을 보게 된다. 동방예의지국이라는 말에서 그것의 답을 찾게 된다. 강력한 질서는 역으로 변화가 없고, 저항과 반대가 없는 일방적 사회를 의미한다.

유교문명의 제도표준, 교육표준, 사상통일 등은 사회집단에게 일정 정도의 선한 영향을 준다. 폭력과 야만이 숭배되는 사회에서 인간의 욕망과 일탈을 제어하는 윤리적 장벽이 되기도 한다. 그런데 그것은 어디까지나 신분과 계급이 지배하는 사회, 자본의 통제가 필요했던 산업사회의 노동현장에서 오히려 더욱 요구된 이념으로는 어느 정도 의미가 있고, 개방성과 창의성과 자유로움이 존중되는 근대 시민국가의 윤리이념으로는 이미 시대적 역할과 소명이 다했다고 보겠다.

14
CHAPTER

유럽문명,
변방의 오랑캐가 기독교문명을
형성하다

유럽문명은 지중해 유역의 여러 문명에서 소외된 게르만, 노르만, 슬라브족이 일으킨 기독교 기반의 변방문화였다. 10세기-15세기에 이르면 유럽문명은 철학, 과학, 문학, 정치 등 다방면으로 근대화를 이루고 세계역사의 주역으로 성장하였다.

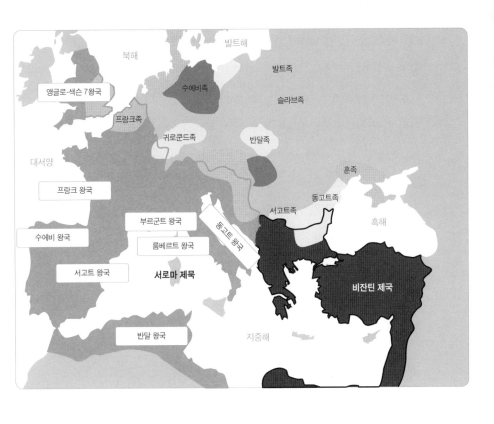

유럽문명은 오리엔트와 지중해문명을 바탕으로 형성이 되었지만, 정작 지중해문명의 주역인 그리스, 마케도니아, 로마는 유럽 역사의 변방이 되거나 소멸한 문명의 주인공으로 전락하고, 오히려 변방의 오랑캐로 멸시받은 게르만족, 슬라브족, 노르만족이 유럽의 주인이 되고, 중세와 근대를 주도하고 발전시킨 특성을 지녔다.

유럽문명은 다른 말로 기독교문명이다. 기독교는 로마의 라틴민족이 공인하고 국교로 발전시켰지만, 5세기에서 르네상스가 일어나는 16세기까지 1천여 년간 기독교를 발전시킨 주체세력은 그리스와 로마가 그렇게 오랑캐라고 멸시하던 게르만, 슬라브, 노르만이었다. 새로운 문명의 창조는 기존의 세력이 아닌 변방과 비주류, 낙후된 민족이 자극을 받아 일으킨다는 문명사의 역설을 유럽문명에서 다시 발견할 수 있다.

거시적 관점의 유럽문명

유럽인들의 생각과 행동, 무형의 자산과 유형의 물산을 지배하는 영역은 크게 신화, 철학, 종교와 같은 사유적 영역과 법, 제도, 언어와 같은 현실적 영역이다.

유럽문명의 뿌리는 오리엔트이다. 이집트 나일강, 소아시아의 메소포타미아는 문명 형성의 뿌리이다. 이들 문명은 유럽문명에 신화적 상상력과 예술적 감성을 선물하였으며, 히브리, 페니키아 등은 종교적 믿음과 언어의 문학성을 선물하였다. 특히 히브리의 기독교문명은 유럽문명의 혈맥이라 할 수 있다.

중세 유럽 봉건제의 주요한 문화요소			
① 그리스 문화	② 로마 문화	③ 기독교	④ 게르만 문화
플라톤 철학 그리스 문예	법과 제도 정통성의 근거	교부/스콜라신학 기독교윤리	혈연과 인구 유입 지역성과 분배주의

지중해 패권을 장악한 그리스, 마케도니아 헬레니즘, 로마문명은 유럽문명의 뼈대이다. 그리스의 신화, 문학, 언어, 정치제도, 철학은 기독교의 감성과 더불어 유럽문명의 이성을 형성하였다. 로마의 법, 제도는 유럽문명의 현실주의와 정치제도를 만들었다. 그리고 그것을 움직인 동력은 게르만, 슬라브, 노르만족의 등장이었다.

🚢 유럽문명 형성의 조건

서유럽, 동유럽, 북유럽은 시간적, 공간적으로 동시에 형성된 문명이 아니라, 역사적인 관점에서 시간적인 순서, 종교적 분열, 그리고 인종적 이동이라는 3가지 조건에 의해 이루어졌다는 특성을 지닌다.

서유럽은 게르만족이 주도하였다. 게르만족은 4세기경에 로마의 복속민으로, 용병으로 들어와 로마문명의 자극과 혜택을 받으며 성장하였고,

5세기경에 서로마 제국이 운명을 다하자 프랑크족이 뒤를 이어 기독교를 발전시키고, 로마문명을 서유럽문명으로 전환시켰다. 서유럽문명은 게르만족이 로마가톨릭을 기반으로 발전시킨 유럽문명의 주축이었다.

기독교(그리스도교)의 주요한 종교사상				
메시아(구세주)	대속(代贖)	부활(復活)	삼위일체	지상천국

동유럽은 슬라브족이 이끌었다. 5세기경에 라틴민족이 주축이었던 서로마 제국이 무너지고, 로마문명의 일부는 그리스계가 이끌었던 비잔틴 제국이 계승하였다. 비잔틴 제국은 자신들의 종교적 영향력을 확대하고자 동유럽 지역의 슬라브민족을 그리스정교로 개종시키고, 동서무역의 중계지로 동유럽의 경제, 문화적 발전을 이끌었다.

북유럽은 노르만족의 공간이다. 이들은 9-10세기경에 서유럽과 동유럽에 진출하여 중세 유럽의 정치적 지형을 무너뜨리고, 근대로 이행하는 데 엄청난 자극을 주었다. 그리고 노르만족은 종교개혁과 종교전쟁에 뛰어들어 유럽 근대의 주도세력으로 편입하고, 새롭게 등장한 개신교 문화권의 중심이 되었다.

로마의 동서분리, 유럽의 탄생

서로마(285-476)와 동로마(285-1453)는 디오클레티아누스(284-305)의 동서분리 정책에 의해 285년에 처음으로 제국이 4명의 부제에 의해 분할통치되었고, 콘스탄티누스(306-337)는 기독교를 공인하고 330년에 비잔틴(콘스탄티노플)으로 천도하여 로마의 중심지를 이원화 시켰다.

게르만 침략이 본격화되는 시기에 테오도시우스 1세(379-395)는 395년에 제국을 영구분리 시켰다. 이로부터 100년이 못된 476년에 서로마 제국은 게르만의 침략으로 멸망하고, 동로마 제국은 비잔틴 제국이란 이름으로 1453년까지 존속했다.

로마의 동서분리는 게르만족이 주도하는 서유럽과 비잔틴 제국이 이끄는 슬라브족의 동유럽으로 구성되는 유럽지형을 만든 계기가 되었다. 정치적, 민족적 동서 유럽지형과 더불어 로마 가톨릭을 받아들인 서유럽과 그리스정교로 개종한 동유럽은 종교적으로도 동서 유럽지형을 형성하였다. 이것의 시작은 바로 로마의 동서분리였다.

게르만의 대이동, 서유럽의 형성

동아시아에서 한(漢) 제국의 공격을 받은 훈족(흉노)은 375년에 볼가강을 건너 게르만족을 압박하였다. 로마는 1) 예속농노, 2) 용병차출, 3) 기독교

【소피아성당】

튀르키예의 수도인 이스탄불에 위치한 소피아성당은 동로마 제국 시기에 건설되었고, 기독교의 동서분리, 노르만족의 동서분리를 상징한다.

개종을 요구하고 게르만의 로마이주를 허용하였다. 375년에 로마 경내로 이주한 서고트족은 378년에 로마의 핍박에 반란을 일으켜 자치권과 정주권을 얻었다. 이로부터 오늘날 서유럽을 형성하는 게르만의 대이동이 시작된 것이다. 동아시아에서 일어난 바람이 서유럽 역사의 태풍이 된 것이다.

언이어 부르군트족은 프랑스 지역에 부르군트 왕국(443-534)을 세우고, 앵글로색슨족은 영국으로 건너가 7왕국(449-829)을 세우고, 반달족은 이베리아 반도를 지나 북아프리카 튀니스(카르타고)에서 반달 왕국(429-534)을 세웠다. 롬바르드족은 북이탈리아에 롬바르드 왕국(568-774)을 세우고,

동고트족은 이탈리아와 그리스 중간지대에 동고트 왕국(493-555)을 세웠으며, 서고트족은 로마를 경유하여 에스파니아 지역에 서고트 왕국(415-711)을 세웠다. 그리고 본토인 로마는 476년에 게르만의 용병대장인 오도아케르에 의해 멸망하였다. 이로써 서유럽의 문명적 자산은 게르만족이 계승하게 되었다.

프랑크 왕국, 로마의 계승

게르만족 가운데 프랑크족은 프랑스 북부로 진입하여 로마역사의 계승자로서 가장 빛나는 유럽의 역사를 열었다. 481년에 프랑크족을 통일한 클로비스(481-511)는 486년에 메로빙거 왕조(프랑크 왕국)를 세우고, 496년에는 로마가톨릭 아리우스파(이단)에서 정통파인 아나타시우스파로 개종하고 로마교회와 제휴하였다. 이로부터 프랑크 왕국은 로마의 역사, 종교적 정통성을 계승한다.

① 메로빙거 왕조(486)	② 투르-푸에티에 전투(732)	③ 카롤링거 왕조(751)
- 클로비스의 건국	- 이슬람의 서유럽 진출 방어	- 독일, 프랑스, 이탈리아
④ 교황령의 탄생(774)	⑤ 칼 대제 교육칙령(789)	⑥ 로마 황제 대관식(800)
- 교권의 영향력 증대	- 카롤링거 르네상스(교회 중심)	- 로마가톨릭의 종교 지배

8세기에 이슬람이 유럽을 공격하였다. 동로마는 717년에 비잔틴에서

불가리아 동맹군과 함께 이슬람의 북진을 막았고, 프랑크는 732년에 궁재(행정재상) 카를 마르텔(Karl Martel: 688–741)이 투르–푸아티에서 이를 격퇴하여 유럽을 지켜냈다. 카를 마르텔의 아들 피핀은 이 기세로 메로빙거 왕조를 폐하고 751년에 카롤링거 왕조를 세워 비(非)프랑크계 카페 왕조(987–1328)에 의해 교체될 때까지 서유럽의 라틴어 르네상스를 이끌었다.

베르됭조약(843)과 메르센조약(870)으로 프랑크 왕국은 3분되었고, 이 중에서 동프랑크(독일)는 노르만과 마자르족의 침략으로 9세기 말에 카롤링거 혈통이 단절되고, 독립성이 강한 프랑켄, 작센, 알라마넨, 바이에른

【파리 전경】

세느강변에 자리잡은 파리는 중세유럽을 대표하는 문명도시이다. 중세의 카롤링거 르네상스의 현장이며, 18세기에는 프랑스대혁명의 깃발과 총성이 가장 치열했던 혁명의 도시이다.

부족 가운데 작센의 하인리히 1세-오토 1세가 왕위에 올라 작센 왕조(919-1014)를 열었고, 이것이 신성로마제국이 되었다. 이로부터 서유럽은 프랑크 제국을 이은 프랑스와 신성로마제국이 위치한 독일-오스트리아가 서로 협력하고 경쟁하면서 발전하였다.

유럽문명 자세히 보기 - 신성로마제국

프랑크 왕국에서 분열된 동프랑크 왕국은 800년에 카를 대제(샤를 마뉴)에 이어 962년에 오토 1세도 로마 교황 요하네스 12세에 의해 962년에 신성로마제국 (962-1806)이 되어 1806년에 나폴레옹에 의해 해체될 때까지 로마 교황청의 승인을 받은 로마의 후계자로 인정받아 유럽 세계를 지배하였다.

루이 1세의 3자인 루이(르트비히 2세)가 물려받은 동프랑크는 10세기에 이르러 카롤링거 왕조의 혈통이 끊어지고 프랑켄공(부족장: Herzog) 콘라트 1세가 부족연합체의 왕으로 추천받았고, 아들인 하인리히 1세부터 세습이 시작되어 독일역사의 출발이 시작되었다.

오토 1세(936-973)는 북쪽의 노르만족인 데인족(덴마크)을 방어하고 노르만족을 그리스도교로 개종하는데 힘을 썼으며, 955년에 훈족계 마자르족(헝가리)을 헤르필트(아우크스부르크)에서 대파하여 서유럽 세계를 지켜냈으며, 로트링겐에서 프랑크를 물리쳐 힘의 우위를 과시하였다.

961년에 이탈리아에서 프랑크 왕국 루이 1세의 외손계통인 베렝가리오가 로마 황제를 자칭하자, 로마 교황 요한 12세는 오토 1세에게 구원을 요청하였고, 오토 1세는 간단히 베렝가리오를 제압하였다. 962년에 요한 12세는 오토 1세에게 로마 황제의 왕관을 수여했다. 오토 1세의 아들인 오토 2세는 자신의 제국에 로마를 붙이고, 200년 뒤에 프리드리히 1세는 신성이란 호칭을 붙여 동프랑크 제국은 신성로마제국이 되었으며, 선조를 추존하는 예법에 따라 오토 1세를 신성로마제국(Holy Roman Empire)의 황제라고 부른다.

기독교 세계와 십자군전쟁(1096-1270)

중세는 고대(그리스-로마)와 근대(문예부흥 이후)의 사이인 중간 세기(中世)로, 보통은 서로마의 멸망(476)에서 14세기 북이탈리아에서 시작된 르네상스 이전까지 시대를 칭한다. 유럽의 중세는 봉건영주(사제)-기사-농노가 맺은 주종관계를 기반으로 유지되는 경제적 생산양식이고 정치적 사회체제이다.

정치: 주교좌 성당	문화: 신 중심 세계	과학: 천동설
법치(法治)와 신학교육 중심	교부철학, 엄숙주의, 마녀사냥	신앙심, 비이성-비과학

8세기에 들어와 유럽 봉건제는 주변의 이슬람, 노르만, 슬라브족들의 도전으로 위기에 빠지기 시작하였고, 시간이 흐르면서 봉건 귀족의 증가로 소유권의 한계에 직면했다. 이에 유럽 기독교세계는 교권의 강화와 봉건영토의 확장을 목표로 십자군전쟁을 일으켰다.

8차에 걸친 십자군전쟁은 원하는 목적을 이루지 못하였지만 전쟁으로 인하여 가장 큰 피해를 입은 오리엔트 지역에서는 투르크계 종족이 이슬람문명을 차지하고 1천여 년간 지배하는 계기가 되었다. 서유럽에서는 교황권이 쇠퇴하고, 구(舊)귀족이 몰락하였다. 전쟁의 중간지역이었던 북이탈리아는 전쟁의 수혜를 가장 많이 입었다. 동서무역을 독점한 북이탈리아 상인들은 경제적 부를 바탕으로 르네상스와 종교개혁의 문을 열게 되었다. 아울러 10세기경에 어느 정도 성장을 이룬 동유럽의 슬라브, 북유럽의 노르만과 더불어 유럽문명은 서유럽 중심에서 동과 서와 북이 3각축을 이루는 형세로 변화하였다.

유럽문명 자세히 보기 – 카노사(카놋사) 굴욕

신성로마제국 하인리히 4세가 밀라노 대주교와 중부 이탈리아 사제들을 임명하자 로마 교황 그레고리우스 7세는 황제의 중앙집권에 반대하여 하인리히 4세를 파문하였다.

반대파 제후들이 1년 안에 파문을 해제하지 못하면 황제를 폐위시킨다고 하자 하인리히 4세는 1077년에 교황의 거처인 카노사(카놋사)성의 문 앞에서 3일 동안 맨발로 용서를 구하여 사면을 약속받았다.

그 후 하인리히 4세는 1085년에 로마를 쳐서 교황을 퇴위시켰지만 서유럽의 종교조직은 로마 교황을 정점으로 통일조직화되었다.

① 기독교 개종	② 교황령(774년)	③ 신성로마제국(962년)
그리스의 기독교 수용 로마·유럽으로 확산	칼 대제와 교육칙령(789년) 교황권의 영향력 증대	작센 오토1세(962-973) 프리드리히1세(1152-1190)
④ 카놋사 굴욕(1076년)	⑤ 아비뇽 유수(1309-1377년)	⑥ 교회대분열((1378-1417년)
교황과 황제의 서임권 투쟁 교황권이 황제권을 압도	교황이 아비뇽에 유배됨 교황권 쇠퇴의 전기가 됨	로마와 아비뇽에 각 교황청 로마가톨릭의 영향력 쇠퇴

🚢 동유럽의 형성

게르만족의 유입으로 형성된 서유럽과 달리 동유럽의 뿌리는 동로마(비잔틴)이다.

특히 6세기경에 등장한 유스티니아누스(527-565)는 콘스탄티노플에 소피아성당을 건축하여 기독교 도시로 발전시켰으며, 로마법을 제정하여 동로마 지배 1000년의 발판을 만들었다. 또한 반달전쟁(533-534), 동고트전쟁(535-552), 서고트전쟁(552) 등을 통해 로마의 재건을 이루는데 성공하였다.

유스티니아누스	니케포로스 2세	바실레이오스 2세
로마법 제정, 소피아성당 건축 영토확장(지중해 장악)	소아시아(오리엔트) 지배	토지개혁, 러시아 개종 불가리아 격퇴

동로마	훈과 아바르	노르만족	슬라브족
그리스 정교 유지 로마-그리스 문화	동유럽 지형 형성 슬라브족 정치충격	러시아 형성 기초 교역을 통한 발전	동유럽 형성 주축 그리스정교 신앙

니케포로스 2세(963-969)의 소아시아 재정복과 바실레이오스 2세(976-1025)의 러시아 개종은 1453년까지 동로마가 동유럽의 역사를 주도하고, 동유럽을 그리스정교 문화권으로 만드는데 가장 중요한 역할을 했다고 할 수 있다.

북유럽의 형성

게르만족과 슬라브족의 형성과 함께 8–10세기경에 북반구의 노르만족(바이킹)이 유럽 각지로 대이동을 시작하였다. 노르만족은 프랑스 노르망디, 이탈리아 시칠리아에 상륙하여 유럽 정착의 교두보를 확보하였고, 영국에서는 노르만 왕조를 세워 16세기 이후 해가 지지 않는 영국 제국의 토대를 만들었다. 아울러 러시아 키에프공국, 노브고르드공국을 세우고 오늘날 러시아의 지형을 만드는 공을 세웠다.

10세기경부터 유럽사회에 노르만족이 편입되면서 해상교역의 확대, 종족 해체와 융합, 정치지형의 분열, 봉건제의 약화를 불러일으켰다. 15–16세기에 이르러 대부분 왕조국가였던 북유럽은 르네상스와 종교개혁의 여파로 자본주의와 프로테스탄트(개신교)가 빠르게 유입되어 유럽에서는 빠르게 계몽적 사고와 근대시민국가의 성립이 이루어졌다. 이로부터 유럽문명은 게르만족이 중심인 가톨릭의 서유럽, 슬라브족이 핵심인 그리스정교의 동유럽, 노르만족이 주축인 개신교의 북유럽이라는 3대 종교적 지형과 민족지형이 탄생하였다.

유럽문명의 역사적 의미

르네상스와 종교개혁, 계몽주의 이전까지 서유럽, 동유럽, 북유럽문명은 기독교문명이었다. 로마가 계승한 그리스–로마 고전사상은 기독교와 만

【키예프 시와 프라하 시】
우크라이나 키예프와 체코의 프라하는 중세시기 동유럽의 역사와 문화가 숨 쉬는 곳이다.

나 기독교 신학으로 이어지면서 유럽의 정신문명을 지배하였고, 동로마의 유스티니아누스가 제정한 로마법은 기독교 윤리법으로 봉건제와 더불어 서양세계의 도덕과 윤리를 1천여 년간 규정하였다.

중세 그리스도교의 양대 신학 계보	
교부 철학	스콜라 철학
1. 뿌리: 헬레니즘의 신플라톤주의 2. 주도: 아우구스티누스(354-430) 3. 핵심: 신에게 구원받는 게 행복 4. 인식: '은총의 빛'으로 신을 인식 5. 교의: 하느님 나라의 교회 안에서 시작 6. 저술: 신국론	1. 뿌리: 헬레니즘의 아리스토텔레스 2. 주도: 토마스 아퀴나스(1225-1274) 3. 핵심: 신에게 다가가는 게 존재 목적 4. 인식: 신을 닮아가는 실천이 필요(신앙) 5. 교의: 그리스도를 이성의 힘으로 논증 6. 저술: 신학대전

로마의 계승권을 부여받은 서유럽 세계인 프랑크의 칼 대제(768-814)가 교황에게 선물한 교황령은 교권과 정권이 이원적으로 지배하는 유럽 봉건제를 만들었고, 그가 선포한 교육칙령은 지역에 기반한 주교좌 성당이 정치, 사회, 문화를 주도하는 카롤링거 르네상스를 이루었다. 아울러 이러한 유럽문명은 지중해 남부를 장악한 이슬람의 북진을 방어하는 방파제로 존재하면서 오늘날 영국, 미국으로 이어지는 근대문명의 전승자로 역사에 기여하였다.

15
CHAPTER

중남미문명,
독립적이고 독자적인 세계

중남미문명은 다른 대륙과의 교류없이 독자적으로 발전한 아메리카문명이다. 중남미인들은 16세기에 이르러 아즈텍, 잉카, 마야문명을 발전시켰다.

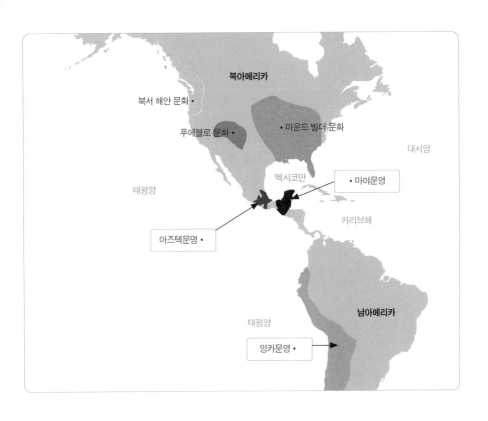

북아메리카

북서 해안 문화 •

푸에블로 문화 •

• 마운드 빌더 문화

대서양

태평양

멕시코만

• 마야문영

아즈텍문명 •

카리브해

남아메리카

태평양

잉카문영 •

중남미문명은 아즈텍, 잉카, 마야문명을 종합하여 부르는 이름이다. 이들 중남미문명은 유럽과 아시아의 여러 문명과 교류하거나 이동하거나 충돌한 사례가 없는 독립적으로 탄생하고 독자적으로 발전한 문명이다. 중남미문명은 유라시아 지역의 여러 문명들처럼 달력, 문자, 정치권력, 종교, 도시국가 등 문명으로 규정할 수 있는 여러 요소들을 두루 갖추고 있다.

16세기경에 이르러 스페인, 포루투갈, 네덜란드 등 여러 유럽 해양국가들의 정치적, 종교적, 군사적 침입과 간섭, 탄압 등으로 후대에 문명의 성과를 제대로 전승하지 못하고 대부분 역사에서 소멸되었다는 특징을 지닌다. 그렇지만 중남미의 물질문명을 대표하는 옥수수, 토마토, 고추, 담배, 땅콩, 해바라기, 감자, 고구마 등은 문명의 성장과 존재가 끝났어도 그후의 세계 문명사를 바꾸는 위대한 성과로 평가할 수 있다.

🚢 북아메리카 대륙의 문화

아메리카 인류는 4만 년 전~2만 년 전에 동북아시아 수렵민들이 이주하여 형성된 사람들이다. 기원전 1만 5천 년 전부터 8천 년 전 사이에 이들이 꽃피운 문화는 유적의 이름을 따서 샌디아 문화, 클로비스 문화, 폴솜 문화라고 부른다.

북미주 대륙의 에스키모는 알래스카, 그리인란드, 래브라도, 캐나다 등지의 사람들로 5세기~10세기경에 고래사냥을 꽃피운 툴레 문화의 계승자이다.

【마추픽추】

페루 남부에 위치한 유적으로 잉카문명을 대표한다. 잃어버린 공중도시라는 이름을 가진
마추픽추는 그동안 잊혀졌다가 20세기 초에 세상에 모습을 드러냈다.

서기 전후의 북미주 남서부(유타, 콜로라도, 애리조나, 뉴멕시코)에는 아나사지 문화가 발달하였다. 전기의 문화는 운반·조리·저장 등을 위한 바구니가 많이 발달되어 '배스킷 메이커 문화'라고 부르며, 8세기경에 마을을 의미하는 '푸에블로 문화'가 계승하여 13-14세기경에 절정에 이르렀고, 가뭄이 들자 이들은 남쪽으로 이주하였다.

푸에블로 문화와 같은 시기에 북미주 남동부(미시시피, 엘리바마, 조지아, 플로리다)에는 수우족, 또는 이로쿠오족이 남긴 '마운드 빌더즈'의 [신전총 문화(흙무더기)]가 발달하였다.

중남미문명의 주요 분포	
메소 아메리카(멕시코, 과테말라)	안데스 지역
① 1기: 올맥 문화, 선 고전기 ② 2기: 테오티와칸 문화, 고전기 마야문명 ③ 3기: 톨텍 문화, 아즈텍 문화 후고전기	① 1기: 차빈 문화 형성기 ② 2기: 차빈 문화 고전기 ③ 3기: 잉카 제국 후고전기

⛴ 중남미 돌의 문화, 올맥 문화

중남미 안데스 지역은 2개의 문명중심지가 있다. 멕시코 남부, 과테말라의 메소 아메리카 지역과 안데스 지역이다. 돌의 문화라고 부르는 올맥 문화는 기원전 1천 년 전에 시작되어 기원전 800-200년 전에 전성기를 누렸으며 마야문명에 상당한 영향을 끼쳤다. 멕시코 베라크루스의 라벤타 등에 꽃을 피운 올맥 문화는 석조(石彫)예술과 아메리카 최초의 상형문자를 사용하였다.

올맥 문화의 영향을 받은 몬테알반 문화는 기원전 700년-1천 년경까지 2천m 이상의 고지에 건설되었는데, 1기-2기 문화는 종교제사터이며 천체관측소의 건축물이 건설되었고, 3기-4기(3백년-1천년기)는 지금도 이곳에 살고 있는 자포테족이 건설한 문화로 다신(多神)의 석상이 많이 조각되었다. 에스파니아 침략군이 오기 전에 푸에블로 문화를 남긴 미시텍인에게 망하였다.

테오티와칸과 와스텍 문화

멕시코 시 북동쪽의 테오티와칸 문화는 기원전 300년부터 시작되어 600년경에 쇠퇴하였다. 전성기에 도시인구가 10만에 이르렀고, 도시 중앙에는 폭 45m, 길이 2Km의 '사자(死者)의 길'이 설치되었고, 길의 양쪽에는 피라미드와 신전이 늘어서 있으며, 동쪽에 있는 태양의 피라미드는 높이가 65m, 바닥의 한 변 길이가 225m에 이른다. 길의 끝에는 달의 피라미드가 있고, 남쪽 끝에는 '성새'라고 부르는 거대한 건축물이 즐비하게 서있다. 다신(多神)신앙과 제사 문화가 발달하였던 테오티와칸은 4-5세기에 전성기를 누리고 600년경에 대화재와 파괴의 흔적이 있지만 그 원인은 아직도 모른다.

테오티와칸의 북쪽 멕시코만에 위치한 와스텍 문화는 올맥 문화를 계승하여 기원전 3세기-2세기경에 시작하여 토토낙 문화와 푸에블로 문화로 발전하였다. 토토낙 문화는 엘타인에서 꽃을 피웠는데 특징적인 것으로 돌로 만든 멍에, 종려나무잎을 상징하는 팔마라는 석조물, 의식용 돌도끼 등으로 에스파니아 침략 전까지 발달하였다.

푸에블로 문화는 7세기 이래로 미시텍인이 오아하카, 푸에블로, 틀라스칼라, 게레로 등에서 꽃을 피웠는데 1350-1580년에 가장 확장되었다. 이들은 금, 은, 동과 같은 금속용해 기술과 보석가공 기술이 뛰어났고 가죽이나 종이, 면포에 표의문자에 해당되는 그림문서를 남겼는데, 서양선교사들이 악마의 글이라 하여 대부분 불태워 남겨진 게 거의 없다.

 ## 남미 안데스의 차빈, 모치카, 나스카 문화

현재의 페루, 에콰도르, 볼리비아, 아르헨티나 북부에서 발달한 안데스 문화는 기원전 1500년부터 1533년까지 1) 형성기, 2) 고전기, 3) 후고전기의 시대로 발전하였다.

기원전 500년경에 전성기를 맞이하였는데 차빈데완타르가 중심지였다. 주요한 건물은 카스티요라고 부르는 성새(城塞)로 신전이었다. 이 문화에서는 석조, 부조, 토기의 문양으로 고양이, 콘도르, 뱀, 물고기 등이 새겨져 있다.

고전기(BC 200~600)에는 급격한 인구의 증가와 종교, 사회적 조직의 발전, 그리고 농업, 야금, 상업, 예술 등의 발달에 따라 페루 북부에는 모치카 문화, 남부에는 나스카 문화가 발달하였다.

모치카 문화의 토기에는 생활양식을 표현한 소상, 부조, 회화가 주종을 이루는데 수렵, 종교의례, 농업, 어업, 병의 치료, 수술모습 등이 새겨져 있다. 이들 가운데 전쟁 그림이 많은 것으로 보아 호전적이며, 의복의 장식에 따라 계급이 분화되었음을 알 수 있다.

나스카 문화는 직조기술이 발달하였으며, 적의 머리를 잘라내고 이를 자랑하는 관습이 토기나 직조물에 '트로피 헤드'로 남아 있다. 또한 모래를 파내 그 밑의 산화철을 다량으로 머금은 지층에 직선, 나선, 파선, 기하학무늬, 원숭이, 새 등의 그림을 그린 땅그림(地畵=지화)이 있다. 어떤 것은 수천km에 이른다.

모치카 문화와 나스카 문화가 끝나갈 무렵인 5백년경에 볼리비아의 농업에 적당치 않은 3천m 서부 고원에 티아와나코 문화가 일어났다. 이곳은 종교적 신성구역인 신전으로 5m 크기의 안상암으로 만든 태양의 문이 있으며, 바라코차 신과 새인간(鳥人=조인) 그림이 부조되어 있다. 그 외에도 7m가 넘는 신상도 있다.

후고전기에 이르러 티아와나코 문화에서 파생한 와리 문화가 발전하였다. 전반기(600~1438)에는 도시가 발달한 시기로 국가연합이 조직되었다. 북부해안의 치무는 가장 번영한 왕국으로 수도인 찬찬은 인구가 5만이었으며, 성벽으로 둘러쌓인 도시는 10구역으로 나뉘어져 각 구역은 우두머리가 지배하였다. 후고전기 후반(1438-1532)에는 잉카 제국의 발달에 따른 잉카문명의 전성기에 해당된다.

아메리카의 그리스, 마야문명

아메리카에서 가장 수준 높은 문화를 향유한 마야문명은 멕시코만 열대림에서 발생한 올맥 문화를 계승하면서 유카탄 반도, 오늘날의 과테말라·온두라스·엘살바도르 등에서 발달하였다. 시대구분은 형성기(300-300), 고전기(300-900), 후고전기(900-1530)로 나눈다. 형성기에는 올맥 문화를 계승하였기에 뚜렷한 마야인의 색채가 드러나지 않는다.

고전기에 이르러 마야 문화는 테오티와칸 문화, 후고전기에는 톨텍 문화의 영향을 받으며 마야문명의 성격을 드러내며 성장하였다. 고전기에 마야문명은 고도로 발달하여 티칼·와샤크툰·코판·야시칠란·팔렌케 등에 신전도시를 건설하였다. 10세기에 이르러 갑자기 신전도시는 폐허가 되는데 그 원인으로는 ① 기후변화와 농지의 피폐, ② 톨텍족의 침입, ③ 역병(疫病)의 유행, ④ 사회적 모순에 의한 내부반란으로 붕괴했을 것으로 추정한다.

후고전기에 해당하는 1200년경에 이르러 톨텍 문화의 전파자들이 고전기 마야문명의 최후거점인 치첸이차와 마야판을 점령하고 새로운 신전도시를 건설하여 후고전기를 열었다. 후고전기는 제사 문화를 기반으로 하는 도시문명이지만 전란이 끊임없이 전개된 시기이기도 하다.

마야문명의 대표적 문화는 ① 상형문자, ② 마야역법, ③ 마야인의 세계관, ④ 마야의 건축물, 피라미드, ⑤ 사회제도를 들 수 있다.

상형문자는 신과 사람의 모습, 역법을 새긴 석판에 나타난다. 320년경에 만들어진 라이덴석판이 유명하다. 그림문서는 나무껍질을 종이처럼 엷게 두드려 만든 수피(樹皮)에 역법, 예언, 종교의례 등을 남겼지만 에스파냐 침략자들이 대부분 태워버려 현재 4책만이 남아있고 전체의 반 정도만 해독되었다. 마야문자는 올맥인의 발명인지 마야인의 창안인지 정확하게 밝혀지지 않고 있다.

마야인의 역법은 20진법에 의해 20일을 1개월로 하는 18개월 주년법에 불길한 날인 5일을 합해 365일(하아브력)과 1년을 260일로 삼은 촐킨력이 있으며, 햇수의 표기는 하아브력의 1년을 툰, 20툰을 1카툰, 20카툰(400년)을 1바크툰으로 삼아 동양의 360년을 1회(會)로 삼는 역법과 비슷한 주기를 가졌다.

마야인의 세계관은 13바크툰(5200년)을 1주기로 하여 세상의 종말이 오며, 그런 시대가 3번 거쳐왔다고 생각하여 서기로 2000년경에 종말이 온다는 숙명론을 믿었는데 이를 기초로 마야의 시원을 찾는다면 기원전 3,113년이다. 마야인들의 우주관은 하늘이 13층, 명계(冥界)가 9층으로 피라미드처럼 이루어졌고 그 가운데가 평평한 대지라고 생각하였다.

최고의 신 [이차무나]는 문자의 발명자이고 학문과 과학의 수호자이며 하늘의 신이다. 그리고 달의 여신, 바람의 신, 생명의 신 등이 각각의 역할을 맡고, 톨텍 문화의 영향으로 동물과 인간을 신에게 희생물로 바쳤다.

【마야문명의 피라미드】
태양과 가장 가까운 신전으로 이집트의 피라미드, 고구려의 계단식적석총과 비교되는 건축물이다.

마야 문화는 12세기경에 이르러 치첸이차와 마야판의 전쟁이 치열하게 전개되었으며, 톨텍인이 마야인에 대한 수탈이 가중되자 1441년에 마야인의 반란으로 마야판은 파괴되었다.

이후부터 마야문명은 무정부 상태로 빠져들어 도시국가의 전쟁이 끊임없이 벌어져 쇠퇴하기 시작하였고, 1480년의 전염병이 치명적인 타격을 가해 1518년에 에스파냐 침략자들이 유카탄 북부에 상륙했을 때 저항할 수 있는 여력이 없었으며, 1527년에 에스파냐의 프렌시스코 데 몬테호가 거느리는 원정군에게 쉽게 무너졌다.

아즈텍의 역사와 문화

600년경에 멕시코 북동쪽의 테오티와칸이 무너지고 3백년이 지난 10세기에 이르러 치치멕의 일파인 톨텍인 계통의 도시국가가 탄생하기 시작하였으며, 중앙 지역에는 아즈텍인이 치치멕이라 부르는 수렵채집민족이 살고 있었다.

13세기경에 치치멕의 다른 일파가 톨텍 왕국을 정복하고 테시코코를 수도로 하는 왕국을 세웠으며, 14세기경에 아즈텍인이 이곳으로 들어와 테노치티틀란과 틀라텔롤코라는 도시를 건설하였는데 이를 메시카(오늘날 멕시코의 어원)라고 부르며, 톨루카 분지에 살던 데파넥인과 쿨와인이 이주하여 소왕국인 쿨와를 세웠다.

15세기경에 아스카포찰코에 있던 테파넥인이 치치멕인의 지배에서 벗어나 테소소모크를 왕으로 받들어 왕국을 세우고 메시카인을 앞세워 멕시코 중앙을 대부분 지배하는데 성공한다. 이때 메시카인들은 군사능력을 발휘하여 자신을 고용한 테파넥인을 압도하고 메시카 왕국을 건설하였다.

1427년에 메시카인이 데파넥인을 물리치고 아즈텍 제국의 발전을 도모하였다. 아즈텍 문화는 멕시코의 선주 문화인 톨텍 문화를 계승하였다. 아즈텍은 메시카인의 출신지역인 아스틀란에서 왔다. 아즈텍은 테노치티틀란(메시카인), 데시코코(쿨와인), 틀라코판과(테파넥인)가 가장 번성한 도시였다.

테노치티틀란(멕시코시티)의 이츠코아틀은 데시코코의 도움을 받아 멕시코 중부를 대부분 장악하고, 이를 계승한 모크테수마 1세(1440-1469)는 1450년에 심한 기근이 발생하자 희생의 제물을 위해 주변국과 지속적인 전쟁을 벌였다. 야사야카틀(1469-1481), 티소크(1481-1486), 아위초틀(1486-1502) 시기에 아즈텍 제국의 최대영토를 자랑하였으며, 모크테수마 2세(1502-1520)는 반란을 평정하고 지방봉건제도를 폐지하여 중앙집권제도를 마련하였다.

이 시기에 에스파냐군이 동부 해안에 상륙하자 아즈텍에 대항하던 틀라시칼라인 등이 1519년에 파나마로부터 군사를 거느리고 멕시코만에 상륙한 코르테스와 동맹을 맺고 아즈텍인을 공격하였다. 1521년에 코르테스는 테노치티틀란을 정복하고 아즈텍 제국을 무너뜨렸다.

200여 년에 걸쳐 이룩된 아즈텍 문화는 잔혹한 희생, 정복전쟁, 종교의례가 특징적이다. 그들은 우주가 천국과 지옥으로 구성되고 죽은 자는 생전의 행위가 아닌 죽음의 방식에 따라 사후의 나라에 간다고 믿었다. 예를 들면 전사자, 종교희생물, 애를 낳다가 죽는 여인은 영웅이며 태양의 나라에 간다.

아즈텍인은 마야인과 같은 20일로 된 18개월 역법을 사용하였고, 선(善)의 신 케찰코아틀에게는 꽃과 과일을 바치고 악의 신 데스카폴리카에게는 인간을 제물로 바쳤다. 희생물의 심장은 독수리의 잔에다 담아 바쳤으며, 가죽은 제사장이나 속죄자가 20일간 걸쳤다.

아즈텍의 전성기에 인구는 1천만 명이었으며, 왕은 귀족, 신관, 군사지

【아즈텍문명의 신전】
중남미문명은 태양숭배와 산악도시를 대표로 한다. 옥수수를 인공재배하고 감자와 고구마를 생산하였다. 중남미문명의 여러 작물들은 16세기 이후 세계의 음식 문화를 폭발적으로 변화시켰다.

도자로 구성된 최고회의에서 선출하였으며, 차츰 종교적 숭배대상으로 변해갔다. 귀족과 전사에게는 특권이 있었으며, 아래로 상인계급, 직공, 서민이 뒤를 잇고 노예가 가장 낮은 계급이었다.

태양의 제국, 잉카문명

잉카는 안데스 지역 후고전기 후반기(1438~1532)에 발달하였다. 잉카는 족장(族長)이란 말이 황족이나 황족 혈통의 귀족들에게 붙인 호칭이다. 대잉카 제국의 영토는 페루, 에콰도르, 볼리비아 대부분과 칠레와 아르헨티나 일부에 걸쳐 있었다. 다만 잉카는 고유한 문자가 없었기 때문에 구전서사 시인 야라비와 에스파냐인이 남긴 자료를 통해 역사를 재구성하는 어려움이 있다.

잉카 제국의 시조 만크 카파크는 3형제 4자매와 함께 쿠스코분지의 3개 동굴 가운데에서 나타나고 양쪽에서는 10개의 씨족이 나왔다고 전한다. 이로부터 7대에 이른 야와르 와카크 황제가 쿠스코 계곡의 주민을 정복하고 동맹국인 루파카나 케추아와 함께 서쪽의 찬카를 굴복시키면서 발전하였다.

9대 황제인 파차쿠테크 유판퀴(1438~1471)의 정복전쟁과 그의 아들 9대 투파크 잉카 유판퀴(1471~1493) 시기에 에콰도르와 페루 지역 마지막 왕조인 치무 왕국을 정복하고 잉카 제국 최고의 전성기를 열었다. 유판퀴는 전국적인 세무조사를 실시하고 지방장관의 임면권을 행사하며 중앙집권제를 강화하였다.

11대 황제 카파크(1493~1525) 시기에 잦은 반란으로 점차 쇠퇴를 맞이하였고, 적자인 와스카라(수도인 쿠스코)와 서자인 아타왈파(에콰도르)에게 제국의 분할통치를 맡겼다. 카파크의 사후에 와스카라는 쿠스코에서 황제에 오르고, 아타왈파는 에콰도르에서 부왕의 군대를 편입하여 전쟁을 일으켰다. 이 싸움에서 아타왈파는 와스카라를 물리치고 황제가 되었지만 에스파냐의 침략군인 피사로가 도착했을 때 내란의 불길이 아직 식지 않은 상태였다.

잉카 제국은 타완틴수유(4개 주의 나라)로 불리웠고, 수도 쿠스코를 중심으로 봉건제가 형성되었다. 황제는 신과 같은 존재이며 순수한 혈통을 위해 친족혼을 하였으며, 사후에는 미이라로 만들어 궁전이나 태양의 신전에 모셔졌다. 황제의 가족 가운데서 태양의 신관을 맡았고, 신전에 봉사하는 마마코나(태양의 처녀)도 있었다. 잉카인은 황제의 조상인 인티를 대신전에 모시고 숭배하였으며, 인티의 아버지이며 창조신 비라코치는 최고신이었다.

토지는 태양신의 땅, 황제의 땅, 귀족의 땅으로 구분하였고, 농민들은 분배받은 땅의 경작은 물론이고 태양신과 황제의 땅을 경작하였다. 각지에는 행정관이 파견되었고, 도로망과 숙박시설, 요새 등이 세워졌는데 해발 2400m에 위치한 마추픽추 성을 대표적인 유적으로 꼽을 수 있다.

> ### 중남미문명 자세히 보기 – 대항해시대의 바다의 길, 도자기와 향신료
>
> 바다의 길은 상아의 길, 단향목의 길, 도자기의 길이다. 주로 서양학자들에 의해 남해로(Southern Sea Road)라 명명된 이 길은 중국 동남해의 항구에서 동남아, 뱅골, 인도, 아라비아, 지중해까지 이어지는데, 명나라 초기에 정화(鄭和)가 이끄는 중국 선단의 7차례에 걸친 대항해(1405-1433)를 끝으로 그 이상의 역사적 영향력을 상실하고 그 역할을 대서양에게 넘겨주었다.
>
> 역사적으로 이 길은 교역의 품목과 정치적 목적에 따라 다양한 지선(支線)이 펼쳐져 있다. 우선 우리와 관계된 길을 예시로 든다면, 1) 한반도와 일본의 문화전파로, 2) 한반도 북부와 중국을 연결하는 해삼, 고래, 어물 등의 교역로, 3) 요동과 중국 남방을 연결하는 마선(馬船)의 길, 4) 한반도 서해와 중국을 연결하는 소금의 교역로, 5) 인삼 교역로, 흑요석과 비단조개 교역의 길 등이 있다.

또한 동남아와 동아시아의 대표적 거래물품인 상아, 단향목, 양탄자의 교역로가 있었다. 인도와 지중해의 교역로는 남인도 루트이다. 로마인들은 인도에서 후추, 향료, 진주, 면포 등을 구매하고, 남인도는 포도, 술, 유리류를 수입했다. 그렇지만 세계적인 차원에서 해상 교역로는 차와 도자기와 향신료의 교역이 가장 문화적 파급력이 강했다.

르네상스와 더불어 차와 도자기의 수요가 폭발하였고, 이때 수많은 도자기들이 바닷길을 통해 교역되었으며, 마젤란의 세계일주 이후에 형성된 동남아의 향신료무역은 기존의 후추무역 독점권을 가진 중앙아시아를 몰락시키고 대서양시대를 개막하게 만들었다.

중남미문명, 물질문명으로 세계를 지배하다!

중남미문명의 역사, 문자, 달력, 신화 등은 세계 문명에 그다지 영향을 주지 못하였다. 그것은 첫째로 중남미문명이 유럽과 아시아 대륙의 역사발전과 교류가 없었던 독자적이고 독립적인 문명이었기 때문이다. 또한 근대에 이르러 스페인 등 외부침략 세력에 의해 문명의 주체세력이 소멸되고, 문명의 성과도 훼손되고 파괴되었기 때문이다. 또한 이질적인 기독교적 세계관이 중남미문명을 지배하면서 문명의 정체성은 부정되고, 계승조차 할 수 없었다. 이로부터 중남미문명은 그 문명을 계승할 후예들도 소수로 전락하고, 후대에 물려줄 유산도 거의 소멸되었다.

그런데 중남미문명을 생성하고 발전시킨 물질문명은 오히려 외부 침략자들의 손을 거쳐 유럽과 아시아로 퍼져나가 이곳의 음식문명을 확연하게 바꾸었다. 대표적인 산물을 꼽으라면 우선 옥수수, 감자, 고구마 등 곡물류이다. 두 번째는 토마토, 고추, 땅콩, 해바라기 등 과일류와 채소류이다. 셋째는 담배, 코코아 등 기호식품이다.

곡물류	과일채소류	기호품
옥수수, 감자, 고구마	토마토, 고추, 땅콩, 해바라기, 파인애플	담배, 코코아, 커피(원산지는 에티오피아)

중남미문명의 물질문화는 500여 년간 세계의 각지로 퍼져나가 식생활과 기호생활에 커다란 변화를 주었으며, 에티오피아가 원산지인 커피는 중남미 지역에서 재배되어 세계음료의 역사를 주도하였다. 옥수수와 감자는 오랜 인류의 곡물인 쌀과 밀의 위상에 버금가는 세계 4대 곡물로 자리를 잡았으며, 산업혁명 이후에 노동의 생산성을 높이기 위해 공급하기 시작한 담배와 커피는 대중문화의 상징으로 자리를 잡았다. 중남미문명의 정신적 영역은 사라졌어도 물질적 영역은 여전히 세계 문명의 중심에서 자신의 몫을 다하고 있는 셈이다.

> ### 중남미문명 자세히 보기 – 스페인 제국과 레콩키스타
>
> 에스파냐는 이베리아 반도의 원주민인 이베리아인과 기원전 10세기경에 철기문화를 가지고 이주해온 켈트인과 혼합하여 이루어진 민족이다. 기원전 8세기경에 지중해 상권을 장악한 페니키아인들이 카디스 식민지를 건설하고, 기원전 6세기경에는 그리스인들이 동부 해안에 식민도시를 건설하였다. 동시에 카르타고도 바르키노(바르셀로나), 카르타고노바(카르타헤나)에 식민도시를 세웠다.

기원전 219년에 로마의 동맹도시인 사쿤톰이 한니발에게 점령당하였지만 기원전 209년에 제2차 포에니전쟁(BC 218-201)에서 승리한 로마의 지배로 들어갔다. 409년과 414년에 서고트족이 에스파냐를 지배하였고, 717년에는 아랍의 옴미야드 왕조가 이곳을 점령하였고, 732년의 푸아티에서 프랑크족에게 패퇴한 이슬람 세력은 이베리아 반도를 800여 년간 지배한다.

8세기 이후부터 북부 지역을 중심으로 에스파냐인들은 레콩키스타라고 부르는 국토수복운동을 일으켜 카스티야 왕국, 아라곤 왕국, 나바라 왕국, 포루투갈 왕국 등을 세웠다. 14세기 후반 에스파냐는 국토회복운동을 통해 강대해진 카스티야 왕국과 아라곤 왕국으로 양분되어 있었는데, 1469년에 아라곤의 페르난도 2세가 카스티야 여왕 이사벨을 아내로 맞이함에 따라 에스파냐의 통일이 이루어졌다. 가톨릭 신자인 이들 두 왕이 1492년 에스파냐에 남아 있는 이슬람의 마지막 거점인 그라나다를 점령하여 국토회복운동을 성공시킴으로써 에스파냐는 절대주의시대에 접어들었다. 또한 팽창적 침략주의는 오리엔탈리즘의 기원이 되는 신대륙 탐험과 정복이라는 역사로 이어졌다.

16
CHAPTER

근대문명,
시민국가와 대중문화를 만들다!

유럽의 근대문명은 정치, 철학, 과학, 사상의 문화혁명이었다. 근대문명은 공업기술, 교통, 공장, 자본주의 등이 결합하여 탄생한 산업혁명과 궤를 같이하면서 공간적 영향력과 시간적 지속성이 더욱 증폭되었다.

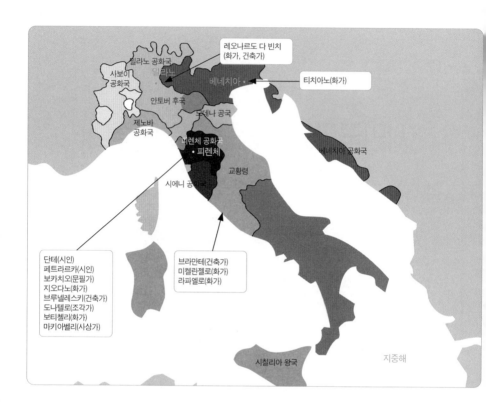

레오나르도 다 빈치
(화가, 건축가)

티치아노(화가)

밀라노 공화국

사보이
공화국

안토버 후국

밀라노

베네치아

모데나 공국

제노바
공화국

피렌체 공화국
• 피렌체

베네치아 공화국

시에니 공화국

교황령

단테(시인)
페트라르카(시인)
보카치오(문필가)
지오다노(화가)
브루넬레스키(건축가)
도나텔로(조각가)
보티첼리(화가)
마키아벨리(사상가)

브라만테(건축가)
미켈란젤로(화가)
라파엘로(화가)

시칠리아 왕국

지중해

세계 문명의 역사에 빛나는 근대문명은 유럽에서 시작되었다. 유럽문명은 중세의 유럽문명과 근대의 유럽문명으로 나눌 수 있다. 중세의 유럽문명이 기독교를 바탕으로 하는 종교문명이라면, 근대의 유럽문명은 철학과 과학과 자본주의가 만든 시민문명이다. 현재의 세계정치와 민족지형 등은 거의 대부분 유럽의 근대문명에서 비롯되었다.

유럽의 근대문명은 정치, 철학, 과학, 사상의 문화혁명이었다. 근대문명은 동시적으로 공업기술, 교통, 공장, 자본주의 등이 결합하여 탄생한 산업혁명과 궤를 같이하면서 공간적 영향력과 시간적 지속성이 더욱 증폭되었고, 이때 성장한 시민들은 음악, 미술, 춤, 언론, 스포츠 등의 대중문화를 창조하여 근대문명의 꽃을 피우게 하였다.

근대문명 자세히 보기 –《동방견문록》, 마르코 폴로

《동방견문록》은 13세기 베네치아공화국 출신의 상인이었던 마르코 폴로(Marco Polo)가 1271년부터 1295년까지 17년 동안 서역과 중국 등지를 여행하면서 보고 겪었던 사실들을 루스티첼로가 기록한 책이다. 책의 제목은 《Divisament dou Monde: 세계의 기술(記述)》이며 유럽과 미국 등에서는 《마르코 폴로의 여행기》로 출간되었고, 한국과 일본에서는 《동방견문록(東方見聞錄)》으로 널리 알려졌다.

《동방견문록》은 중앙아시아와 중국에 대한 당대의 풍부한 삶과 정치를 기록하였을 뿐만 아니라, 서양인들에게 동방에 대한 환상과 더불어 황금의 나라라는 여행의 꿈을 심어주었다. 콜롬부스의 신대륙 발견이나 수많은 탐험가, 여행가들의 대항해시대는 《동방견문록》의 영향으로 볼 수 있다.

【동방견문록】

마르코 폴로가 지은 동방견문의 기행서로 유럽의 대항해시대를 개막하고, 콜롬부스의 대서
양횡단을 촉발시킨 문명사적 위대한 저작물이다.

중세 봉건제의 막이 내리다

중세 유럽의 봉건제는 기독교 사상을 기반으로 하는 신(神)중심사회였다.
15세기경부터 북이탈리아의 피렌체, 베네치아, 제노바 등에서 일어난 르
네상스는 기독교와 결합한 봉건체제를 무너뜨리고 그리스, 헬레니즘, 로
마 문화예술의 부흥을 부르짖으며 인간(人間)의 시대를 열었다. 이때의 인
간상을 '의심하는 인간', '질문하는 인간', '감정을 표현하는 인간'의 시대라
고 부른다.

중세 봉건제는 외부의 충격과 내부의 변화에 의해 두 개의 세계가 무너
졌다. 하나는 가톨릭 세계이고 하나는 봉건적 생산양식이다. 유럽 세계와
오리엔트 세계가 맞붙은 십자군전쟁1096-1270)은 유럽의 봉건제도를 일

거에 약화시켰으며, 흑사병은 교회의 구원을 벗어나 인간이 현실의 유한한 삶에서 무엇을 해야 하는지 고민하게 만들었다.

중세 봉건제의 해체요인	
가톨릭 세계관에 도전	**봉건적 생산양식에 도전**
※ 동아시아 4대발명품(종이와 인쇄) ※ 르네상스: 인본주의(휴머니즘) ※ 금속활자(구텐베르크) ※ 종교개혁(후스/루터/칼뱅)	※ 동아시아 4대발명품(화약과 나침반) ※ 대항해와 지리상의 대발견 ※ 산업자본의 등장(은행/보험/증권/주식) ※ 절대왕정(왕권신수설)
※ 흑사병, 계몽사상, 부르조아 시민계급	

　　동아시아의 발명품인 화약의 총포무기는 재래식 무기와 갑옷으로 무장한 기사계급의 무력을 무너뜨렸으며, 나침반은 수공업과 상업을 바탕으로 성장하는 시민계급의 대항해시대를 낳았다. 또한 종이와 인쇄술의 발달은 종교개혁의 바탕이 되어 가톨릭 세계를 근본적으로 붕괴시키는 계기로 작용했다. 르네상스는 이처럼 복합적 요인에 의해 탄생되었다.

유럽근대의 전개과정

유럽의 근대는 르네상스부터 시작하여 제국주의전쟁이 시작되는 1차 세계대전 이전까지를 말한다. 400여 년에 걸친 근대는 세계사를 만든 시기였다. 이중에서 가장 영향력이 크고 전환기를 만든 사건은 영국과 프랑스의 100년전쟁이다.

① 르네상스	② 대항해시대	③ 절대왕정	④ 종교개혁	⑤ 상업자본주의
문예부흥/재생	신대륙/대서양	왕권신수설	후스/루터/칼뱅	네덜란드 독립
⑥ 종교전쟁	⑦ 영국의회혁명	⑧ 계몽사상	⑨ 프랑스대혁명	⑩ 산업혁명
프로테스탄트	의회민주주의	근대시민 탄생	자유/평등/박애	산업자본주의

십자군 전쟁이 실패하고 유럽사회는 구귀족과 신흥귀족의 경쟁이 벌어졌고, 그 역사의 중심에 영국과 프랑스의 100년전쟁, 영국의 장미전쟁이 있다. 100년전쟁은 영국을 물리친 프랑스국민들로 하여금 자신들의 생명과 재산을 지켜준 건 봉건영주가 아닌 국민국가의 왕이란 사실을 스스로 확인한 역사적 사건이었다. 이로부터 봉건영주의 세상은 끝나고 시민들이 옹립한 절대왕정의 국민국가가 등장하였다.

근대문명 자세히 보기 – 100년전쟁의 성격과 결과

(1) 십자군전쟁 실패 후 구귀족과 신흥귀족의 경쟁

(2) 프랑스 국민국가의 탄생(군대, 교육, 조세, 투표권)

(3) 영국은 장미전쟁(1455~1485), 신흥귀족의 등장

(4) 중세 봉건제의 쇠퇴와 유럽 절대왕정의 시작

르네상스의 발생요인과 철학적 원천

16세기 미술가인 바자리(1511-1574)는 피렌체에서 불고 있는 문예부흥의 바람을 리나스시타(Rinascita)라고 하였는데 이탈리아어로 재생, 부활이라는 뜻이며, 이것이 바로 르네상스(Renaissance), 문예부흥(文藝復興)이다.

르네상스는 로마가톨릭의 신본주의(神本主義)를 극복할 수 있는 철학적 바탕에서 시작되었다. 로마의 도시국가에서 출발한 북이탈리아 피렌체, 제노바, 베네치아 등은 12세기경부터 수공업을 바탕으로 독자적인 도시국가 정치체제를 발전시켰으며, 부를 축적한 상인계급은 길드 조합을 결성하여 정치적 목적을 행사하였다.

르네상스의 철학적 원천		
단테(1265-1321)	페트라르카(1304-1374)	보카치오(1313-1375)
신곡(神曲)	칸초니에레(서정시)	데카메론(인곡=십일담)
교황: 영혼세계 지배 국왕: 세속세계 통치	개성과 감성을 중시 개인의 자유를 노래	현실주의 풍자소설 현실문제는 인간이 해결

북이탈리아 피렌체에서 시작된 문화예술 르네상스는 16세기에 서유럽 전역으로 퍼져나가 과학, 문학, 사상, 음악의 분야로 확산되었고, 이것은 종교개혁, 계몽사상, 근대시민국가의 탄생으로 이어져 오늘날의 세계사를 만들었다.

중세(中世)는 중간(中間)의 세기(世紀)를 줄인 말이다. 유럽에서 계몽사상가들은 인류 역사를 선사-고대-중세-근대(근대-현대-당대)의 4단계로 인식하였고, 이중에서 중세는 신의 시대, 신 중심의 세계라고 해서 암흑시대(暗黑時代)라고 인식하였다.

암흑의 시대하고 생각한 중세에 반하여 르네상스는 시민사회였던 그리스-로마의 재생, 부활로 여겨졌고, 계몽시대에 이르러 아주 가까운 시대라는 의미에서 르네상스 이후를 근대(近代)라고 명명하였다. 르네상스는 근대의 시작이었다.

르네상스는 문예부흥(文藝復興)이란 의미로 부활, 또는 재생을 뜻한다. 이탈리아어로 리나시멘토(Rinaciment)이다. 14세기 중반부터 16세기까지 이탈리아 도시국가에서 발생하여 유럽 전역으로 퍼진 문화예술 부흥운동으로, 그리스-마케도니아(헬레니즘)-로마 문화의 계승을 나타내며, 인본주의(휴머니즘)와 근대세계라는 의미도 담겨있다.

르네상스의 주도는 상업 활동과 동서교역 등으로 부를 축적한 부르조아(자산가) 계층이 주도해 봉건제(영주)와 기독교(교황)를 뛰어넘는 새로운 기풍의 문학, 철학, 자연과학, 정치학, 법학, 역사학, 교육학 등 여러 방면의 새로운 사상, 문화 운동을 일컫는다.

금속활자, 중세 유럽이 막을 내리다!

히브리문명에서 개화된 기독교는 그리스의 개종, 로마의 국교, 그리고 유럽의 이민족인 게르만-슬라브-노르만족에 확대되어 세계적 종교로 발전하였지만, 동서교회 분리, 카놋사 굴욕, 아비뇽 유수, 교회대분열로 쇠퇴하였다. 중세 유럽의 문명을 만든 기독교의 분열과 쇠퇴는 이제 유럽의 기독교문명이 종말을 맞는다는 의미였다. 그리고 그것은 종교개혁으로 나타났다.

종교개혁의 바탕이 된 역사적 사건은 구텐베르크(1434~1444년경)가 발명한 금속활자이다. 금속활자는 종이의 전래와 더불어 종교개혁의 물질적 토대이자 개혁이념의 확산을 불러온 활화산이었다. 값싼 종이에 대량생산이 가능한 금속활자는 지역적 민족어로 번역한 성경의 보급에 일등공신으로 자리 잡았고, 이것이 종교개혁의 밑거름이었다.

> 근대문명 자세히 보기 – 금속활자의 역사적 의미와 인쇄혁명

금속활자의 역사적 의미

1) 각국 독립어로 표기된 성경의 요구
2) 가격이 싸고 비용이 적게 드는 성경(1450년 42행성서, 180질 인쇄)
3) 프레스 기법에 의한 대량생산체제

인쇄의 혁명, 활자

고대의 서적은 동서양을 막론하고 대부분이 점토판이나 석판, 바위, 가죽, 대나무 등에 새기거나 적어서 만든 것이었다. 종이와 파피루스, 패엽 등이 등장하여 서적의 제작 수량은 확대되었지만 여전히 필사의 반복이었으며 대량생산은 불가능하였다. 서적의 대량생산은 목판활자를 만들면서 시작되었지만 서적의 전유물이 지식인이나 사제들인 관계로 대량생산으로 이어지지는 않았다. 결국 목판인쇄는 산업혁명으로 이어지는 장치산업이 될 수 없었다. 목판인쇄는 동일한 내용만 반복적으로 대량생산하는 특징을 지녔기에 목판의 재활용은 불가능하였다. 하지만 활자인쇄는 전혀 다른 것이었다. 크기에 따른 활자만 제작하면 무한한 재사용과 대량생산이 가능한 것이었다. 그리고 동아시아에서 한자는 대량의 활자가 필요하였기 때문에 장치산업의 요소를 갖추었다.

그런데 문제는 서적의 수요였다. 동아시아에서는 공용문자가 한자이고, 농민의 경제적 토대가 부족하여 대량소비가 일어나지 않은 반면에 서양에서는 르네상스와 계몽사상, 산업혁명으로 인쇄의 대량생산이 일어났고, 결국은 신문-서적 등의 관련산업으로 이어졌다. 하지만 서양은 알파벳이 갖는 특성으로 대규모 산업시설이 필요 없는 비장치산업이었다.

루터, 종교개혁의 문을 열다

종교개혁의 태동은 체코에서 일어난 후스전쟁(1419-1434)이 그 시초였다. 체코의 종교개혁가인 후스는 가톨릭 교황청이 주도하는 면죄부가 성경의 가르침이 아니라는 주장을 펼쳤다. 교황청은 후스의 영향력이 가톨릭 세계에 퍼지는 것을 두려워하여 그를 로마로 불러들인 후 화형에 처하였다. 이로부터 독일의 황제권과 종교적 침략에 저항하는 농민전쟁이 일어났다. 비록 후스를 따르는 체코 보헤미아인의 반란은 실패하였지만 종교개혁의 바람은 이때부터 불기 시작하였다.

루터의 3대 문건	① 독일 그리스도인 귀족들에게, 기독교회의 개선에 관하여	1) 교황의 교회권력 비판, 만인사제직 주장 2) 개인이 성서 해석, 공의회의 권리 주장
	② 교회의 바빌론 포로에 대하여	1) 교회의 성례전 부정, 개인신앙이 진정한 성례 2) 회개와 참회를 통한 원죄의 소멸
	③ 그리스도인의 자유	1) 신앙 안에서 그리스도인은 자유를 가질 수 있고, 2) 자유는 하느님의 사랑을 이웃에게 전하는 것

종교개혁의 바람에 이어 문을 여는 사건이 일어났다. 1517년에 독일 종교개혁가 루터는 비텐베르크 교회문에 교황청의 성경해석에 반대하는 '95개조'를 걸었다. 가톨릭 세계는 이 문건 하나에 바람 앞의 촛불처럼 흔들렸다. 교황청은 루터를 파문하였고, 1521년에 루터는 가톨릭교회의 신학에 정면으로 문제를 제기한 3대 문건을 발표하였으며, 이것이 바탕이 되어 루터의 개혁교회를 지지하는 프로테스탄트가 형성되었고, 드디어 구교와 신교의 종교전쟁이 일어났다. 이 전쟁의 종전으로 인해 종교개혁은 마무리되고 유럽은 계몽사회로 접어들었다. 루터의 종교개혁은 중세와 근대를 구분하는 가장 중요한 지표, 곧 신의 세계와 인간세계의 나눔이었다.

1) 십자가의 영광이 아닌 십자가의 고난을 통한 믿음

2) 회개와 용서를 통해 하느님과 직접 소통하는 종교

3) 교회보화론을 비판하고, 개인구원을 주창

4) 민족주의의 대두와 함께 각국어 성경의 등장

5) 자본주의 직업관과 결합한 종교

네덜란드 독립전쟁, 자본주의의 서막이 열리다

1588년에 스페인과 네덜란드의 전쟁은 세계 문명사와 자본주의 역사를 바꾸는 중요한 역사적 사건으로 기록된다. 스페인은 십자가와 성모마리아상을 앞세우고 130척의 대함선, 3만의 해군병력, 2400문의 대포로 무장한 무적함대를 이끌고 네덜란드로 향하였고, 네덜란드를 지원한 영국함대는 200척의 소형함대, 9천병력으로 갈레이 해협에서 무적함대를 기습했다. 7월 20-27일까지 8일동안 무적함대는 참패를 당하고 스페인으로 돌아온 선박은 43척에 불과하였다.

갈레이해전에서 패배한 스페인은 네덜란드를 더 이상 공격하지 못하였고, 1609년 4월에 네덜란드 도시연합 공화국과 12년 휴전협정을 맺었다. 협정에 근거하여 네덜란드 북부 7개 도시는 사실상의 독립을 획득하였고, 남방의 10개 도시국가는 스페인네덜란드(벨기에)의 명칭으로 유지되었다.

휴전이 끝난 1621년에 스페인은 네덜란드를 공격하였고, 19년 동안 이어진 전쟁에서 끝내 스페인은 패배를 하고, 종교전쟁의 종결과 더불어 1648년에 네덜란드는 정식으로 스페인의 인정을 받아 독립국이 되었다.

① 제1기(1618~1620): 보헤미아 전쟁	② 제2기(1625~1629): 덴마크 개입
보헤미아 기독교인들의 저항이 실패함	뤼베크화의, 루터파의 종교신앙 공인됨

③ 제3기(1630~1635): 스웨덴의 참전	④ 제4기(1635~1648): 프랑스 가담
프라하화의, 종교전쟁의 잠정 휴전 성립	베스트팔렌조약, 루터파와 칼뱅파 지위 획득

네덜란드 혁명은 역사상 처음으로 성공한 부르조아혁명이었고, 근대 서구 유럽의 여러 시민혁명의 서막을 열었다. 네덜란드의 남부는 전쟁으로 피폐화되고, 북부는 신교(新敎)를 믿는 수공업자, 상인, 은행가 들이 이주하여 수도인 암스테르담은 1588-1622년에 인구가 3만에서 10만 5천으로 증가하고 지중해 연안의 안티오크가 가졌던 상업과 금융의 중심지를 대체하였다. 17세기에 이르러 네덜란드는 해상의 마부(馬夫)라는 별칭처럼 해상무역제국으로 성장하였다

보험공사(1598)	주식회사(1602)	증권거래소(1602)	국가은행(1609)
대항해 위험 부담	자본투자와 이익 배분	자본거래와 축적	소액자본의 유입

네덜란드 독립전쟁 이후 유럽사회는 구교와 신교의 전쟁으로 이어졌다. 1555년의 개신교의 자유를 허락한 아우크스부르크 화의(루터파의 자유) 이후 가톨릭과 개신교의 반목은 종교전쟁으로 확대되었다. 그 시작은 네덜란드였고, 전쟁의 중심지역은 독일이었다. 개신교를 지지하는 독일의 제후들, 영국과 네덜란드, 그리고 북유럽 세력이 연합을 하여 신성로마제국과 벌인 30년 종교전쟁(1618-1648)은 최대의 종교전쟁이며, 최후의 종교전쟁이었다. 아울러 기독교를 대표하는 중세 유럽문명이 개신교로 상징되는 근대 유럽문명으로 대체되는 사건이었다. 유럽사회는 종교전쟁을 전환점으로 근대시민국가, 자본주의, 개신교의 사회로 진입하였다.

계몽사상, 시민이 역사의 주인이다

르네상스가 세계사의 출발이며, 근대과학의 시작이고, 근대철학의 시작이라면, 계몽시대는 종교개혁과 절대왕정을 넘어 시민이 주도하는 새로운 근대의식의 수립이었다. 계몽이란 의미는 인간의 이성과 지혜를 바탕으로 우매하고 낙후되고 어두운 봉건사회와 가톨릭교회의 문제, 귀족통치의 독선과 거짓에서 벗어나 밝은 빛으로 인도하고자 하는 휴머니즘운동을 의미한다.

1단계	인간의 개성, 행복의 추구에 대한 이념화
2단계	종교의 우상, 미신에 대한 반대, 자연신(自然神)에 대한 철학적 이해
3단계	귀족의 특권에 대한 반대, 인류의 평등 주장
4단계	봉건제도의 타파, 부르조아계급의 사회 실현
5단계	혁명사상(영국혁명, 미국독립혁명, 프랑스대혁명)

천년을 지배한 봉건제와 기독교사상에 처음으로 의심하고 질문을 던진 시대가 르네상스라고 한다면, 이제 그 체제와 이념에 대해 문제를 제기하고 저항의 행동을 던진 시대를 계몽시대라고 할 수 있다. 계몽사상은 중세의 편견이나 미혹에서 벗어나 이성으로 생각하고, 경험적으로 판단하는 사유체계를 말한다. 신학의 늪에서 빠져나와 어떻게 살 것인가, 어떻게 행복해 질 것인가를 고민하고, 인간과 자연, 인생에 대한 지혜와 교양을 필요로 하는 사회를 지향한다.

계몽사상은 르네상스(문예부흥), 종교개혁, 상업 자본주의의 발달과 함께 봉건제도를 반대하는 역사조건 아래에서 자연과학과 혁명사상의 영향으로 형성된 부르조아(자산가계급)들의 사상이론이라 할 수 있다. 그래서 계몽사상의 완결은 시민혁명이다. 그 이론적 밑받침은 홉스, 로크, 루소이다.

홉스(1588-1679)는 《리바이어던》에서 "인간은 자연상태에서 독립적이고 평등하지만 결코 평화롭지 않다. 자기보존을 위한 억제되지 않는 충동이 인간들을 서로 적대적이고 파괴적으로 만들어 만인에 의한 만인의 투쟁이 일어난다. 이에 따라 모든 인간들은 자발적으로 자신을 다스리는 지배권을 단 한사람, 즉 통치권자인 군주에게 위임하여 시민적 자유를 얻는다."고 하였다. 홉스의 이런 생각은 국민국가의 절대왕정과 왕권신수설을 합리화시켰지만, 이것은 합의된 자연권이 부재할 때 탄생한 일시적인 현상이었고, 오히려 시민들은 이런 계약행위를 통해 군주권(君主權)을 대체할 수 있는 시민권력의 도덕적 근거를 마련할 수 있었다

로크(1632-1704)는 홉스의 시민적 자유에서 한걸음 나아가 소유의 권리를 내세웠다. 로크는 《시민정부론》에서 "인간은 타인에 대해 완전히 독립된, 자신의 것에 대한 무한한 소유의 자유를 얻음으로 자신의 인격을 스스로 행사할 수 있는 권리를 가진다."고 하였다. 로크의 시민정부론은 근대시민의 시민권력이 왕권신수설의 절대왕정을 통제하고 시민정부를 세우는 도덕적 근거였으며, 이는 영국의 청교도혁명(1640-1660)과 명예혁명(1688-1689)의 이념이 되었다.

루소(1712-1778)는 《사회계약론》에서 "인간은 자연상태에서 자유롭게 태어났으나 어디서든 사슬에 묶여 있다."고 하였다. 노예와 주인의 관계인 군주제는 자유계약이 아니라 강압에 의한 지배와 피지배 관계이므로 폭력적이고 이것은 정당성을 가질 수 없다고 하였다. 따라서 인간은 구체제(舊體制)를 전면적으로 부정하고, 복종의 의무가 발현되는 새로운 정치체제를 구성한다. 루소의 이런 사회계약, 일반의지, 인민주권의 개념은 로크의 저항권을 넘어 최초의 시민권력을 창출하는 혁명권으로 발전하고, 1776년의 미국독립선언서와 1789년의 프랑스대혁명의 이념적 토대가 되었다.

몽테스키외	1689-1755	법의 정신: 3권분립
로크	1694-1778	시민정부론: 주권재민론, 저항권
볼테르	1694-1778	철학서간: 관용(톨레랑스)
루소	1712-1778	인간불평등기원론, 사회계약론: 인민주권론
디드로	1713-1784	백과전서: 지식의 보편성과 공유

 ## 시민혁명, 근대국가를 만들다

계몽사상의 미학은 시민들이 역사의 주체이고 국가운영의 주인이라는 사실을 확인하는데 있다. 어떠한 아름답고 위대한 철학과 사상도 학문의 영역과 정신적 위안의 상태에 있으면 그것은 무의미한 정신승리법으로 남을 수 있다. 행동과 실천으로 현실에서 구현될 때 문명사적 의미를 지닌다. 계몽사상은 그런 면에서 위대한 사유이며 투쟁이며 결과이다. 네덜란드 자본혁명과 더불어 영국혁명, 미국독립, 프랑스대혁명은 계몽사상이 낳은 문명사의 빛나는 성과였다.

17세기 네덜란드 자본혁명의 영향을 가장 많이 받은 영국은 자본가들이 빠르게 성장하면서 정치적, 상업적 권리를 주장하였다. 구체제를 상징하는 왕당파와 새로운 세계를 지향하는 신흥세력의 충돌이 바로 청교도, 명예혁명이라 부르는 영국혁명이다. 영국의 청교도-명예혁명은 부르조아계급이 왕실-귀족계급과 치열한 투쟁과 협상을 통해 이룩한 의회혁명이며, 이것의 사상적 바탕은 로크의 시민정부론이다. 영국은 의회혁명과 산업혁명을 통해 내부적 안정을 이룩하고 대외적 확장에 나서 19세기-20세기 2백여 년간 대영 제국의 시대를 만들었다.

18세기 후반에 일어난 미국의 독립은 낙후된 이민사회가 오히려 본국의 발전과 영향을 누르고 새로운 세계질서의 주도권을 세웠다는데서 더욱 의미를 지닌다. 미국은 영국의 종교적 박해를 피해 떠난 청교도 이민세력이 세운 영국의 식민지였다. 그런데 미국사회는 영국과 달리 귀족과 시민의 구별이 없는 영국의 2등국민이었고, 식민지 국민이었다, 그런데 그들은 자국 내에서 자유민이었고, 독립을 갈구하는 저항민이었다. 계몽사상으로 무장한 미국의 자유민들은 스스로 자유와 평등의 가치를 실현하였다. 문명사적 관점에서 미국의 독립은 식민지 국가의 독립혁명이며, 중남미 식민국가의 독립을 향한 도화선이었으며, 계몽사상의 가능성을 보여준 대표적 부르주아혁명이었다. 이것의 사상적 뿌리는 페인의 《상식》이었고, 프랑스 대혁명이 일어나는 원인의 하나가 되었다.

프랑스대혁명은 일반적인 혁명보다 역사적 의미가 크기 때문에 혁명의 앞에 대(大)를 붙인다. 이것으로 프랑스대혁명이 갖는 문명사적 의미는 확연하게 드러난다. 근대에 일어난 가장 중요한 4대 시민혁명 가운데 네덜란드 자본혁명, 영국 의회혁명, 미국독립은 자신들의 세계에 국한된 혁명의 성격이 강했다면 프랑스대혁명은 유럽 전체에 파급력이 미쳤으며, 유럽의 대부분이 참여하였고, 그 영향 아래 폭풍같은 변화를 맞이하였다. 프랑스대혁명은 기존의 봉건적 유습과 기독교적 정신세계가 더 이상 세계를 지배하는 체제가 될 수 없다는 것을 보여주었다. 또한 시민들이 국가를 만들고, 정부를 구성하고, 역사의 주도권을 장악하였다는 측면에서 가장 극적이면서 위대한 근대혁명이었다. 프랑스대혁명은 계몽사상의 정치적 완성이고, 사상적 표현의 승리였다. 프랑스대혁명은 정치적 주체로서 시민들이 국민국가를 시민국가로 전환시킨 인류사적 대역사로 평가할 수 있다.

근대문명, 현대사회를 지배하다

유럽에서 시작된 근대문명은 르네상스, 대항해, 종교개혁, 자본주의, 종교전쟁, 계몽주의, 시민혁명을 거치면서 대다수를 차지하였지만 역사에서 소외된 피지배계층인 시민이 역사의 주체로 성장하고, 문명의 창조와 발전을 주도하였다는 특징을 지닌다.

근대문명은 또한 발생한 시작부터 현재에 이르는 대략 5백여 년의 기간 동안 지속적인 문명의 성장과정과 전파과정을 거쳤다. 세계는 여전히 왕정(王政)이 존재하고, 군주가 실질적인 권력은 행사하지 않지만 국가의 상징으로 군림하는 입헌군주제도 살아있지만 계몽사상의 실질적 구현인 입법, 행정, 사법의 3권분립과 국민들이 주권을 행사하는 선거를 통해 정부를 구성하는 정치체제가 대다수를 차지하고 있다는 점에서 근대문명의 성과는 확실하게 알 수 있다.

아울러 근대문명은 시민들이 대중사회를 구성하고, 대중문화를 만들고, 이를 향유하는 개방적인 시대를 이끌고 있다. 시민들은 라디오, 신문, 방송, 영화, 연극, 무용, 공연, TV, 인터넷 등을 통해 자신의 생각과 욕망과 창조를 표현하였다. 인류 문명사에서 이처럼 활발하고 다양하면서 자유로운 세계가 언제 존재했던가. 이런 면에서 근대혁명은 여러 문명사적 혁명 가운데 가장 위대한 역사적 사건이라 말할 수 있다.

17
CHAPTER

대중문명,
산업혁명이 대중을 만들다!

산업혁명은 대량생산, 대량유통, 대량소비의 대중사회를 불러온 역사적 사건이다. 산업혁명은 제국주의와 식민주의라는 침략의 칼날과 함께 노동자의 등장, 문화예술의 대중화라는 역사의 발전을 가져왔다.

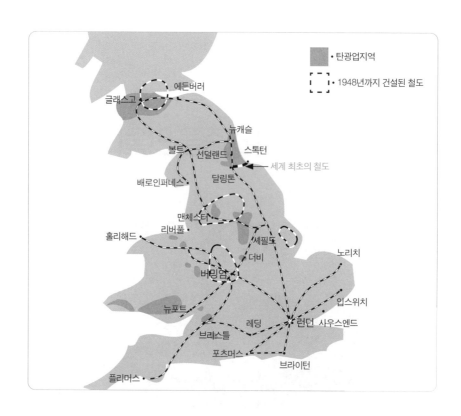

탄광업지역
1948년까지 건설된 철도

에든버러
글래스고
뉴캐슬
볼턴 선덜랜드 스톡턴
세계 최초의 철도
배로인퍼네스 달링턴
맨체스터
홀리해드 리버풀
세필드
노리치
더비
버밍엄
입스위치
뉴포트
레딩 런던 사우스엔드
브리스틀
포츠머스
브라이턴
플리머스

세계 문명의 역사에서 근대시기에 인류는 네 종류의 혁명적 변화를 맞이하였다. 첫째는 종교사상의 교체를 가져온 종교전쟁과 프로테스탄트의 형성, 둘째는 생산양식의 대변화를 가져온 부르조아(자본주의)혁명, 셋째는 과학기기와 산업시설이 만든 산업혁명, 그리고 마지막으로 자본에 종속된 노동의 주체인 프롤레타리아혁명이 그것이다. 이중에서 종교전쟁은 사상혁명이고, 나머지 세 가지는 생산양식, 경제혁명이다.

문명사학자인 엘빈 토플러는 《제3의 물결》을 통해 농경혁명, 산업혁명, 정보화혁명이 인류 역사에서 가장 중요한 사건이라고 말하였다. 농경혁명은 안정된 생산력과 정착도시를 만들었다. 20세기 말에 폭풍처럼 불어닥친 정보화혁명은 전기, 전자가 만든 지식혁명이고 통신혁명이다. 그리고 18세기 후반에 시작된 산업혁명은 소비하는 인간, 욕망을 실현하는 대중문화를 창조했다. 산업혁명은 그래서 대중문명의 밑거름이라 말할 수 있다.

혁명(革命)이란 무엇인가

혁명은 비합법적인 수단으로 국체(國體)나 정체(政體)를 변혁하는 일을 말한다. 개념상으로 정치혁명과 사회혁명으로 구별하는데 정치혁명은 권력기구의 급격한 변화를 추구하고, 사회혁명은 사회 전체의 구조와 의식 등의 실질적인 변화를 일컫는다. 그래서 정치혁명은 짧은 기간에 이루어지고, 사회혁명은 긴 시간을 필요로 한다.

혁명은 주체세력의 성격에 따라 위로부터의 혁명, 아래로부터의 혁명, 옆으로부터의 혁명이 있고, 또한 혁명의 영향이 미치는 범위에 따라 급진, 온건, 유산혁명으로 나눌 수 있다. 위로부터의 혁명은 규범적이고 제도적이라면 아래로부터의 혁명은 급진적이고 변혁적이다. 그래서 위로부터의 혁명은 표피적이고 뿌리가 약해 소멸될 가능성이 높지만, 아래로부터의 혁명은 본질적이고 뿌리가 강해 오랫동안 지속되는 경향이 있다. 혁명의 시간과 강도에 따라 급진과 온건으로 나눌 수 있고, 유산혁명은 당대에 성공하였거나 실패하였던 것과 상관없이 오랜기간 혁명의 성과와 영향이 지속되는 경향이 강하다. 한국사에서 대표적인 유산혁명은 3.1민족항쟁을 들 수 있을 것이다.

세계사의 전개과정에서 혁명(革命)은 다양한 형태와 방식으로 나타난다. 정치적 변화나 사회적 변화는 하나의 사건으로 일어나기도 하지만 여러 개가 맞물려 동시다발적으로 진행되기도 하고, 내부의 충격과 외부의 충격이 겹치기도 한다. 민족이동, 상호교류, 종교와 전쟁, 농산물의 유입, 생산양식과 의지의 결합, 반란과 전쟁 등이 복합적으로 나타나기도 한다. 대중문명은 산업혁명을 기반으로 하지만. 대중은 자본주의혁명, 프롤레타리아혁명, 종교혁명 등의 복잡한 역사적 사건들과 중첩적으로 영향을 받고 발생하였으며, 변화를 거쳤다.

유럽의 혁명, 다양한 인간을 만들다

지중해 세계와 서유럽, 동유럽, 북유럽사회를 종합하여 계몽시대 이전까지의 유럽사회의 혁명적 변화를 꼽는다면 고대시기에 그리스, 헬레니즘, 로마로 이어지는 고전 문화의 형성, 중세의 봉건제와 기독교문명, 오늘날 유럽문명을 주도한 게르만, 슬라브, 노르만족의 등장, 그리고 16세기부터 계기적으로 연속성을 갖는 르네상스, 대항해, 종교개혁, 종교전쟁, 상업자본주의의 형성을 들 수 있다. 그리고 이러한 변화는 다양한 세계를 상징하는 인간을 만들었다.

근대부터 현대에 이르는 기간 동안 유럽사회는 데카르트와 베이컨으로 대표되는 근대 철학이 종교적 인간에서 이성적 인간을 만들었고, 18세기에 바람처럼 일어난 계몽주의는 영국혁명, 미국독립, 프랑스대혁명을 만들고 정치적 인간을 탄생시켰다. 아울러 갈릴레이, 뉴턴으로 이어지는 근대과학사상은 보이지 않는 세계를 믿는 인간에서 가설과 실험이라는 검증을 통해 눈에 보이는 세계를 사실로 확인시키는 과학적 인간을 만들었다.

네덜란드에서 시작된 상업자본주의와 불평등한 세계를 부수고 모든 인류의 평등을 제창한 사회주의사상은 경제적 인간을 등장시켰으며, 에디슨, 아인슈타인으로 대표되는 현대과학은 드디어 지구적 인간을 우주적 인간으로 재탄생시켰다. 고대적 세계와 봉건적 세계의 일원화된 하나의 인간관은 근대 이후 이성적 인간, 과학적 인간, 경제적 인간, 우주적 인간과 같이 다양한 모습으로 변화하였다.

이처럼 인류는 역사 이래 한번도 사회변화를 멈추거나 역류(逆流)하지 않았다. 혁명(革命)은 늘 안락한 현실의 평화를 깼지만, 그것의 충격은 극적이든 온건하든 현실안주와 기득권을 타파하는 사회적 원동력이었고, 인간을 다양하게 만든 토대였다.

【민중을 이끄는 자유의 여신】
들루크루아의 작품으로 프랑스 르부르박물관에 소장돼 있다. 18세기에서 19세기 근대국가를 만든 시민혁명의 상징적 작품이다.

영국 산업혁명의 사회적 변화

유럽사회는 4계절 가운데 겨울이 가장 혹독한 시련의 시기였다. 먹을 것이 부족한 것도 그 이유 중의 하나지만 특히 난방장치와 방한옷이 부족하였던 유럽에서는 겨울에 동사하는 사람들이 셀 수 없을 정도로 많았다. 그런데 13세기 이후에 동양에서 전래된 면화는 겨울을 이겨내는 필수품으로 작용하였다.

영국에서는 18세기에 이르러 면사(綿絲)의 대량생산을 통한 면제품의 교역을 위해 무한대의 동력원이 필요하였다. 인간의 노동은 노동력의 불안정으로 제품의 불량률이 너무 높았고 생산량도 들쭉날쭉 하였다. 그래서 면사를 대량생산 하려는 공장주들은 인간의 노동력을 대체할 수 있는 무한동력의 기계를 필요로 하였다. 이것이 산업혁명의 시작이었다.

산업혁명을 가능하게 한 기계의 발명은 순차적으로 1760-80년대에 방적기와 역직기의 발명(기술혁명), 둘째로 1770-80년대에 와트의 증기기관 동력혁명, 셋째로 1800-1810년대의 증기선과 철도 교통혁명으로 이어졌다. 19세기에 이르면 영국은 세계의 공장이 되었고, 또한 증기선의 발명으로 대량수송에 성공하면서 해상무역의 패권을 차지하였다. 이제 대서양시대는 해가 지지 않는 제국 영국이 차지하였다. 이러한 기계발달은 곧바로 프랑스, 독일, 미국으로 파급되어 19세기를 유럽의 시대로 만드는 데 일등공신이 되었다

산업혁명의 동력원인 증기기관의 발명은 근대과학이 원천이었다. 뉴턴 (1642-1727)이 저술한《프린키피아(자연철학의 수학적 원리)》는 고전물리학을 탄생시킨 명저이다. 힘의 원리를 수치로 계산하는 고전역학은 에너지와 결합하여 일정한 동력을 통제하는 기계를 만들었고, 이러한 기계들은 다양한 생산품을 제조하는 기계혁명을 불러왔다.

제임스 와트의 증기기관(1735-1819)은 고전역학에서 시작된 기계혁명이었다. 이제까지 사용된 힘의 원리는 인력(人力)이나 가축력(家畜力)이나 자연력(自然力)을 그대로 이용한 것이었다. 이에 반하여 산업혁명은 팽창력과 폭발력을 사용하였다. 제1차 단계에서는 물이나 공기를 가열하여 생기는 팽창하는 힘을 동력으로 바꾼 것이고, 제2차 단계에서는 석유와 화약의 폭발력을 이용하여 기계적 동력을 확보하였다. 무한한 동력을 얻은 기계의 주인인 공장주들은 마음놓고 대량의 생산품을 시장에 내놓고 자본을 축적하여 기존의 귀족사회를 대체하는 부르조아 정치권력을 획득하고 세계를 지배하게 되었다.

산업혁명과 대중시대	
① 정치적 변화	1) 자본가(공장주, 금융가)계급의 정치적 권력 획득 2) 제국주의와 식민지의 확대
② 경제적 변화	1) 원료시장과 소비시장을 확보하기 위한 경쟁 2) 자본축적과 함께 금융자본의 확대
③ 사회적 변화	1) 임금노동자라는 새로운 계급의 탄생 2) 농촌경제의 쇠퇴와 중소도시의 확대

🚢 산업혁명, 제국주의로 나가다

인류가 자연력을 이용하지 않고 인공적으로 무한한 동력을 얻었다는 것, 이것이 산업혁명의 핵심이다. 이처럼 산업혁명은 자본주의와 근대과학이 만난 인류 역사의 혁명이고 지식권력의 대변화를 가져온 역사적 사건이다.

산업혁명과 자본주의 발전이 앞서 있던 유럽의 포르투갈, 스페인, 네덜란드, 영국, 프랑스는 이제 원료시장과 소비시장의 확보를 위해 타국, 타민족을 식민지로 만드는 제국주의의 길에 들어섰고, 뒤이어 독일, 이탈리아, 미국, 러시아 등이 후발 제국주의에 합류하였다. 20세기 후반에 이르러 세계는 전면적 식민지 경쟁이 시작되었다. 이는 산업혁명과 자본이 결합한 인류 문명사의 괴물이었고, 인류 역사에서 가장 수치스런 사건이었다.

그렇지만 문명의 역사는 제국주의 지배권력이 행사하는 방향으로 흐르지는 않았다. 제국주의 침탈에 맞선 아프리카, 중남미, 동남아시아, 동북아시아 민족대중은 반식민지, 반봉건, 반제국주의 투쟁을 통해 자유, 평등, 형제애(박애)라는 인류의 보편적 가치가 왜 중요한지를 깨닫게 만들었고, 식민지배의 충격과 탄압은 그들 자신의 국가적, 민족적 역량을 일깨우는 자극제로 작용하면서 문명 발전의 동력이 되었다. 문명의 역사는 이처럼 지배와 저항, 수탈과 변화라는 역설의 언어라고도 할 수 있다.

제국의 깃발, 대중문화를 만들다

제국주의 식민지배의 깃발은 지역적 세계를 지구적 세계로 만들었다. 유럽과 아시아, 유럽과 아프리카, 북중미와 아시아, 아시아와 중남미가 하나의 세계로 편입되었다. 미국의 문화는 일본으로, 일본의 문화는 독일로, 영국의 문화는 태국으로, 인도의 문화는 영국으로 이동하였다. 각국과 각민족의 문화는 교차적으로 이동하고 수용되고 전파되었다. 문화적 성격은 지배문화와 피지배문화의 관계였지만 세월이 흐르면 상하관계는 사라지고 수평관계로 전환이 되었다. 문명의 역사는 이처럼 교류와 충돌, 융합과 변화를 거쳐 모든 이들이 받아들이는 문화로 새롭게 태어났다.

〈제국주의의 전개과정〉			
① 독점자본주의	② 금융자본주의	③ 사회진화론	④ 침략적 민족주의
값싼 시장 확보 잉여자본의 확대	자본수출의 시대 식민지 쟁탈 경쟁	다윈 진화론 영향 적자생존의 원칙	혈통, 문화우월주의 식민사관의 합리화

제국주의 정치권력은 억압과 수탈의 피가 흐르는 역사였고, 제국주의 문화권력은 약소한 민족과 국가의 문화를 잠식하고 소멸시키는 총칼의 위력이었다. 그런데 제국주의와 결합된 자본권력이 인간의 욕망과 소비를 상품가치로 만들면서 오랜 역사적 연원과 바탕을 둔 기존의 문화는 급격하게 힘을 잃고 새롭게 탄생한 근대적 문화는 여러 대중매체를 통해 빠르게 지구적 대중문화를 탄생시켰다. 지리적 공간이 하나가 된 세계는 대중문화의 강이 막힘 없이 흐르는 토대였다.

대중문화는 기본적으로 근대시기의 산물이다. 산업혁명과 자본주의가 만든 새로운 문화현상이라 하겠다. 대표적인 매체를 꼽는다면 전화와 신문을 들 수 있으며, 뒤이어 라디오와 TV가 등장하였다. 누구나 돈만 있으면 살 수 있고 누릴 수 있는 대중매체는 인류의 소통과 평등한 소비를 상징하게 되었다. 스포츠와 영화, 연극은 이제 값싼 오락으로 귀족들의 전유물이 아니었다. 노동하는 인간은 귀족이나 자본가와 같은 소비하는 인간이 되었다. 대중문화는 이러한 매체를 통해 지구적 문화, 세계적 현상으로 등장하였다.

대중문명, 소비에서 창조로

산업혁명과 자본주의가 대중혁명의 토대라면, 신문과 영화 등의 대중매체는 대중혁명의 핏줄이라 하겠다. 그런데 이것들은 모두 자본권력이 만들고 가치를 독점하는 대중지배의 산물이다. 대중들은 자본권력이 생산하는 대중문화에 열광하고 소비하고 중독되고 환호한다. 대중문화가 갖는 평등주의는 눈에 보이지 않는 지배관계의 외피로 작용하였다. 실상은 문화적 노예였던 것이다.

그런데 점차 대중문화의 폭이 넓어지고 깊이가 더해지면서 자본권력의 생산만으로는 충족되지 않는 분야와 주제가 폭발적으로 늘어나기 시작하였다. 소비하는 대중은 어느덧 생산하는 대중으로 점차 변화되기 시작하였다. 특히 2차 세계대전이 끝난 1945년 이후에 대중문화의 산실이고 대중문화를 주도하는 미국이 세계사의 주도권을 장악하면서 근대문명을 창조한 유럽 중심의 세계문화는 일대 타격을 받기 시작하였다.

문화적 역사성이 얕은 미국의 자본권력은 역사성에 기반한 대중문화를 넘어 새로운 방식, 새로운 형태, 소비하는 문화를 만드는데 집중하였다. 헐리우드의 영화산업, 뉴욕의 브로드웨이, 커피와 햄버거로 상징되는 미국식 대중문화가 세계문화를 잠식하고 지배하였다. 산업혁명 이후의 제1기 대중문명에 이어 미국이 주도하는 제2기 대중문명의 시작이었다.

대중문명 원형찾기 – 다윈(1809–1882)과 진화론

근대역사에서 진화론만큼 강력한 영향을 끼친 사상도 드물 것이다. 자연상태에서 모든 생물의 종은 약육강식, 적자생존의 방식으로 생존을 이어왔다는 진화론은 생물진화에서 사회진화로 확대되어 제국주의, 자본주의, 승자독식의 폭력을 정당화하는 이론으로 작용하였다.

다윈은 1828년에 영국의 케임브리지 대학에서 신학을 공부하였고, 동식물에 관심을 가져 1831년(22세)에 해군측량선 비글호에 박물학자로서 승선하여 남아메리카와 남태평양 섬을 두루 탐사하여 진화론을 구축하는 기초자료를 모았다. 특히 갈라파고스 제도에서 관찰을 바탕으로 1859년에 《종의 기원:On the Origin of Species by Means of Natural Selection or the Preservation of Favoured Race in the Struggle for Life,(정식 명칭: 자연 선택에 의한 종의 기원에 관하여)》을 저술하였다. 이 책에서 제시한 진화론의 핵심은 '자연선택설'로 가장 환경에 적합한 종만이 살아남고, 개체간의 경쟁은 항상 일어나며 자연의 힘으로 선택이 반복되는 진화의 결과가 생긴다고 주장했다.

다윈의 진화설은 생물학이란 분야의 학설에 그치지 않고 사회적 충격과 여파가 강력하였다. 우선 신학에서 창조론의 믿음에 균열이 가해졌다. 실증주의라는 과학적 방법론과 함께 생물종의 진화는 창조론을 넘어 과학의 영역으로 들어섰다.

사회적으로도 봉건제를 타파하고 산업혁명-자본주의 변화를 받아들인 근대국가의 부국강병, 식민주의, 제국주의를 합리화하는 이론적 무기가 되었다. 사회다원주의를 제창한 스펜서(1820-1903)는 생존경쟁설(生存競爭說)에 따라 인종차별이나 약육강식을 합리화하여 강대국의 식민정책(植民政策)을 옹호하는 이론으로 변질되었다.

사회진화론의 선구자인 스펜서는 생물유기체를 근거로 사회유기체론를 제시하였다. 인간사회도 생물유기체와 같이 성장하는데, 역사발전의 단계에서 본다면 이는 1) 유목사회에서 정착사회로, 2) 군장이 없는 사회에서 군장이 지배하는 사회로, 3) 단순사회에서 복합사회-2중 복합사회로, 4) 강제적 협동에 기초한 군사형 사회에서 자발적 협동에 기초한 산업형 사회로 발전한다는 사회진화의 도식을 정식화하였다.

사회진화론이 가장 활발하게 제창된 곳은 미국이었다. 유럽에서 건너온 백인사회는 인디언 원주민들과 인종문제를 사회진화론으로 해결하였다. 교육, 기술, 제도를 통해 성립한 백인 문화는 야만적이고 미개한 토착사회를 지배하는 것이 당연한 역사적 산물이고, 신의 의지를 실현하는 당위적 행위라고 하였다. 식민주의의 정당성을 사회진화에서 찾은 것이다.

18
CHAPTER

사회주의혁명,
이상을 현실에서 구현하다

20세기 세계 문명의 역사에서 가장 뜨거운 관심은 사회주의였다. 유토피아, 공산당선언, 자본론의 등장은 제국주의, 세계전쟁과 같은 불안한 현실에서 이상사회의 건설을 꿈꾸는 야망가와 이상주의자가 선택한 최선이었다.

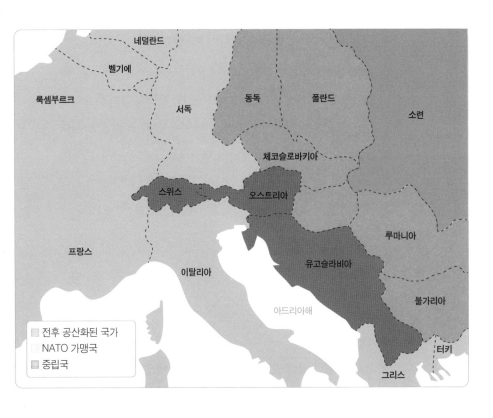

네덜란드

벨기에

룩셈부르크

서독

동독

폴란드

소련

체코슬로바키아

스위스

오스트리아

루마니아

프랑스

이탈리아

유고슬라비아

불가리아

아드리아해

전후 공산화된 국가
NATO 가맹국
중립국

그리스

터키

인류 역사는 끊임없는 혁명의 연속이었다. 이스라엘 출신의 역사학자인 유발 하라리는 자신의 저작인 《사피엔스》에서 농경혁명은 인류에게 안정적인 식량 확보를 약속했지만, 수렵채집민으로 무척이나 자유로웠던 인간은 이때부터 땅과 노동과 생산물의 노예가 되었다고 하였다.

18세기 계몽주의자인 루소는 《인간불평등기원론》에서 인류는 생산력과 토지 소유, 정치권력과 종교권력, 그리고 도덕적 윤리와 문화적 교양에 의해 불평등이 해소되지 않고 노예적 인간을 지속시킨다고 보았다. 사회주의혁명은 이러한 인류사회의 불평등을 타파하고, 모든 인류가 정치적, 경제적으로 자유로운 인간을 꿈꾸는 인류사회의 이상을 대표하는 이념이고 투쟁이라고 선언하였고, 그것의 실천을 위한 적극적인 폭력혁명을 주장하였다.

 무릉도원, 유토피아를 꿈꾸다

무릉도원(武陵桃源)이란 말이 있다. 중국 호남성 무릉에 있는 도화원(桃花源)으로 전란과 수탈에 신음하는 현세와 동떨어진 이상적인 별천지를 일컫는 말이다. 동진(317-420)부터 남조의 유송(劉宋:420-479)시기에 살았던 은거파, 민중파 시인이었던 도연명(365-427)이 단편으로 지은 〈도화원기〉에서 비롯되었다. 〈도화원기〉를 보면 '무릉(武陵)에 사는 한 어부가 도화림(桃花林)에서 길을 잃은 채 산속을 헤매다 동굴을 발견하고 그 속을 벗어나니 전란을 피해 많은 사람들이 평화스럽게 사는 마을을 만났다. 융숭한 대접을 받고 집으로 돌아와 다시 그곳을 가려 하니 도저히 찾을 수가 없었다'는 내용이다.

세종대왕의 셋째 아들인 안평대군은 동아시아에서 이상사회를 뜻하는 무릉도원을 꿈에서 보았고, 안견은 그것을 그림으로 그려 몽유도원도(夢遊桃源圖)란 작품을 세상에 남겼다. 사람들은 현실의 고통이 심할수록 이상적 사회인 무릉도원을 찾았지만 현실에서는 만날 수가 없었다. 꿈에서는 만날 수 있지만, 현실에서는 없는 곳이 바로 무릉도원이다. 계급과 신분의 차별이 넘쳐나는 봉건사회에서 잠깐의 행복한 순간이 있을 수 있지만 평생동안 삶이 고통인 현실은 벗어날 수 없는 수렁이었다. 그래서 동아시아에서는 무릉도원이 현실에서는 없지만 누구나 꿈꾸는 대표적인 유토피아로 전해진 것이다.

무릉도원과 같은 의미로 서양에서는 유토피아(Utopia)가 있다. 유토피아라는 말은 영국 런던 출신의 법률가인 토머스 모어(1477~1535)가 지은《유토피아(1516)》에서 유래하며, 그 뜻은 현실세계에서는 없는 곳, 그리스어의 '없는(ou-)'과 '장소(toppos)'의 합성어이다. 유토피아의 꿈이 나온 것은 중세(中世) 천년을 지배한 기독교의 이상국가 실현이 불가능하고, 봉건제의 압제가 가혹하다는 현실인식이 낳은 당연한 결과였다. 토머스 모어는《유토피아》에서 라파엘이라는 사람의 입을 빌려 현실의 모순과 위선을 고발하고, 이상적인 세계, 합리적 공간, 민주적 사회인 유토피아를 설명하고 있다. 유럽의 근대를 지향하는 이상주의자들에게 유토피아는 이제 자신들의 목적을 이루는 최종의 종착지로 가는 깃발로 등장하였다.

🚢 공상적 사회주의, 꿈은 현실이다!

토마스 모어의 이상적 인류사회를 그린 《유토피아》가 세상에 나온 것이
1516년이다. 기독교적 신정사회(神政社會)와 봉건적 신분사회가 마지막 위
력을 떨치던 시기였다. 토머스 모어와 친교를 맺은 네덜란드의 자유적 인
문주의자인 에라스무스는 토머스 모어의 저택에서 가톨릭 교회의 성직자,
신학자의 위선을 고발하고 풍자한 《우신예찬》을 발표하였다. 그 해가 1511
년이다. 동시대적으로 같은 장소에서 세상에 나온 두 책의 출현은 구시대
가 가고 새시대를 희망하는 유토피아의 꿈을 현실에서 이룰 수 있다는 위
대한 발걸음의 시작이었다.

이로부터 2백여 년이 지난 18세기에 이르러 유토피아를 현실에서 이룰
수 있다는 사상가, 정치가들이 등장하였다. 문명사에서는 이를 공상적 사
회주의라고 부른다. 대표적인 인물이 로버트 오언(1771~1858), 생시몽, 푸리
에 등이다. 이들은 불평등의 원인을 사유재산에 있다고 보았다. 불평등을
해소하기 위해서는 생산수단을 공유하거나 소비생활을 공동화하는 협동
조합 등을 제시하였다.

공상적 사회주의자들의 생각은 마르크스와 엥겔스가 주창하는 정치혁
명, 계급혁명과는 상당히 먼 거리의 주장이었다. 열정적이고 적극적인 유
토피아의 청사진을 내세운 것은 의미있는 역사의 진전이었지만, 현실의 모
순은 사랑과 협력의 도덕성으로만 해결될 수 없는 복잡하고 다차원적인
사실이라는 것을 간과하였다. 축적된 사회적 욕망과 권력, 기득권의 독점

과 세습을 포기할만큼 구세력이 윤리적이지 않다는 점도 고려하지 않았다. 과학적 사회주의자들은 이 때문에 공상적 사회주의자들을 입만 살아 있는 책속의 학자이고 도덕주의자일 뿐이라고 혹평한 것이다.

동아시아에서도 공상적 사회주의자들과 비슷한 사회혁명으로 토지개혁을 주창한 사례들이 많았다. 봉건사회에서 개혁적이고 도덕적인 일부의 사대부, 관료들은 가난과 사회적 불평등의 요인이 토지독점에 있다고 보고 이를 해결하기 위해 정전제(井田制), 균전제(均田制), 한전제(限田制), 여전제(閭田制)와 같은 토지개혁을 제시하였다. 하지만 근본적 모순은 해결할 수 없었다. 그러한 사회체제, 경제체제를 바꾸지 않는 한 도덕과 윤리에 입각한 계몽주의적 토지개혁은 잠깐의 상처와 아픔을 덮는 온정주의에 불과하기 때문일 것이다.

 ## 공산당선언, 유토피아를 구축하라

사회주의문명을 건설하려는 사람들에게 토마스 모어의 저작인 《유토피아》는 성경과 같은 바이블이다. 그것의 원제인 〈최선의 국가 형태와 새로운 섬 유토피아에 관하여〉는 현실세계에 없는 이상향을 말하고 있지만, 다른 한편으로는 수많은 소설의 영감으로, 이상사회를 만들고자 하는 인류의 꿈으로, 작은 정부를 지향하는 아나키즘으로, 사회주의를 건설하려는 혁명적 실천으로, 무소유 공동체인 야마기시즘 등으로 나타났다.

19세기 중반에 공상적 사회주의를 비판하며 혁명적 변혁에 의해 새로운 사회질서를 세우려는 과학적 사회주의자들의 혁명선언서가 1848년에 등장하였다. 이 선언의 내용 가운데는 '부르주아 지배계급으로 하여금 공산주의혁명 앞에 벌벌 떨게 하라'는 섬뜩한 구호와 더불어 '공산주의는 자신들의 목적이 기존의 모든 사회 질서를 폭력으로 전복해야만 달성될 수 있음을 공공연하게 선언한다'고 제시하였다. 이른바 《공산당선언》의 등장이었다.

이때문에 인류 역사에서 1848년은 기념비적인 년도로 기억된다. 1848년 2월 21일에 런던에서 공산당선언이 독일어로 출간되었다. 모든 역사는 계급투쟁의 역사라는 선언으로 시작하는 공산당선언이 발표된 다음날인 1848년 2월 22일에 역사적인 프랑스 2월혁명이 일어났다. 선언과 혁명의

【공산당선언】
19세기 가장 위험하고 불손한 책이자 선언문이라고 불리웠으며, 혁명의 이상을 꿈꾸는 지식인, 혁명가들에게는 가장 중요한 지침서로 받아들여졌다.

동시대성은 선언서의 위력이 얼마나 강렬한지 보여주는 역사적 현실이었고, 선언서의 첫문장과 끝문장은 공포가 현실로 나타나는 전조였다.

> "하나의 유령이 유럽을 배회하고 있다. 공산주의라는 유령이. 지배 계급들로 하여금 공산주의혁명 앞에서 벌벌 떨게 하라! 프롤레타리아가 혁명에서 잃을 것이라고는 사슬뿐이요, 얻을 것은 전 세계다. 만국의 노동자여, 단결하라!"

유토피아를 꿈꾸는 사회주의자들의 손에는 어김없이 공산당선언이 쥐어지고 읽혀지고 실천되었다. 빈체제를 붕괴시킨 프랑스 2월혁명, 1848년 독일에서 계기적으로 일어난 3월혁명, 빈혁명, 베를린혁명이 일어났고, 1871년 3월 28일에는 프랑스 파리에서는 최초로 노동자 정부인 '파리코뮌'이 들어섰다. 70여 일의 짧은 자치정부였지만, 훗날 러시아혁명을 성공시킨 레닌은 이를 두고 '세계 역사상 최초로 벌어진 노동계급의 사회주의 혁명의 예행연습'이라고 평하였다. 사회주의는 이제 혁명과 함께 세계 근대 역사에서 하나의 문명으로 등장한 것이다.

🚢 레닌, 사회주의 국가를 건설하다

공산당선언은 이제 선언을 넘어 역사의 깃발이 되었다. 유토피아의 환상에서 일어난 사회주의라는 유령이 현실의 옷을 입고 나타나는데 단 하루가 걸렸다. 그리고 100년이 넘는 시간동안 줄기차게 세계 문명의 폐션쇼에 다양한 민족과 국가의 의상으로 등장하였다. 그 첫걸음이 바로 프랑스 2월혁명이었다.

엥겔스는 마르크스의 공산주의를 과학적 사회주의라고 하였다. 이 말처럼 공상적 단계의 사회주의는 현실적인 가능성을 가진 과학적 사회주의로 진화하였다. 그것을 실현한 역사적 인물이 레닌이다.

마르크스와 레닌은 공업화된 자본주의사회에서 자본가와 노동자의 계급모순이 첨예하게 될 때 혁명이 일어난다고 예언했지만 실제로는 낙후된 공업국가와 농업국가에서 실질적으로 혁명이 일어났다. 러시아와 중국이 대표적인 나라들이다. 그리고 가장 극적인 방법, 폭력적이거나 전쟁이란 수단이 동원되었다.

레닌은 이렇게 말하였다.

"혁명의 평화적 발전, 노동자계급이 평화적으로 권력을 장악한다는 것은 불가능할까? 아마도 그럴 것이다. 그러나 백에 하나라도 그 가능성이 비친다면, 마땅히 시도를 해보아야 한다."

그리고 혁명이 일어났고, 세계 최초의 사회주의 국가가 러시아에서 건설되었다. 1917년 러시아의 10월혁명이 성공한 의미는 1848년 《공산당선언》이 70여 년만에 현실의 유령이 되었다는 것을 말한다. 사회주의 국가의 성공적 건설은 연쇄적으로 세계사의 현상이 되었고, 제국주의, 식민지의 억압과 수탈경제 등과 맞물리면서 동유럽과 동아시아 등에서 독립운동의 방법론으로 시도되었다.

모스크바, 사회주의의 깃발이 펄럭이다

모스크바는 12세기 초에 세계사의 변방에서 아주 볼품없는 작은 도시로 출발하였다. 14세기에는 몽골 제국의 식민도시로 거듭나고, 20세기에 들어서면 세계사에서 가장 뜨거운 혁명의 도시로 다시 태어난 곳이다. 1945년 이후 냉전시기에는 제2세계, 사회주의 국가들의 중심적인 도시로 이어졌다. 시베리아의 동토에서 시작한 겨울의 도시가 가장 격동적인 여름의 도시로 변모한 것이다.

오늘날 러시아의 기원이 되는 블라디미르−수즈달공국은 12세기부터 14세기에 존속하였는데 키에프공국의 변두리에 위치한 작은 소국으로 출발하였다. 이때에 모스크바는 시골의 농촌마을에 불과한 작은 도시였다. 당시 동시대의 고려와 지리적 위치를 비교한다면 모스크바의 크기는 개경에서 동북쪽에 위치한 원산에서 더 북쪽에 자리한 함흥 정도라고 해도 무방할 것이다. 13세기에 몽골 제국이 동유럽을 휩쓸면서 이에 저항한 많은 국가들이 처절하게 패퇴하고 세력을 잃었다. 러시아족을 지배하였던 키에프공국과 노브고르도공국도 괴멸적 타격을 입었으며 변방의 모스크바는 오히려 이때부터 러시아의 주도권을 장악하는 계기를 맞이하였다.

몽골 제국이 세운 킵차크칸국은 모스크바를 납세와 조공의 도시로 삼았다. 모스크바는 유목민들의 말과 수레가 빈번하게 드나드는 경제도시, 정치도시로 성장하였고, 모스크바에 살던 변방의 러시안들은 세계적 제국의 정치제도, 군사제도, 경제제도 등을 수용하면서 점차 민족적 각성을 하기 시작하였다. 15세기에 이르러 모스크바공국의 이반 3세는 경쟁상대인 노브고드르를 병합하여 모든 러시아인들의 군주가 되었으며, 킵차크칸국의 지배를 벗어나 독립국가의 길에 들어섰다. 현대 러시아의 기원이 탄생하는 순간이었다. 모스크바는 이제 변두리에서 러시아의 중심으로 발돋움하였다. 또한 동로마 황제와 혼인동맹을 맺어 제3의 로마라는 호칭을 얻었다. 모스크바는 동로마가 오스만 제국에게 무너진 다음에는 그리스정교의 후계자라는 자부심으로 가득하였다.

16세기부터 유럽은 르네상스, 대항해시대, 종교개혁과 시민혁명, 산업혁명이 계기적으로 일어나면서 근대 시민국가의 시대로 접어들었다. 17세기 후반에 이르러 러시아는 유럽의 변두리에서 농업으로 겨우 명맥을 유지하는 후진국가가 되었다. 러시아 군주 표토르 1세는 러시아의 서구화, 공업화를 위해 북해로 흘러들어가는 네버강 하류의 삼각주를 메꾸어 상트페테르부르크라는 신도시를 건설하였다. 내륙에 위치한 모스크바에서 해안에 건설한 상트페테르부르크로 수도를 이전하였다. 모스크바는 러시아의 제2도시로 지위가 변경되었지만 여전히 위세는 건재하였다. 러시아가 탄생한 역사적인 도시였기에 러시아 황제들은 대관식을 모스크바에서 거행하였다.

프랑스대혁명 이후 나폴레옹은 로마의 계승권을 세우고자 신성로마제국을 해체시키고, 제3의 로마라고 부르는 모스크바를 침공하였다. 러시아는 도시의 70%를 불태우고 이른바 청야전술로 근대화된 프랑스군을 격파하였다. 고대적 모습의 모스크바는 이때에 많이 바뀌었지만 도시는 급속하게 복구되었다.

20세기에 이르러 러시아는 농노제에 의해 착취와 수탈에 시달리던 가난한 농민들과 열악한 환경에 처한 도시노동자, 고된 훈련과 전쟁에 동원된 병사들의 불만이 가득하였다. 유럽사회의 진보적 사상, 혁명적 정치이념으로 등장한 공산주의이념이 러시아의 지식인들을 뒤흔들었다. 1905년과 1917년에 연속적으로 일어난 공산혁명으로 러시아는 노동자 사회주의 국가가 되었고, 모스크바는 수도로서 위상을 다시 회복하였다.

러시아의 공산혁명이 성공하자 제국주의 침략과 봉건적 압제에 놓여있던 많은 약소국가, 식민국가의 국민들은 러시아가 희망이었고, 공산주의를 해방의 무기로 받아들였다. 사회주의 종주국인 러시아의 수도 모스크바는 혁명의 이상을 지닌 수많은 혁명가의 발길이 멈추지 않았다. 제2차 세계대전이 막바지에 이른 1941년 10월부터 이듬해인 1942년 1월까지 독일과 러시아는 이른바 모스크바 공방전을 벌였다. 모스크바는 독일의 공습과 포격으로 도시 전체가 파괴되었다. 1945년에 제2차 세계대전이 끝나고 모스크바는 다시 재건되었다. 나폴레옹과 히틀러의 침략으로 파괴된 도시는 극적으로 다시 복구되었다. 모스크바는 동유럽의 여러 도시들과 다르게 파괴와 복구를 반복하면서 문명도시의 건설이라는 이상을 구현한 도시로 기억되고 있다.

담대한 실험, 자본주의의 파도앞에서

사회주의는 구세력을 무너뜨리고 새시대를 건설하려는 야망가, 몽상가, 이상주의자들이 20세기의 세계사를 뜨겁게 달군 현상이었고, 목표였고, 실험이었다. 공산당선언 이후 사회주의는 현실의 역사이고 현실에서 숨 쉬는 실체였다.

사회주의를 실현하려는 붉은 군대, 노동자들의 협동조합, 사회주의를 집권목표로 삼는 사회주의 정당, 토지의 사회소유, 국유제, 공유제와 함께 최종의 목표로 사회주의 국가가 건설되었다. 그리고 이로부터 발생한 사회주의 국가의 정치, 경제, 사회, 문화 등 제반의 모습은 기존의 근대적 형태와는 다른 형태와 방향이었다. 이를 문명의 역사에서는 사회주의문명이라고 부른다.

사회주의문명이 가장 돋보이는 영역은 러시아 사회주의 문학의 영향력과 지배력이었다. 푸시킨의《대위의 딸》, 체르니셰브스키의《무엇을 할 것인가》, 고리키의《어머니》는 문학적 서사와 함께 혁명의 교과서로 받아 들여졌다. 영화와 연극, 음악, 미술 분야에서도 인간 삶의 서정과 서사를 넘어 사회적 담론의 필연성을 담은 사실주의예술이 폭풍처럼 예술 세계에 불어왔고 지금도 여전히 위력을 떨치고 있다.

사회주의문명은 21세기 접어들면서 확연하게 위치가 흔들리고 있는 것은 사실이다. 지식정보화사회의 급격한 변화속도, 세계적 경제의 불안정과 개인적 불안한 삶의 해결책으로 공동체적, 집단적 구원이 보여주는 불투명성과 막막함이 너무 크게 느껴진다. 현대사회에서는 차라리 개인의 욕망을 즉각적으로 실현하는 것으로 해소하려는 실존주의적 경향이 더 현실적 요구로 받아들여지고 있는 것이다.

자본주의 국가에서 사는 욕망적 인간과 사회주의 국가에서 사는 절제적 인간은 확연히 다른 모습으로 보여지고 있다. 욕망을 제어하는 도덕성이 우월하다고 볼 근거도 없고, 절제적 도덕성이 사회진보를 이끈다는 어떤 합리성도 없다고 본다면, 사회주의문명의 도덕성과 자본주의문명의 윤리성은 각각의 세계에서 각각의 방식으로 유효한 것으로 보아야 할 것이다. 사회주의문명의 여러 모습들이 인간들에게 마냥 불편하거나 불필요하지 않은 측면이 있다면 그것은 어느 때이고 다시 인류 문명사에서 더욱 필요한 요소로 등장할 것이다. 그리고 영향력과 지배력이 재생될 수 있을 것이다.

19

CHAPTER

정보화혁명,
스마트폰으로 미래를 읽다

미래사회는 정보통신을 바탕으로 블록체인, 빅데이터. 인공지능(AI), 드론, 스마트공장, 메타버스 등의 산업이 새로운 성장동력으로 등장한다. 문명사적 관점에서 제4차 산업혁명은 인류역사의 모든 혁명적 성과들이 종합되는 시대이다.

오늘날 우리는 스마트폰이 구현하는 경이로운 세계에 살고 있다. 지식정보화사회는 전화기, 라디오, TV, 컴퓨터를 거쳐 이동하는 인류, 곧 호모노마드에게 스마트폰을 선물하였다. 그리고 스마트폰은 자신의 세계에 음악, 영화, 시계, 라디오, 신문, 잡지, TV, 계산기, 사이버 카페, 줌(zoom) 커뮤니케이션, 유튜브 등 현대사회의 모든 대중문화를 담았다.

엘빈 토플러는 《제3의 물결》이란 책에서 인류는 농경혁명, 산업혁명을 거쳐 정보화혁명의 시대를 열었다고 하였다. 기원전 8000년경 농경혁명은 생산력혁명이고 정착혁명이다. 18세기 산업혁명은 기계혁명이고 정착혁명이다. 20세기 정보화혁명은 전기, 전자가 만든 지식혁명이고 통신혁명이다. 농경혁명과 산업혁명의 문명적 유산은 정보화혁명으로 합해져서 제4차 산업혁명이란 이름으로 정보화문명의 모습들을 만들고 있다.

호모노마드, 새로운 지식유목민이 탄생하다

지식정보화사회는 선사시대의 수렵-채집인시대, 농업사회, 산업사회의 생활환경과는 다르게 경제적 토대와 일상생활이 고정되지 않는다. 시공간의 제약을 받지 않고 움직이는 이른바 신(新)유목민이라 부르는 호모-노마드사회이다. 공간 제약이 사라지는 사회에서 지식의 유통도 책이나 도서관을 넘어 컴퓨터, 유튜브 등 무형의 방식으로 전환되고 있다. 음악의 경우를 따져보아도 레코드판이나 테이프 등이 급속하게 사라지고 디지털 음원이 주로 판매되는 것이다. 형태가 사라지고, 위치가 사라지고, 사물이

【호모노마드】
지식정보화시대와 유목민시대를 예고한 프랑스의 지성 쟈크 아탈리의 대표적 문명서이며, 유럽에서 미소냉전을 뛰어넘어 제3의 길을 제시하는 지침서였다.

이동하는 것이다.

사회구성도 모두가 개인이다. 집에 공용으로 쓰는 전화는 없고 각자가 스마트폰을 가지고 있다. 종이 지폐는 가상화폐로 바뀌고 있다. 거실에 놓여있던 TV는 이제 무용지물이다. 그저 장식용으로 위치만 차지하고 있을 뿐이다. 이런 것들은 무선으로 이루어지는 정보통신의 혁명이 낳은 충격적인 변화이다. 이러한 사회변화를 농경사회와 산업사회의 지식형태로 이해하고 바라보는 것은 정보화사회의 현실과는 전혀 맞지 않는 것이다.

전통적인 경험과 유통, 소유의 지식은 빠르게 변화되고 있다. 전방위적인 네트워크가 필요하고 지식의 개방성과 포용성이 필요하다. 프랑스의 지성이라 불리운 자크 아탈리는 지식정보화가 인류의 모든 생활방식과 사고유형을 호모-노마드로 바꾸었다고 말한다. 지식정보화문명의 사회에서는 정착인류와 이동인류가 공존하는 가운데 점차로 이동인류가 생산과 유통의 대부분을 담당하고 결국에는 이동인류가 무형의 재부를 만들 것이다.

🚢 에너지, 무한동력을 얻다

정보화사회를 이해하는 키워드는 에너지이다. 고대사회에서 노력원(勞力源)
은 축력(畜力), 자연력(自然力), 인력(人力)이 있다. 우선 축력으로는 소, 말, 코
끼리, 개, 물소, 낙타 등이 대표적이다. 소와 코끼리는 논과 밭을 가는데
이용되었고, 말과 낙타, 개 등은 이동수단으로 이용되었다. 농경사회에서
소(牛)는 노력원의 절대적 지위를 가졌으며, 유목사회에서 말(馬)은 이동과
전투수단의 중심이었다. 또한 유라시아 교역사회에서 낙타는 유목사회의
말과 역할이 비등하였다.

다음으로 자연력은 자연상태의 여러 물리적 현상을 노력원으로 사용하
는 것을 말한다. 토기를 구울 때와 금속을 제련할 때 필요한 화력(火力), 물
레방아를 돌리거나 바람개비를 돌리는데 사용하는 풍력(風力), 물자를 이
동시키거나 농사에 필요한 수력(水力), 그리고 선박을 움직이는데 쓰는 조력
(潮力), 농사에 절대적으로 필요한 태양력(太陽力)이 있다.

인력(人力)은 노동력(勞動力, Arbeitskraft)이다. 노동을 할 수 있는 인간의 능
력을 가리킨다. 마르크스(1818-1883)는 《자본론》에서 노동력과 노동의 개
념을 구분하면서, 노동력이란 인간의 신체에 존재하는 육체적, 정신적 능
력의 총체를 가리킨다고 하였다. 산업혁명은 기계적 작동으로 무한동력이
되는 물의 팽창력, 석유의 폭발력, 자석의 회전력을 창조하였고, 이것이 전
기전자와 만나 지식정보화혁명의 첫걸음을 내딛게 되었다.

⚓ 전기전자, 정보화혁명의 첫걸음

지식정보화사회에서 라디오, TV, 냉장고, 세탁기, 컴퓨터, 스마트폰 등은 모두 전기를 사용하고 있다. 전기는 전자가 움직이면서 생기는 에너지이다. 전기는 수력, 화력, 풍력, 태양광, 원자력을 이용하여 만들고 있다. 발전소에서 만들어진 전기는 전선을 통해 이동하며, 변전소를 거쳐 가정과 공장 등에서 에너지로 사용한다. 또한 일부는 축전기, 건전지에 전기를 모아 두었다가 필요할 때 꺼내 쓸 수가 있다.

지식정보화혁명에서 없어서는 안 되는 전기는 자연현상에서 처음으로 발견하였다. 18세기 미국의 프랭클린은 번개의 전기적 성질을 증명하였고, 프랑스의 뒤페는 전기에 음(-)과 양(+)이라는 두 가지 성질이 있다는 것을 발견하였다. 그리고 프랑스의 쿨롱에 의해 전기력과 그것을 측정하는 단위가 만들어졌다. 전기가 에너지로 사용되는 거대한 발걸음의 시작이었다.

전자(電子)는 원자를 구성하는 최소단위이다. 원자는 화학원소로써 그것의 특징을 잃지 않는 범위에서 최소의 물질구성이다. 원자는 양성자와 중성자가 합해진 원자핵과 전자로 구성되는데, 원자핵의 바깥을 이동하는 전자의 운동 때문에 에너지가 만들어지는 것이다. 이때의 에너지를 여러 가지 성질과 형태로 바꾸어 이용하는데 이를 전기전자, 전기통신이라고 부른다.

이와 같이 전기는 에너지로서 빛을 만들기도 하고, 열을 생성하기도 하지만, 특별한 신호로 변환하여 이동시키거나 재생할 수가 있다. 이른바 전기통신의 시작이다. 변화된 전기신호는 아날로그(analog)와 디지털(digital)이라는 두 가지의 방식으로 원격지에 문자, 음성, 정지 화상, 움직이는 영상 등을 송신하고 재생시키며, 다른 경우에는 특정한 성질의 매체에 그것을 저장하여 보관하거나 재생한다. 정보화혁명의 모든 원천은 전기, 전자, 통신에서 시작한다.

전화기와 라디오, 소리를 전하다

인간은 자신과 주변 사람들의 목소리, 몸짓, 생각 등을 영원히 기억하고 싶어했다. 그래서 그림과 문자가 탄생하였다. 하지만 모습과 소리는 재생할 수가 없었다. 흉내만 가능하였을 뿐이다. 전화기와 라디오는 문명사에서 처음으로 소리를 전달한 기계이며 통신수단이었다. 봉수와 파발마와 같은 고대적 통신수단을 뛰어넘어 드디어 정보화혁명의 강을 건넌 것이다.

전화기와 라디오의 소리 전달방식은 간단하다. 소리를 전기신호로 바꾸는 장치에서 그것을 이동시키는 매체를 거쳐, 전기신호를 다시 소리로 변환하는 기계를 통해 재생시키는 것이다. 소리를 공기나 가는 실에 전달하여 보내는 방식은 완전한 전달이 불가능하고 거리의 제한이 있었지만, 전화기와 라디오는 원거리 전송이 가능해졌다. 시공간의 제약이 사라지는 순간이다. 또한 저장장치를 이용하면 반복하여 재생할 수 있고, 아울러 소리 자체를 영원히 보존할 수 있게 되었다.

통신수단의 발달은 유선(有線)에서 무선(無線)의 시대로 발전하였다. 한국과 미국의 사이도 이제는 실시간으로 무선통화가 가능해졌다. 소리는 이제 허공에 사라지는 물체가 아니라 실시간으로 살아 숨 쉬는 실체가 되었다. 언제든지 재생이 가능한 소리는 산업적 측면에서 부가가치를 연속적으로 발생시키는 경제적 가치의 소리로 변하였다. 소리의 무한재생이 주는 문명사적 의미는 이렇게 중요하게 우리의 일상으로 다가왔다.

영화와 TV, 그림을 움직이다

인류가 소리만큼 저장하고 재생하고 싶은 대상은 자연과 인간의 모습이었다. 동굴벽화, 암각화, 고분벽화, 산수화, 초상화 등은 모두 이런 인류의 꿈을 반영한 것이다. 하지만 그것은 움직이지 않는 정지된 화면일 따름이었다. 그리고 산업혁명과 함께 인류의 원대한 꿈은 현실로 나타났다. 전기전자의 자연현상을 발견하고, 그것이 가지는 에너지와 변화의 성질을 파악한 인류는 드디어 소리를 전기적 형태로 바꾸어 전송하고 저장하고 재생하는 기술을 터득하였다. 바로 전화기와 라디오의 출현인 것이다. 이제 남은 것은 그림의 전송, 저장, 동적인 재생이었다.

그것의 첫걸음이 바로 사진기의 탄생이었다. 피사체를 필름에 담고 이것을 똑같은 그림으로 재생하는 기술이 등장한 것이다. 사진의 발명에 이어 이것을 연속적으로 동작시켜 움직이는 그림을 재생시키는 기계가 뒤를 이었다. 영화의 등장이다. 그런데 영화는 움직이는 사진의 특성을 가지고 있

【스마트폰】

스마트폰은 전화기의 세상을 뛰어넘어 소셜미디어와 전자통신을 매개로 하는 전자기기 디바이스를 종합한 미래문명의 길잡이로 거듭 태어나고 있는 전자기기이다. 이곳에는 TV, 라디오, 영화, 유튜브와 같은 교육시설, 페이스북과 인스타그램과 같은 세상의 모든 소통과 모임이 활동한다.

지만 제한된 공간에서 만들어지고, 재생되는 한계를 가졌다. 움직이는 그림이 원거리 공간을 벗어나기 위해서는 이것을 전기신호로 변화하여 이동시키고 재생시키는 기술이 필요하였다. 바로 TV이다.

　TV는 텔레비전(Television)의 줄임말로 희랍어 멀리(Tele)와 라틴어 보다(Vision)의 합성어이다. 기계적 의미로 본다면 TV는 전기신호가 닿는 곳이면 어디서나 영상을 재생시킬 수 있는 기기이다. 소리를 전송하는 라디오의 기술과 그림을 재생하는 영화의 기술이 통신기술과 만나 TV라는 영역을 만들어냈다. TV와 이와 연관된 영상재생기술은 정보화혁명의 시대로 인류가 들어선 것을 말해준다. 산업혁명의 기술혁명이 정보화혁명의 통신혁명으로 거듭나는 순간이다.

뉴욕, 세상 모든 대중문화의 중심으로

아메리카 대륙이 유럽인들에게 발견되기 이전에 중남미의 잉카, 마야, 아즈텍문명에는 번영한 고대도시가 여럿 있었지만 매우 고립적이고 독자적이고 주변과 교류가 없는 폐쇄적인 도시에 불과하였다. 16세기 대항해시대에 이르러 포르투갈과 스페인이 연안 지역에 많은 식민도시를 건설하였지만 그것은 어디까지나 본국의 위성도시의 범위를 벗어나지 않았다. 아메리카 대륙에서는 여전히 세계사적인 위상의 도시가 아직 출현하지 않았다.

중남미 지역과 비슷한 시기인 16세기부터 18세기에 이르는 기간 동안 유럽에서 종교적 탄압을 피하거나 새로운 경제적 이권을 얻고자 많은 사람들이 오늘날 미국과 캐나다 지역에 해당되는 북아메리카(북미) 지역으로 이주하였다. 추방을 당했거나, 개척의 꿈을 가졌거나, 아니면 이민을 떠났거나, 여러 이유로 북아메리카에 도착한 사람들이 대부분 처음으로 밟은 땅이 오늘의 뉴욕이다. 1776년에 미국이 본국인 영국으로부터 독립하고 19세기에 이르면 뉴욕은 자유의 여신이라고 부르는 거대한 동상이 미국에 들어오는 사람들을 맞이하였다. 미국 독립 100주년을 맞아 프랑스가 미국에 선물한 자유의 상징이었다. 그런데 이제는 머나먼 항해 끝에 도착한 미국의 첫인상을 각인시켜주는 기념물로 문명사에 이름을 남긴다. 바로 이곳이 꿈과 희망을 주는 자유의 땅이란 걸 보여주고 있는 것이다.

역사적으로 뉴욕에 처음으로 발을 디딘 세력은 프랑스였다. 그러나 대륙의 패권에 관심이 컸던 프랑스는 정착지를 건설하지 않았다. 그 뒤를 이어 네덜란드가 도착하였다. 네덜란드인들은 자신들의 도시인 암스테르담과 비슷한 지형이라고 여겨 뉴암스테르담이라 불렀지만, 그다지 가치 있는 땅이라 여기지 않고, 인도네시아 반다 제도를 받는 조건으로 영국에게 뉴암스테르담을 넘겼다. 영국인들은 이곳을 요크(Yorkrk)의 땅이름을 가져와 뉴욕(NewYork)이라 불렀다. 미국의 역사가 네덜란드에서 영국으로 바뀌는 순간이었다.

많은 이주민들이 모여든 뉴욕에는 도시를 상징하는 도심으로 맨해튼이 건설되었다. 18세기 후반에 컬럼비아 대학이 세워지고, 중심부인 타임스퀘어는 대중적인 공연문화가 화려한 꽃을 피우는 공간으로 이름을 알렸다. 이중에서 브로드웨이 42번가를 중심으로 많은 극장들이 들어서면서 뮤지컬의 대명사로 일컫는 세계적 명소로 변화하였다. 맨해튼에는 이밖에도 증권거래소가 들어선 월가(街), 세계적 건축물인 엠파이어스테이트빌딩을 비롯한 여러 고층빌딩이 밀집한 이른바 마천루군(摩天樓群)이 형성되었다. 많은 연예인들과 예술가들이 살고 있는 그리니치빌리지가 남부지역에 들어서고, 맨해튼의 녹색심장을 상징하는 도심공원 센트럴파크가 맨해튼 중심에 자리 잡았다. 뉴욕은 20세기에 이르러 세계적인 대중문화의 중심도시로 화려하게 등장하였다.

2차 세계대전의 종전과 함께 승전국의 지위를 차지한 미국의 정치적인 위상도 막강해졌다. 이와 더불어 문화적인 권력과 경제적인 지배력이 뉴욕으로 집중되었다. 뉴욕에는 국제연합(UN) 본부가 들어서고, 미국 화폐인

달러는 세계 교환화폐의 지위를 획득하였다. 증권거래소가 있는 월가는 모든 자본주의의 물길이 넘나드는 중심지가 되었다. 적어도 미국의 뉴욕은 100년의 근현대사에서 가장 뜨거운 도시였다. 2001년 9월 11일, 테러 사태로 무너진 111층의 마천루 세계무역센터는 비록 무너져 사라졌지만 뉴욕이 현대문명을 상징하는 도시임을 역설적으로 보여주는 사례라 할 것이다.

인터넷, 세계가 하나로 흐르다

2014년에 공개된 이미테이션 게임(The Imitation Game)이란 영화가 있다. 노르웨이의 모르텐 튈둠이 감독하고, 그레이엄 무어가 각본을 썼으며, 주연으로 베네딕트 컴버배치가 주인공 앨런 튜링 역할을 맡았다. 앨런 튜링은 영국의 수학자로 2차 세계대전 당시에 영국과 독일의 전쟁에서 암호해독을 위한 장치를 개발하였고, 이것이 컴퓨터 공학의 출발점이었다.

컴퓨터는 0과 1을 사용하여 연산하고 저장하는 이진법 계산기이다. 동아시아에서 오랫동안 사용한 주산(珠算)은 고대적 컴퓨터의 하나지만 저장이 되지 않는 계산기일 뿐이다. 그런데 컴퓨터는 계산과 저장이 동시에 이루어지면서, 개인용 컴퓨터(PC), 스마트워치 등 여러 디바이스, 게임기, 스마트폰으로 다양화 되었다.

그리고 이어서 등장한 인터넷은 모든 기기와 정보 등을 통신망으로 연결하여 이동시키고, 재생하고, 활용하게 만들었다. 인류는 지식정보화혁명의 시대로 진입한 것이다. 라디오, 영화, TV는 컴퓨터와 만나고, 수많은 정보들은 인터넷을 통해 물처럼 세계로 흘러나가고 들어왔다. 인테넷은 모든 정보를 실시간으로, 시간과 공간의 제약이 없는 세계로 만들었다.

스마트폰, 정보화혁명의 신호탄

2000년대에 접어들면서 컴퓨터와 음원재생기, 전화기가 하나의 기기에서 만났다. 스마트폰의 탄생이다. 그리고 여기에 무선인터넷이라는 아주 맛있는 음식을 더 맛있게 만드는 조미료가 첨가되었다. 라디오, TV, 컴퓨터의 충격이 가시기 전에 세상을 다시 바꾸는 문명의 이기가 탄생한 것이다. 이제 개인용 컴퓨터(PC)를 가방에 넣어 다니거나 지게에 싣고 다니던 시대는 옛날이야기와 같은 전설이 되었다. PC는 집이나 PC방, 사무실과 같은 닫힌 공간에서 만나는 기기일 뿐이다. 인류는 이제 모든 지식과 정보와 소통이 손 안에 있는 시대를 만났다.

손 안의 세계를 구현한 스마트폰은 무선전화기의 고유한 기능에다 이메일, 시계, 계산기, GPS, 라디오, TV, 컴퓨터, 영화감상, 게임, 문서작성, 웹서핑 등이 입주하였다. 스마트폰을 손에 쥔 인류는 줌과 같은 어플리케이션을 이용하여 화상회의와 교육은 물론이고, 유튜브와 같은 플랫폼을 통해 무한대로 정보를 수용하고 공유하고 만들 수 있는 단계에 이르렀다.

스마트폰으로 상징되고 스마트폰에서 구현되는 정보화혁명은 인류 문명이 하나의 세계에서 공유되고 재생되고 창조되고 소비된다는 의미이다. 스마트폰은 인류에게 새로운 차원의 수렵, 채집, 유목민을 만들었다. 스마트폰을 손에 든 호모노마드도 이동하는 인류이다. 호모노마드는 예전부터 존재했다. 구석기시대나 유목사회의 호모노마드는 경제적 활동이 대부분이었지만, 정보화사회의 이동은 문화적이고 사회적이고 교육적인 분야로 확대되었다. 정보화혁명은 이제 제4차 산업혁명과 만나 인류가 경험하지 못한 새로운 경향으로 흐르고 있다. 유발 하라리가 《호모데우스》에서 언급한 인류가 자신을 창조하는 시대, 레이 커즈와일이 《특이점이 온다》에서 예견한 기계와 인간이 하나되는 세계, 그것이 아마 현재와 미래에서 우리가 만날 정보화문명의 모습일 것이다.

Memo

Memo

문명의 탄생

지은이 | 오정윤

펴낸곳 | 마인드큐브
펴낸이 | 이상용
책임편집 | 맹한승
디자인 | 너의오월

출판등록 | 제2018-000063호
이메일 | viewpoint300@naver.com
전화 | 031-945-8046
팩스 | 031-945-8047

초판 1쇄 발행 | 2024년 1월 22일

ISBN | 979-11-88434-75-6 03900